高等学校教师教育创新培养模式
“十三五”规划教材

高等学校教师教育创新培养模式“十三五”规划教材

丛书主编◎靖国平

外国教育史教程

（第二版）

主　编　赵厚勰　李贤智

副主编　朱　浩　杨红霞　张利平

華中科技大學出版社
http://www.hustp.com
中国·武汉

内 容 简 介

本书分为外国古代教育、外国近现代教育发展与变革、外国近现代教育思想三个部分，共17章。全书以简史的形式，简要介绍外国古代、近代及现代的教育制度、教育思想等内容，试图让读者从总体上对外国教育发展的历史有所了解与掌握。本书既注意体系的完整性，同时也注意突出重点，尽量做到简明扼要、脉络清晰。出于增强可读性的考虑，本书还精心选辑了一些外国教育史上的小故事（或教育案例、教育心得），精心挑选了一些外国教育方面的名言，并选取了一些相关图片。我们希望通过这些工作，进一步增强读者对本书的阅读兴趣。本书既可作为教材，也便于自学阅读。

图书在版编目(CIP)数据

外国教育史教程/赵厚勰，李贤智主编. —2版. —武汉：华中科技大学出版社，2018.2(2020.6重印)
ISBN 978-7-5680-3751-8

Ⅰ.①外… Ⅱ.①赵… ②李… Ⅲ.①教育史-外国-高等学校-教材 Ⅳ.①G519

中国版本图书馆CIP数据核字(2018)第024744号

外国教育史教程(第二版) 赵厚勰 李贤智 主编
Waiguo Jiaoyushi Jiaocheng

策划编辑：曾 光
责任编辑：华竞芳
封面设计：孢 子
责任监印：朱 玢
出版发行：华中科技大学出版社(中国·武汉) 电话：(027)81321913
武汉市东湖新技术开发区华工科技园 邮编：430223
录 排：华中科技大学惠友文印中心
印 刷：武汉科源印刷设计有限公司
开 本：787mm×1092mm 1/16
印 张：12.75 插页:2
字 数：278千字
版 次：2020年6月第2版第3次印刷
定 价：32.00元

总序

教师兴则教育兴，教师强则教育强。当今世界，大力加强教师队伍建设，创新教师教育培养模式，提高教师专业化水平，是世界各国教育改革与发展的一项共同目标。我国新近颁布的《国家中长期教育改革和发展规划纲要(2010—2020年)》提出："教育大计，教师为本。有好的教师，才有好的教育。""加强教师教育，构建以师范院校为主体、综合大学参与、开放灵活的教师教育体系。深化教师教育改革，创新培养模式，增强实习实践环节，强化师德修养和教学能力训练，提高教师培养质量。"

教材建设与开发是创新教师教育培养模式、促进教师专业化发展的一个重要手段，也是深化教师教育改革、提高教师培养质量的一项重要举措。2009年6月，教育部启动实施"教师教育创新平台项目计划"，明确提出要努力创新教师培养模式，加强教师教育学科群建设，深化学科专业、课程教学改革。在这种背景下，我们组织了一批教学经验丰富、研究成果突出的高校专业教师，根据教师教育创新培养模式以及教师专业化发展的新形势、新目标和新任务，以华中科技大学出版社为平台，编写了"高等学校教师教育创新培养模式'十二五'规划教材"，包括《教育学教程》、《心理学教程》、《现代教育技术教程》、《课程与教学论教程》、《中国教育史教程》、《外国教育史教程》、《教师伦理学教程》、《学与教的心理学》、《学校心理咨询与辅导》、《公关心理学》、《班主任工作艺术》、《多媒体课件设计与制作》、《教育科研技能训练》、《人格心理学》、《教师教学技能训练》和《教师语言艺术训练》共16本。

通过教材建设与开发创新教师教育培养模式，探索教师专业化成长之路，是一种新的尝试，也是一项比较复杂的系统工程。本系列规划教材的编写，以《国家中长期教育改革和发展规划纲要(2010—2020年)》精神为指导，在坚持教材编写的科学性、创新性、系统性、规范性等基本原则的基础上，力图从以下三个方面进行有益的探索。

(1) 在传承教育学专业基础知识的基础上，突出教师教育教材编写的实践取向。教师教育教材体系的变革，是当前创新教师教育培养模式的一个重要课题。教师教育教材的编写，既要体现系统、严密、扎实的教育理论知识，又要突出丰富、生动、具体的教育实践情境；既要注重将抽象的理论知识引入鲜活的实践领域，还要注意将日常实践经验导向富有魅力的理论阐释。其重点和难点在于达成理论与实践两方面的动态平衡和相互转化，并始终专注于教材的现实取向和实践立场，以克服理论脱离实际、知识与能力相分离、所学非所用等方面的流弊。本系列规划教材的编写，力求在简明介绍、评述相关理论知识及其背景的基础上，凸显教材的实践取向和实用价值。如《班主任工作艺术》、《多媒体课件设计与制作》、《教育科研技能训练》、《教师教学技能训练》、《教师语言艺术训练》等教材，都充分体现了这种取向。

(2) 在坚持教材编写为教师服务的基础上，突出教材编写的学习者取向。任何教材的编写，既要考虑教师"教"的需要，也要考虑学习者"学"的需要，好教材通常是教师"好教"，学生"好学"，教学一致，师生相长。本系列规划教材的编写，力求在为从事教师教育的专业教师提供优质的课程与教学设计的基础上，坚持"以学习者为主，为学习服务"的基本原则。基于创新教师教育模式所要达成的目标，教师的"教"需要满足于学生的"学"，"教"材需要趋向于"学"材。尽管许多教材名曰"教程"，但我们更倾向于将它转化为"学程"，追求"教程"与"学程"的有机统一。同时，在教材编写过程中注重学习资源与问题情境相结合、文字表述与图表呈现相结合、文本学习与思想交流相结合、知识掌握与能力训练相结合。

(3) 在坚持教材编写的普适性、通用性原则的基础上，突出教材编写的区域性特色。湖北是我国的教育大省，湖北教育尤其是教师教育在中部地区具有重要的比较优势与特色。未来十年湖北将努力从教育大省迈进教育强省，而教师教育必将是我省基础教育改革与发展的一项重点工作。本系列规划教材的编写者以湖北省属高校专业教师为主，旨在充分利用湖北省丰富的高校教师教育方面的教学和研究资源，以及广大中小学校教育教学改革的先进经验，凸显教师教育教材编写的区域特色和比较优势。同时，也注意充分吸收其他地区教师教育的理论和实践成果。

本系列规划教材的编写，是一次较大规模的集体劳动的成果。湖北大学、江汉大学、长江大学、三峡大学、湖北师范学院、湖北第二师范学院、湖北民族学院、黄冈师范学院、孝感学院、咸宁学院、襄樊学院、荆楚理工学院、郧阳师范高等专科学校等10余所院校的百余名专业教师的热诚加盟，华中科技大学出版社领导和各位编辑的大力支持，各路同仁的精诚团结与通力合作，使本系列规划教材的编写得以顺利进行。编委会同仁深知编写系列规划教材是一件非常不易的事情，有的教材或许存在某些问题、差错，热诚欢迎广大读者及时加以指出，以便我们在下次修订时改正、完善。

本系列规划教材适用于高等师范院校学生和综合性大学师范专业学生学习，同时可作为在职教师培训教材和专业教师教学参考用书。

靖国平
2010年11月30日

第二版前言

《外国教育史教程》自出版以来，受到了广大读者的喜爱。本书的主要优点在于，既能够简明扼要地反映外国教育历史的发展概况，又能让读者掌握外国教育史上重要的教育改革与教育思想，比较适合对教育史感兴趣的初学者阅读，也适合作为相关课程的教材以及报考教育专业的考研人员复习备考使用。

借此次再版之机，我们重新仔细审读全书，对相关内容做了必要的修订。修订的内容主要包括两个方面，其一是增补了部分内容，让全书显得更加丰满与完善；其二，对在审读过程中发现的文字错讹之处做了改正。

参与此次修订工作的人员主要有冯晶、刘雪梅、唐爽、徐丹、杨晓莹、张思萌、郑雅晴等人。赵厚勰负责全书的审定工作。在此谨对上述人员所付出的劳动表示感谢！

再次感谢华中科技大学出版社，并真诚期望听到读者的反馈与批评的声音！

编者

2018年4月26日

前言

为适应国家高度重视师范教育的时代需要，作为“高等学校教师教育创新培养模式‘十三五’规划教材”丛书之一，我们分别编写了《中国教育史教程》和《外国教育史教程》。这两本书以时间为脉络，分别简要介绍中国自先秦以来至当代教育发展的历史，以及外国古代、近代、现代的教育制度、教育思想等，以期使读者从总体上对中外教育发展的历史有一个了解与掌握。两本书既可作为教材，也便于自学阅读。

教育史涉及的范围很广，时间跨度很长，空间跨度很大，内容极其庞杂繁复。为了让读者较为明晰地认识外国教育的发展历史，本书在编写时力图做到简明扼要，脉络清晰。我们既注意体系的完整性，同时也注意突出重点，对非重点部分尽量压缩篇幅。《外国教育史教程》分为三个部分，在编写的结构安排上，我们以纵向历史发展为基本线索，但并非简单遵循历史发展的先后顺序来编写本书，而是对部分内容进行了有机的整合，相信这种安排更有利于读者的阅读。

出于增强可读性的考虑，我们还精心选辑了一些外国教育史上的小故事(或教育案例、教育心得)，精心挑选了一些外国教育方面的名言，并选取了一些相关图片。我们希望通过这些工作，进一步增强读者对本书的阅读兴趣。

我们在编写的过程中，认真地参考和吸取了教育史领域的前辈的成果，同时尽力做到搜求一手资料，准确反映教育史实，并注意将近年来教育史学界的最新研究成果反映到教材中去，力求有新的突破。

《外国教育史教程》由赵厚勰、李贤智担任主编，朱浩、杨红霞、张利平担任副主编。全书的写作框架主要由赵厚勰设计，各位主编参与全书统稿工作。参加本书的编写人员大多是多年从事教育史学科学习和研究的、经验丰富的高校教师，他们是：赵厚勰(湖北大学，第一、二、三章)、苏星(湖北大学，第四章)、宋丹青(湖北大学，第五章)、朱浩(湖北师范学院，第六、九、十、十一、十二、十三章)、李贤智(湖北第二师范学院，第七、十五、十六、十七章)、杨红霞(咸宁学院，第八章，张艳丽参与本章写作)、张利平(武汉大学，第十四章)。书中的教育名言、教育启示录以及插图主要由赵厚勰搜集整理，张艳丽协助做了一些工作。

“读史使人明智”，学习和研究历史越久，对英国哲人培根的这句话体会越深。教育中的许多现实问题，其实都可以从历史中找到答案。希望从事教育史学习和研究的读者，以及对教育史感兴趣的读者，能通过阅读我们这本小书得到一些收获。

本书的出版得到华中科技大学出版社的大力支持，曹胜亮主任屡次督促本书的编写工作，让我们感到肩上所负的责任重大，同时也感受到了他的宅心仁厚；责任编辑华竞芳为书稿的编辑出版付出了辛勤的劳动。此外，湖北大学教育学院领导也多次关心本书的进展情况，丛书主编靖国平教授经常督促本书的写作。本书的编排体例也曾受益于周洪宇老师的精心指点。在此一并表示衷心感谢。

由于水平所限，书中一定存在一些缺陷和疏漏之处，敬请读者批评指正。

赵厚勰

2012年1月于沙湖之滨

目录

第一部分　外国古代教育

第二部分 外国近现代教育发展与变革

第三部分 外国近现代教育思想

WAIGUO GUDAI JIAOYU

外国古代教育

教育名言 ……

我只知道自己一无所知。（苏格拉底）

有三种东西能使人善良而有德行，那就是天性、习惯和理性。……由于天性、习惯和理性不能经常统一，这就必须使它们互相调和。（亚里士多德）

吾爱吾师，吾尤爱真理。（亚里士多德）

教育的目的是让学生摆脱现实的奴役，而非适应现实。（西塞罗）

但愿我们自己不去败坏我们孩子的道德！还在最早的婴儿时期我们就以娇生惯养在败坏孩子的道德。我们称之为溺爱的那种娇弱的教育造成了身体上和精神上一切力量的衰退。（昆体良）

有必要提醒教师注意，在纠正学生错误时，如果过于吹毛求疵，学生就会丧失努力的信心，意志消沉，最后会憎恶他的功课，担心动辄出错，什么功课也不想做。（昆体良）

在培育娇嫩心灵的方面，我谴责一切体罚。塑造心灵为的是荣誉与自由。强迫与压制有着说不出的奴性味儿。我想凭理性、智慧、灵巧都做不到的事情，借武力也不会取得更大的效果。（蒙田）

第一章 东方文明古国的教育

人类的教育是随着人类社会的出现而产生并发展的。在世界教育发展史上，几个古代东方国家，如古埃及、古印度以及位于古代两河流域的国家，它们的教育是人类社会发展史上最早的教育。这些国家较早进入奴隶社会阶段，它们是世界文化的发祥地，人类文明的摇篮，它们的教育实践也对东西方教育的发展产生了重要的影响。

第一节　古代两河流域的教育

位于幼发拉底河和底格里斯河一带的两河流域是人类文明的发祥地之一。这一带曾先后产生过苏美尔文化、巴比伦文化和亚述文化。本节主要介绍前两种文化及其教育。

一、苏美尔和巴比伦的文化与科学

苏美尔和巴比伦位于现在的伊朗和伊拉克一带。苏美尔文化是两河流域最古老的文化，它是巴比伦文化的先驱，后者在很多方面都打上了苏美尔文化的烙印。

苏美尔人大约在公元前 3 500 年从原始社会过渡到奴隶社会。苏美尔人在这一时期创造了自己的语言——苏美尔语，他们还发明了泥板书(见图 1-1)和文字。泥板书是苏美尔人用芦苇秆或木棒、骨棒在半干的泥板上刻写文书、契约、纪事等，干后而形成的。最初的文字是象形文字，后来发展到楔形文字。泥板的使用和文字的发明为学校教育提供了基础和条件。

图 1-1　泥板书

进入巴比伦时期后，科学知识有了进一步的发展，巴比伦人在几何、建筑、水利、机械等方面的知识积累更为丰富，尤其是天文学和数学有了较大发展。巴比伦文明在公元前 3 世纪以后逐渐衰落。

二、苏美尔的教育

随着文化的进一步发展，在苏美尔时期出现了最早的学校。由于学校以泥板书作为主要的教学工具，故有“泥板书舍”之称。泥板书舍的负责人被称为“校父”，教师被称为“专家”，助手被称为“大兄长”，学生被称为“校子”。

学校十分重视语言和书写能力的教学。除此之外,教学内容还有阅读、翻译、计算等。学习和掌握文字十分艰难,尤其是楔形文字,较之象形文字更难掌握,必须经过长期的专门训练。教学方法较为简单,主要是教师先在软泥板上写字,再让学生照着抄写,背诵也是常用的方法。学校的教学管理非常严格,体罚盛行,教师用木棒责打学生是经常的事情。如有一块泥板书写道:“我不能迟到,否则会遭到教师的鞭笞。”①

三、巴比伦的教育

苏美尔文化衰落后,巴比伦文化兴起。这一时期的学校教育也得到进一步发展。古代巴比伦的教育为少数人垄断,奴隶不能享受学校教育;能掌握复杂的楔形文字知识的一般只限于职业官吏、僧侣、文艺家等少数人。巴比伦的学校通常是附设在神庙中,分为两级。一级是初级教育,主要教授读写;另一级是高级教育,除学习读写外,还要学习文法、苏美尔文学、祈祷文。为了培养未来的书吏,学校除使学生具备基本的读写能力之外,还要让他们学习数学、天文学,有的还要学习占星术和医学知识。

那时的教科书较为简单,理论程度不高,也无系统可言。教学方法非常简单,主要是师徒传授制,一般只限于学生问、教师答,用一种语言解释另一种语言,做各种文字练习或机械背诵。

第二节　古代埃及的教育

一、古代埃及的概况

古代埃及位于非洲东北部尼罗河的下游,是世界文明的另一发祥地。古代埃及地处亚非大干旱地区,只有尼罗河沿岸和下游三角洲适于生活和农耕。公元前3 000年前后,古代埃及初步形成了奴隶主专政的国家。

古代埃及奴隶制国家的社会结构,除了奴隶和奴隶主之外,还有农民、手工业者和其他阶级。上层统治阶层则包括国王、贵族大臣和高级祭司,中等阶级中有中小奴隶主、小官吏、中下层祭司、书吏、农庄管家、医生、建筑师等。古代埃及国王又称为“法老”,具有至高无上的权力。古代埃及的阶级矛盾十分尖锐,奴隶、农民经常起义。

在早期王国以前,古埃及人便发明了象形文字,后来逐渐发展为一种用字母、音符、词组组成的复合文字。起初,文字仅由僧侣掌握,被视为神器,用做进行祭祀活动的符号。后来,也用于记录政事、经验和知识。学校出现后,文字就是传授知识的

---

① James Bowen, A History of Western Education Volume One, New York, 1981:14.

有效工具。在文字发明的基础上,古埃及人又发明出可用于书写的人类最初的纸张——“纸草纸”,为文字的传播提供了很好的载体,也是人类文明史上的一大进步。

古代埃及在天文、历法、数学、医学诸方面都有很高成就。如木乃伊的制作、金字塔的建造等,都代表了古代埃及文化发展的高度。

二、古代埃及的学校教育

古代埃及社会尊重文人而轻鄙不识文字的人,艰苦的体力劳动者的生活条件远远比不上有文化的脑力劳动者。古代埃及以家庭为教育子女的场所。与此同时,其学校教育也较为发达,形成了不同种类的学校,主要有宫廷学校、职官学校、寺庙学校(或称僧侣学校)和文士学校(或称书吏学校)。

(一)宫廷学校

大约在公元前2 500年,处于古王国时期的埃及已有宫廷学校。宫廷学校所传授的大都是一些普通课程,包括读、写、数学、天文等基础知识。那时的埃及国家强盛,经济繁荣,无论从政治需要或文化发展水平看,奴隶主子弟都需具备一定的知识才能,方可更好地继承国家的管理事业。因此,法老在宫廷中设立学校,教育王室子弟和朝臣子弟,使之学成以后充任官吏。

(二)职官学校

职官学校是由政府机关设立,用来培养官员的,它的出现晚于宫廷学校。中王国时期,埃及国势更加强大,政务日益繁杂,仅靠宫廷学校培养出的人还不能满足数量日增的各级各类官吏的需求,于是各政府机关纷纷以办公处所为校址,招收贵族和官员的子弟,以训练官吏和各级接班人。学生大约从5岁开始进入学校学习,12年后学成结业。教学内容包括普通文化课程和专门职业教育,往往以吏为师。学生毕业后就在政府部门做一名下级官吏。

(三)寺庙学校

古埃及的寺庙在社会上享有较高的地位,一些大的寺庙设有寺庙学校。古埃及的寺庙既是宗教活动的场所,也是替法老办理天文、建筑等专业事务的机构。寺庙僧侣往往是国家的天文官,他们精通数学、天文学等知识。寺内藏书丰富,供学习研究之用。与培养政治才干为主的职官学校不同,寺庙学校所进行的是较高深的科学教育。在古埃及,寺庙学校很早就出现了,规模宏大的寺庙往往就是当时传授高深学识的学府。因此,寺庙学校的教学及研究内容以较高级的天文学、数学、建筑学、水利学、医学等学科为主,培养高水平的人才。

(四)文士学校

古埃及是古代的奴隶制大国,政治、宗教、军事、贸易事务十分纷繁,需要大量文士。为了满足需求,许多文士便以教育为专业,广设文士学校。文士学校教学水平不齐,修业年限不等:有的修业期短,教学水平低;有的修业期长,教学水平高。经济拮据者入前一种学校，家境富裕者大多进入后一种学校。学校通常教授阅读、书写、计算和法律知识，也有的教授数学、天文学和医学等较高深的学问。

在古埃及学校所传授的知识中，书写最受重视，也非常难学，因此学生在书写学习上花费的时间往往更多。学校注重指导学生学习辞令，认为善于辞令是有教养者应备的条件。古埃及学校也很重视道德教育，主要是教学生忠于君主、孝敬父母、敬拜神祇等。学校教师的教学方法十分简单粗暴，灌输、体罚、机械地反复练习被看做是正常合理的手段。教师虽也利用问答方法，但并不注意引导学生思考。由于学习内容艰深，以及教师所用的教学方法忽视对学生的启发理解，故而体罚成为不可避免的手段。在古埃及的一个手稿中有这样一句话："不要把时光玩掉了，否则你就要挨揍，因为男孩的耳朵是长在背上的，打他他才听。"①

古代埃及的文化教育传播到世界上更广大的地区，对西方的文化教育产生了重要的影响。古希腊的一些哲学家和教育家如泰勒斯、毕达哥拉斯、柏拉图等都曾到埃及游学。西方教育家的著作中也多次提到古埃及的教育。

第三节　古代印度的教育

古代印度是世界文明古国之一，位于亚洲南部，地处印度河和恒河流域。早在公元前2 000多年，这一带就产生了最初的奴隶制国家。此后，逐渐形成了一套严格的等级制度，即种姓制度。这种制度将人从高到低分为四个等级：婆罗门(僧侣)、刹帝利(贵族)、吠舍(平民)、首陀罗(奴隶)。四个等级构成四个种姓，前两个种姓是统治者，把持一切大权；后两者是被压迫者，处于社会的下层。除此之外，不同种姓通婚所生的子女(即"贱民")也处于社会最低阶层。在这些等级中，只有婆罗门、刹帝利、吠舍三个种姓享有受教育的权利。首陀罗地位最低，也没有受教育的权利。据说，婆罗门种姓的人宁愿溺死，也不愿被奴隶从水中捞起，可见当时的阶级对立程度很深。②

约公元前7世纪，婆罗门教产生，被奴隶主贵族阶级用以巩固其统治。公元前6世纪至公元前5世纪，婆罗门教势力削弱，佛教兴起，教育权掌握在婆罗门教和佛教手中。

一、婆罗门教育

公元前6世纪以前的古代印度教育，一般被称为"婆罗门教育"。婆罗门教育首先以家庭教育的形式出现，后来逐渐产生了最初的学校教育形式。婆罗门教是古代印度的早期宗教，赞成种姓制度，崇拜梵天，认为梵天是世界万物的创造者，是宇宙的最高主宰。与此相适应，婆罗门教育以维持种姓压迫和培养宗教意识为核心任

---

① 司徒卢威：《古代的东方》，人民教育出版社1955年版，第89页。

② 滕大春：《外国教育通史》(第一卷)，山东教育出版社1989年版，第74页。

务。学习内容主要为《吠陀》。入学校、习经典的权利只能为婆罗门、刹帝利和吠舍所享有,但三者享有的受教育权利的内容不完全相同。婆罗门所受的教育是当时最完备、最高级的,刹帝利和吠舍所受的教育内容则比较简单,程度较低,特别是吠舍的教育大为逊色。首陀罗则被剥夺了受教育权。这些情况充分反映了当时教育的阶级性,以及统治阶级力图控制教育和文化知识的用心。

在婆罗门的学校中,最有特色的是古儒学校。古儒学校产生于奥义书时代(始于公元前800年左右)。“古儒”是指对经义有一定研究的文人,他们在家里开设经义学校,这种学校被称为“古儒学校”。古儒学校具有浓厚的家庭教育氛围,所招收的学生主要为婆罗门等高级种姓,学习年限长达12年,且要求儿童入学后须迁入古儒家中与其共同生活起居。古儒学校的教育以婆罗门教的教条为指导思想,以梵语所写的经典《吠陀》为主要教育内容,在教学方法上以背诵为主,同时也有一些讨论。

二、佛教教育

古代印度佛教兴起后,佛教教育随之发展起来。佛教的创立者是释迦牟尼,释迦牟尼虽然不主张废除种姓制度,但他主张四姓平等。佛教教育的目的与其教义相同,在于让人们弃绝人间享乐,蔑视现实人生,通过修行,大彻大悟,追求涅槃及虚幻的来世。

佛教教育最重要的教育场所是寺院,与婆罗门教育以家庭、学校为教育场地不同。佛教要求“出家”,出家僧侣必须抛弃财富,割断家庭关系,摆脱生养肉体的父母而依从抚育灵魂的僧师,视僧师犹如亲父。学习内容主要为佛教经典,神学气氛极其浓厚。佛教教育均以地方语言解说,较之婆罗门教育以艰深的梵文为教学用语进步。此外,它还将讲道与个人的钻研结合起来。

年满8岁以上的儿童准许入寺修行,在学满12年以后通过一个隆重的仪式进行考核,合格者方可成为正式僧侣,男的称为比丘,女的称为比丘尼。多数人离寺回家,少数人继续留寺,再修习10年后,担任寺中僧侣职务。

佛教对于一般信徒的家庭教育也不放松。由于寺院、尼庵的容量有限,佛教还鼓励信徒在家修习。在家僧称为“优婆夷”,在家尼称为“优婆夷”。他们须以财产维持寺庵的日常用度,须对行乞的僧徒慷慨施舍,更须在家诵读经典和定期参加寺庵宗教仪式。寺庵对在家信徒负有指导学习的任务,不过对他们的要求比对在寺院修行者要低。

佛教教育极为重视道德品格教育及言行举止训练。寺院对衣、食、住、行、学习、修行等方面订有种种清规戒律。僧人不得从事任何世俗性职业,平时生活全凭化缘及在家信徒供养。洒扫寺院等杂务均由初学者担任,高级学生则致力于默祷。僧徒对师傅要毕恭毕敬,师傅起身行走、睡觉以及日常小事,都由学生侍奉;师傅则要全心教育学生,不仅要传授经义,而且要照顾学生衣食住行。和婆罗门学校一样,寺院师生关系非常融洽。

寺院不仅是一种教育机构,也是一种学术机构,有的甚至堪称学术(神学)研究中心。这种学校以佛教经典为主要的学习内容，僧侣讲授各种学科知识时不用繁难的梵文梵语而采用通用的方言。教学时经常采用争辩和讨论方法，形式灵活而富有生气。

一些学术水平较高及规模较大的寺院，除负责培养僧徒之外，还从事各种学术研究。创建于425年、颇负盛名的纳兰陀寺就是一例。该寺建筑雄伟壮丽，藏书丰富，寺中师生众多，学术氛围非常浓厚，经常举行各种学术讨论和演讲活动，实际成为古印度的最高学府和国际学术文化中心。该寺吸引了大批中国、朝鲜等国的青年和学者，对中国及东南亚许多国家的教育产生了重要影响。

复习思考题：

1. 名词解释：埃及宫廷学校 印度婆罗门教育。

2. 古埃及的学校教育较为发达，试述学校类型主要有哪些及每类学校的教学内容是什么。

第二章 古希腊的教育

古希腊位于地中海和爱琴海的东北部,由古希腊本土及小亚细亚滨海地区和爱琴海的众多岛屿构成。公元前 11 世纪至公元前 9 世纪,奴隶制度开始出现。此后逐渐产生了一些小城邦,成为欧洲最先进入文明时代的国家。

古希腊人富于想象力,他们从原始社会起就创立了自己的神话,对古希腊教育产生了很大影响。早期的音乐学校、角力学校和体育馆都有自己的保护神,音乐教育中的歌曲也充斥了神话内容。体育训练本身也具有对神崇拜的表现形式。古希腊人在文学、绘画、建筑、音乐等领域中都获得了高度的成就,为学校教育提供了较好的基础。

在众多古希腊城邦中,斯巴达和雅典最为强大,它们具有不同的政治、经济和文化背景,是古希腊两种奴隶制类型的代表。与此相适应,它们的教育也各有特点,是古希腊奴隶制教育的不同典型。

第一节 斯巴达教育

斯巴达位于伯罗奔尼撒半岛的南端。它的陆上和海上交通均不便利,因之商业和海上贸易不发达,但是境内土地肥沃,适宜农业发展,所以斯巴达成为古希腊各城邦中最大的农业奴隶制城邦。

斯巴达人是多利亚人的一支,本属外来民族,公元前 1200 年从北方侵入古希腊半岛,最终占据伯罗奔尼撒东南部拉哥尼亚区域。斯巴达人征服当地居民之后,便实行残酷、严格的军事化管理。斯巴达的居民分为三个等级。最高统治者是斯巴达人,他们是奴隶主,人数极少,在公元前 7 世纪时只有 9 千户(约 3 万人);被征服的大部分当地居民希洛人成为奴隶,人数众多,有 25 万人;处于中间阶层的是庇里阿西人,他们享有人身自由,但没有政治权利,居住于边境地区,从事简单的工商业和农业劳动,要向国家缴纳赋税和服兵役。

由于斯巴达人对奴隶实行残酷的剥削和压迫,希洛人不堪忍受,不断举行起义。因此,斯巴达人不得不实行全民皆兵的管理制度,使全体公民过着严格的军事生活,整个斯巴达社会就是一个大兵营。

为了镇压奴隶的反抗以及抵御外来侵略,斯巴达人高度重视教育,建立了以培养勇猛善战的军人为目的的教育制度。这种教育制度通过法律确定下来:凡是没有受过法定教育的人不能成为公民,不得获得国家的封地,不能享受公民的权利。这是西方教育史上首次把教育作为国家的事业,并使之带有强制性。斯巴达教育的最

图 2-1　古代斯巴达长老检视婴儿

基本特点就是重视军事体育训练。斯巴达的教育由国家控制,儿童属于国家的财富。初生的婴儿由长老检查身体(见图 2-1),唯有体质强健者才被留下来,病弱者则被扔到山谷里任其死去。健康婴儿将成为未来的国家公民,由其父母带回家去抚养。7 岁以后,家庭的抚养及教育的任务就结束了。男孩子被送到国家教育机关(军营)接受教育。他们在 7～18 岁期间受教育的场所主要是军营。在这里,他们接受严格的军事体育训练、强制的道德灌输和严酷的身心磨炼,最后成长为勇敢、坚韧的爱国战士。

斯巴达军营的制度非常严酷。儿童在军营里被编入严格的军事组织,过着极其艰苦的生活。他们衣衫单薄,光头赤足,饮食粗劣,晚上睡在自己从河边采来的芦苇垫上,无被褥,即使是冬天也仅在芦苇垫子里加上蓟草。这都是为了培养他们吃苦耐劳的精神,以适应任何战争环境。

体育训练是重要的教育内容。体育训练的项目有赛跑、跳跃、掷铁饼、投标枪、角力等五项竞技。此外,还有骑马、击剑、游泳、军事游戏等。训练时,常常要求青少年裸体进行,而且身上涂满橄榄油。斯巴达的体育训练极其严格,只重视军事目的,并不顾及人的全面发展。

儿童只能吃少量的食物。斯巴达人认为,儿童吃得过多会有碍于身体发育。因此斯巴达的儿童常常食不果腹,忍饥挨饿。为了培养机警、敏捷的习性,管理者鼓励他们去偷窃公共食堂的食物等生活必需品,并且不能被抓到。一旦被人抓获,则必然会遭到毒打和挨饿的惩罚。

斯巴达教育强调绝对服从,不允许有任何个人意志存在。为了训练儿童的服从性和忍耐性,斯巴达教育还实行一种鞭笞制度。在平时生活中,违反纪律的儿童要接受鞭打。此外,每一个斯巴达公民都有权随时教育、责罚一个犯了过错的孩子。当孩子成人时,也要到专门的神殿去接受鞭打的考验,被打者不许喊叫、求饶,要把鞭打当作使自己坚强的训练。

斯巴达人非常注重道德教育,其目的在于让青少年服从长上、忠于祖国。道德教育的主要方法以灌输为主,包括利用问答的方式训练青少年的道德。成年人及年长者也可随时督促青少年,如其有违犯道德的举动,则对之施加处罚。此外,在音乐和诗歌中也有道德教育的内容,如利用一些歌颂英雄的歌曲来培养青少年的爱国热情。

斯巴达人不重视智育,认为读书、习字是日常生活的事情,可以让青少年在课外自己学习。文化知识的学习被严重忽视,致使许多学生到 18 岁仍然目不识丁。斯巴达人说话简洁,不好文饰,并以同样的标准要求青少年。虽然他们的教育内容中也有诗歌、音乐，但这些都是口头进行的，而且主要服务于军事需要。

当男孩子进入18岁以后，就升入高一级的教育机关——埃弗比（Ephebia，青年军事训练团）接受训练，直到20岁结束。埃弗比的领导者是经过专门挑选的、有才干的军事领导人。在这里他们除了继续进行五项竞技训练之外，主要接受军事教育，参加军事演习并学习战术和使用武器。此外，斯巴达青年还要参加一个特殊的训练项目——秘密行动，即被派去屠杀奴隶希洛人。这种屠杀往往在夜间伺机进行，有时白天也如此。这种训练的目的是培养青年人的凶残品性，同时也可使希洛人常处于担惊受怕的境地而不敢轻举妄动。此外，还采取其他侮辱希洛人的办法，如强迫希洛人喝醉酒，以其醉酒后的狂态来教育斯巴达青年；有时让希洛人跳舞时做出卑劣下流的动作，使斯巴达人更加蔑视希洛人。

满20岁的青年要开始服兵役，期间可以结婚，但仍然长期住在兵营里。到30岁才成为正式公民，可以参加公民大会及担任官职，但仍要接受军训，直到60岁才可免除兵役。

斯巴达人很重视对女子的教育。女孩子在家中或家附近接受大致与男孩子相同的训练。她们同样有着严格的组织和纪律，训练的项目包括跑步、游泳、投标枪、角力、舞蹈和唱歌等。斯巴达人认为，只有健壮的妇女才能在男子远征时担负起守卫城邦的重任，也只有强壮的妇女才能生育健壮的婴儿。女子教育的另一个目的是让她们用音乐、舞蹈去奖励和慰问勇敢的战士，并嘲笑怯懦者。与雅典相比较，妇女在斯巴达的社会地位比较高，她们在家庭和社会上均受到尊重。

斯巴达是当时古希腊半岛上一个较为闭塞的小城邦，在经济上以自给自足的农业经济为基础，在政治上实行农业贵族寡头专政，在文化上较为落后，但却拥有强大的军事力量。这种社会特点与其所实行的教育制度密切相关。斯巴达的教育内容特别重视军事、体育，教育对象以统治者的后代为主，教育目的是培养英勇善战的士兵，以服务于镇压奴隶与平民的需要。斯巴达的教育内容是片面的，它所培养的士兵虽然勇猛善战，纪律严明，但是文化知识却极为贫乏。斯巴达的教育体现了国家的关怀，对教育工作有严密的组织，重视女子教育。这些消极和积极的方面对当时和后世的教育理论、教育实践的发展都有重大影响。

第二节　雅典教育

雅典地处阿提卡半岛，矿藏丰富，手工业发达。其境内多山，不适宜发展农业，但濒临海岸，海运条件较为便利，工商业发达，到公元前5世纪成为全古希腊最繁荣富强的国家。

雅典和斯巴达一样，它的奴隶主与奴隶在数量上悬殊很大，但雅典是在氏族部落自身解体和阶级分化的基础上产生的城邦，其阶级关系较斯巴达更为复杂。随着工商业的发展，雅典产生了工商业奴隶主。农民和手工业者都是自由民，但他们与贵族奴隶主之间的矛盾也极为尖锐。雅典社会复杂的阶级矛盾成为实施民主政治的社会基础。繁荣的工商业经济和民主政治所提供的宽松的社会环境，促进了雅典文化科学的发展，其哲学、文学、艺术都很发达，天文、算术、几何等科学知识也得到较高的发展。这些情况使得雅典的教育出现了与斯巴达不同的特点。

雅典的教育不像斯巴达那样注重军事、体育，以培养勇敢强悍的武士为唯一目的，而是通过德、智、体多方面的教育，将奴隶主子弟培养成为具有健美体格、高尚情操、多才多艺、能言善辩的社会活动家和商人，以及身心和谐、在各方面都得到良好发展的未来公民。

在雅典，国家不直接设立学校，只是监督父母担负起教育子女的义务。学校以私立为主。儿童出生以后，也要接受身体检查，但这种检查不是由国家组织而是由父亲进行，并决定是否抚养他。7 岁前的儿童在家庭中接受教育，主要是从事各种锻炼以具备强健的体魄，常用冷水洗澡，在很冷的日子也从事户外游戏。此外，他们还从母亲或保姆那里学习唱各种歌曲，听英雄传记和神话故事等。

图 2-2　古代雅典儿童在学校学习

当儿童满 7 岁以后，女孩子继续留在家里，男孩子则被送入文法学校（Grammar School）或音乐学校（The Music School）学习（见图 2-2）。在文法学校主要学习读、写、算的初步知识及文学等知识。音乐学校又叫弦琴学校，往往与文法学校在一起，儿童在那里接受歌唱技能、乐器演奏的训练。当儿童进入十二三岁以后，又开始上体操学校（The Palaestra）学习。体操学校又叫角力学校，是较高一级的学校，多设在毗邻音乐学校的空旷场地上，儿童在这里主要接受体育训练，项目包括五项竞技、游泳、拳击等，目的在于增强学生的体质和运动技能，使青年达到诸方面均衡发展。体操学校不仅要求学生身体强健，而且要求在技能技巧上轻盈敏捷、准确平稳，动作协调优美，姿态美观大方，意志坚韧。此外，儿童在这三种学校都会接受一定的道德教育。师生之间的谈话十分普遍，内容涉及政治民主、遵纪守法、尊重多数人的意志、中庸思想等。

上述学校都是私立并收费的。儿童上完这三种学校之后，算是接受了基本教育。儿童上学时有教仆伴随。教仆是由有知识的被俘奴隶来担任的，他们为儿童提拿学习用具，并辅导和监督儿童的学习。

进入 16 岁以后，大部分的学生从学校毕业，走上社会就业谋生。少数富裕人家的子弟可进入国立的体育馆学习。体育馆由国家主办，实际上是实施全面教育的场所。他们在体育馆接受体育训练，兼学一些文化知识，参加一定的社会活动。年满 18 岁的青年从国立体育馆毕业，凡志愿继续学习并经审查后，可升入埃弗比接受专门的军事训练。青年在 20 岁时，经过一定的仪式，被授予正式公民的称号，成为一名正式的公民，即有资格担任国家的军事职务和官吏，参与政治事务。

雅典人不重视女子教育，妇女地位低下，不得参加社会活动，只能在家中学习一些家务知识，为将来成为一名家庭主妇做准备。

雅典小学教师地位较为低下，收入微薄，不受社会的尊重。从事小学教师的人多半是贫穷落魄的人，靠着微薄的酬金谋生。他们的收入低而且很不固定，在节假日，家长便扣掉酬金。在雅典社会上，称一个人为学校教师简直就是一种侮辱。他们像奴隶一样经常遭人侮辱和打脑袋。

雅典的教育体现了一种中庸的思想，要求适可而止，而不是精益求精。雅典人反对专业化或职业化的训练。例如学习音乐主要是为了陶冶性情、培养审美情操的需要，不要求学得太好，否则就有人指责其“像个专业人员一样”。这种教育观念在某种程度上体现了雅典人追求全面和谐发展教育的思想。

从以上简要的介绍看出，雅典的教育具有以下特点：一是鲜明的阶级性，在雅典，受教育是贵族和平民子弟的特权，奴隶根本没有资格接受教育；二是注重文化知识在学生成长中的作用，强调教育要培养体力、智力、美感和品德等全面和谐发展；三是雅典的学校有国立和私立两种；四是雅典对女子教育严重忽视，女子地位较低。总体而言，雅典的学校教育在公元前 5 世纪到公元前 3 世纪之间是较为繁荣的。它们对后世尤其是欧美近现代教育的发展产生了深远的影响。

教育启示录 1

爱因斯坦干什么都不行

爱因斯坦于 1879 年 3 月 14 日出生在德国的乌尔特市，小时候并不聪明，3 岁时还不会说话，上小学时也显得很迟钝，所以老师都不喜欢他。有一次上手工课，老师叫学生自己动手做一样东西交上来，别的同学交的是小风车、布娃娃之类的手工制作品，都很漂亮，只有他交的是一个破烂不堪的手工制作的凳子。老师勃然大怒，对他呵斥道：“你交的是什么？这世上还有比这更破烂的东西吗？”爱因斯坦弯下腰，从桌子底下拖出了两个更加破烂不堪的小凳子，回答：“有，那就是我原来做的两个凳子。”

一直到上中学，爱因斯坦除数学外有多门功课补考，甚至没拿到中学毕业文凭。他中学毕业的那天，父亲也参加了毕业典礼。典礼结束后，父亲带着爱因斯坦去见校长，父亲说：“尊敬的校长先生，请您多指教，您看这孩子今后从事什么职业合适呢？”校长板着面孔，未作回答，父亲坚持着又问一句，校长才冷冰冰地说：“反正都一样，干什么都不行！”

后来，由于爱因斯坦勤奋学习、锐意进取和顽强拼搏，终于在 1905 年提出光量子假说，并创立了狭义相对论，1916 年又创立了广义相对论，对物理学的发展作出了卓越的贡献。

作为一名伟大的科学家，爱因斯坦对人类的贡献是人所皆知的，其母校——瑞士苏黎世工业大学也因他而自豪，并在百年校庆之际邀请这位享誉世界的科学家为之写纪念文章。爱因斯坦很"赏脸",就在他逝世前一个月写完了文稿,但文中充满着批评的基调,让人始料不及。

通常,纪念文章应该是一些好话,为母校校庆助兴捧场,以提高苏黎世工业大学的声望。可爱因斯坦为什么要批评母校呢?他在纪念文中直言:入学以后,很快发现自己不具备做个"好学生"所需要的一切特性,诸如专心于功课、遵守课堂纪律、认真记笔记和做作业等。因此,他便始终满足于做一个中等成绩的学生,把主要精力放在自己真正感兴趣的东西上,以极大的热忱在家里向理论物理学的大师们学习。他还回忆说,毕业以后感到极大幸福的是在专利局找到一份实际工作,而没有留校去写大量的科学论文。由此可见,爱因斯坦批评母校的实质,就是想诊治那种笼中鸟式教育体制的弊病。

资料来源 节选自但武刚主编:《教育学案例教程》,华中师范大学出版社 2007 年版,第 15-16 页,有改动。

复习思考题:

1. 简述斯巴达教育的主要内容。
2. 雅典教育的基本特点是什么?

第三章 苏格拉底、柏拉图和亚里士多德的教育思想

苏格拉底、柏拉图和亚里士多德是古代希腊的三大著名哲学家和教育家。他们被并称为“希腊三杰”，他们的哲学思想和教育思想对西方世界产生了深远的影响。文艺复兴以来西方哲学史和教育史上许多重要思想观点都可以从他们三人的思想中追溯到发展的源头。

第一节 苏格拉底的教育思想

一、生平及教育活动

苏格拉底(Socrates，前469—前399，见图3-1)，雅典著名的哲学家、教育家，在哲学史和教育史上占有崇高的地位，是长期为人们所尊敬的教师。

图3-1 苏格拉底

苏格拉底出生于平民家庭，父亲是雕刻匠，母亲是助产士。他生活在雅典民主政治由盛而衰的时代，对民主政体的一些极端做法不满，政治观点倾向于奴隶主贵族专制。苏格拉底在青少年时代曾跟父亲学过手艺，熟读《荷马史诗》及其他著名诗人的作品，靠自学成了一名很有学问的人。他以传授知识为生，30多岁时做了一名不取报酬也不设馆的社会道德教师。苏格拉底的一生大部分是在室外度过的。他喜欢在市场、运动场、街头等公众场合与各方面的人谈论各种各样的问题，如战争、政治、友谊、艺术、伦理道德，等等。40岁左右，他成为雅典远近闻名的人物。许多有钱人家和穷人家的子弟常常聚集在他周围，跟他学习，向他请教。苏格拉底却常说：“我只知道自己一无所知。”

公元前399年，70岁的苏格拉底被雅典法庭以不信神和腐蚀雅典青年思想的罪名判处死刑，饮毒酒而死。在苏格拉底死后不久，雅典人就认识到他的思想的意义，把诬告他的一部分人处以死刑。苏格拉底无论是生前还是死后，都有一大批狂热的崇拜者和一大批激烈的反对者。他一生没留下任何著作，但他的影响力却是巨大的。他的教育思想散见在他的学生柏拉图的著作《理想国》和色诺芬的著作《回忆苏格拉底》中。苏格拉底并未形成系统的教育理论，但他的教育主张直接影响了柏拉图和亚里士多德，并对西方近现代教育产生了深远的影响。

二、"美德即知识"的思想

"美德即知识"的思想，是苏格拉底教育思想的一个重要内容，在教育思想史上具有重要的意义。苏格拉底认为，知识包括一切善，美德是一种关于善的知识。善是出于知识，而恶是出于无知。道德的行为之所以发生，首先是因为行为的发生者具有关于道德的知识。因此，美德的获得与教育有重要的联系。他说："美德由教育而来。"教育必须使人获得关于善的知识，从而去做美好的、光荣的事情。教育的目的就是去挖掘、发展人的美德和善。美德和善可通过教育、通过学习各种知识而获得。

苏格拉底强调知识对道德行为的指导意义，要求把道德行为建立在知识的基础上，尤其是要求把知识和德行统一起来，这种思想不仅对当时的古希腊人来说具有重要的实践意义，而且对后世也有意义。在世界教育史上，苏格拉底的这一思想对后来西方教育家研究道德教育和知识教育的关系产生了重大的影响。后世的教育家因此把发展道德意识、道德判断作为德育的重要任务之一。当然，这种理论将道德与知识完全等同起来也存在不足之处。

三、苏格拉底法

苏格拉底教学生时，不是强制别人接受他的观点，而是从学生所熟知的事物开始，通过和学生谈话、讨论和辩论，引导对方纠正、放弃原来的错误观念，自己得出答案，形成正确的思想。这种问答式教学法即人们所称谓的"苏格拉底法"。

苏格拉底本人把他这种逐层诘问，使对方发现自己的错误，逐步引申，最终得到正确结论的方法，称为"知识的助产术"，他称自己为知识的"助产士"。苏格拉底认为，教师的任务不在于传授既成的知识，而在于通过交谈和讨论，消除一切错误与模糊的认识。他认为人的头脑中已存有各种知识，犹如母体中的胎儿一样，教师的作用就在于启发学生把这些知识发掘出来，唤醒学生的意识，从而发现真理。苏格拉底说，这种方法是从他做助产婆的母亲那儿得到启示的，他从他母亲那里继承了接生的技术。不过他和他母亲不同，他是一个智慧的产婆。

苏格拉底法可以分为四个部分：讥讽、助产术、归纳和下定义。所谓"讥讽"，就是在谈话中让对方谈出自己对某一问题的看法，然后揭露出对方谈话中自相矛盾的地方，使对方承认自己对这一问题实际上一无所知。苏格拉底认为这是使人变得更有智慧的必然步骤，因为只有一个人很谦虚并"自知其无知"，他才能学到知识。所谓"助产术"，就是用谈话法(见图 3-2)帮助对方把知识回忆起来，就像助产婆帮助产妇产出婴儿一样。所谓"归纳"，是通过问答使对方的认识能逐步排除事物的个别的、特殊的东西，揭示出事物的本质的、普遍的东西，从而得出事物的定义。这是一个从现象、个别到普遍、一般的过程。所谓"下定义"，就是对发现的真理加以表述。

苏格拉底法是一种启发式教学法。它要求学生和教师共同讨论，互为激发，共同寻求正确答案。它有助于激发学生积极思考、判断和寻找正确答案。所以，学生的思维相当活跃。苏格拉底用辩证的方法证明真理是具体的，具有相对性，在一定

图 3-2　苏格拉底用谈话法进行教学

条件下可以向自己的反面转化。苏格拉底法无论在西方哲学史上，还是在教育史上都有很重要的意义，被看做是启发式教学的渊源。这种方法在一定程度上遵循了人的认知规律，能使人发现真理，更加深刻地理解教育的内容，促进学生的认识不断深化。因此，直到今天，苏格拉底的方法仍然是教学中的一个极其重要的方法。当然这种方法也存在一定的局限性，它不是万能的教学方法，只能在一定条件下和适度范围内作为参照。如它要求受教育者具有探求真理的愿望和热情，同时对所要讨论的问题有一定的知识积累，否则师生间的问答便无法进行。此外，它的教育对象更适合有一定推理能力的人，这种方法不能机械地搬用于知识和推理能力尚不完全的幼年儿童。

第二节　柏拉图的教育思想

一、生平及哲学思想

柏拉图(Plato，约前 427—前 347，见图 3-3)，古希腊著名的哲学家，苏格拉底的学生。他出生于雅典贵族家庭，青少年时期受过良好的教育，参加过骑兵军事训练，喜爱运动，学过绘画，曾写过诗和悲剧。柏拉图从 20 岁起就开始听苏格拉底讲学。苏格拉底死后，为了避免受牵连，柏拉图便离开雅典，开始了为期 12 年的游历生涯。公元前 387 年，为了建立自己心目中理想的国家，柏拉图跑到西西里岛的叙拉古城，想说服统治那里的暴君，建立一个由哲学家管理的理想国。这位暴君的回答却是把柏拉图卖到外地去当奴隶。后来，他的朋友花了许多钱，才把他赎出来。

图 3-3　柏拉图

柏拉图回雅典后，创办了一所学园。学园以古希腊英雄阿加德米(Academy)的名字来命名,学园门口写着“不懂几何者免进”的字样。这时柏拉图已经40岁,他苦心经营学园,在后来的40年时间里,除了两次去西西里外,其余的时间均在此授徒讲学。学院的教学形式和方法灵活多样,苏格拉底式的谈话法被普遍采用。柏拉图在这里培养了包括亚里士多德等在内的一大批学生。柏拉图关于教育问题的很多理论认识,是在此形成和发展起来的,他的大部分著作也在此完成。学院成为当时希腊的哲学和科学中心,并对中世纪大学的形成与发展产生了重要影响。学院被视为雅典第一个永久性的高等教育机构,是柏拉图对世界教育史的一大贡献。

柏拉图是客观唯心主义者,理念论(又译作“唯心论”)是其哲学思想的核心。柏拉图青年时曾学习过赫拉克利特的哲学,受到万物皆流,物无常在的观点影响。他认为从感性事物中不能得到真实知识,哲学和教育的任务是跨越变化无常的感性世界,把重心放置在永恒不变的理性世界。同时,柏拉图又受到毕达哥拉斯灵魂不灭思想的影响,相信轮回转世说,认为肉体只是灵魂的容器,唯有灵魂才是永恒不灭的。他将这一切哲学观点和他的政治观结合起来,提出了两个世界的理论。他认为世界由理念世界和现象世界组成。理念世界是真实的、永恒的,现象世界是不真实的、不稳定的。理念是独立存在、永恒不变、完美无缺的真正的“实体”,它是变幻无常的现象世界产生的根源。超越现实、先天存在的理念世界是本体,是第一性的,而现象世界不过是理念世界的阴影或摹本,是第二性的。人们所要认识的是由理念组成的理念世界。认识不是对物质世界的感受,而是对理念世界的回忆,学习就是回忆人头脑中固有的理念。柏拉图把回忆心中固有知识的过程看成是一种教育和启发的过程。

柏拉图的代表作是《理想国》。它是一部讨论政治和教育的著作,也是最早的乌托邦思想的集中反映。此书用大部分篇幅谈论其教育主张。它甚至被卢梭看成是一部教育著作:“这本著作,并不像那些仅凭书名判断的人所想象的是一本讲政治的书籍;它是一篇最好的教育论文,像这样的论文,还从来没有人写过咧。”[①]《理想国》被称为教育思想发展史上的里程碑。

柏拉图在他所设想的理想国中,将人分为三个等级:哲学家、军人和劳动者。哲学家是神用金子做成的,是奴隶主国家的最高统治者,拥有智慧和理性。军人是神用银子做成的,是奴隶主国家的保卫者、社会秩序的维持者,拥有勇敢和意志的品质。劳动者是神用铜铁做成的,包括手工业者和农民,具有节制的品质。处于社会最下层的奴隶只是一种会说话的工具而已,不属于以上三个等级。三个等级的人应依其天性做适合自己的工作,各司其职,各尽其才,才能构成和谐的理想国家。但要实现理想国家,柏拉图认为还要对这些人施以良好的教育,只有通过教育,才能使人成为“有理性的人”。

---

① 卢梭:《爱弥儿》(上卷),商务印书馆,1996年版,第11页。

二、论教育的作用与目的

在柏拉图看来，教育是改造人性、陶冶德性、实现理想国的唯一手段。教育是实现国家繁荣富强的重要工具，理想国家的建立和巩固有赖于这个国家的教育，有赖于国家对每个公民的教育。因此，柏拉图强调教育应由国家负责，国家要根据自身的实际需要为本国的公民创办完备的教育结构，使他们受到最好的教育。在这里，柏拉图将教育与政治紧密联系在一起，这种观点是可贵的。

在教育的培养目的上，柏拉图认为，理想国家需要哲学家，也需要军人和手工劳动者。但是，不同的人的先天素质不一样，所以不能对所有的人实施同样的教育。他把培养哲学家放在首位，因为他认为国家的好坏取决于哲学家，如果他们理性、并且有良好的道德品质，就能使国家达于理想境地，日益兴旺发达。柏拉图认为，对其他人的培养，虽然也是教育的任务，但其地位绝不能与前者相提并论。因此，对军人的培养次之，而对农、工、商人的训练则放在最轻微的地位。由此可见，柏拉图把发展理性，培养执政的哲学家作为教育的最高目的，明显地反映出柏拉图教育思想的贵族性质。

三、论教育体制

柏拉图在《理想国》中，精心设计了一个较为完整的国立学校教育体制。根据柏拉图的观点，公民的子女为国家所有，由国家负责对其养育和教育。柏拉图特别重视儿童早期教育，主张早期教育进行得越早越好，甚至提出了胎教方面的理论。儿童出生后至 3 岁在家中由经过精心挑选的女仆代替国家护养，不让儿童接触奴隶。3～6岁的儿童要被送到附设在神庙附近的儿童游乐场，在国家委派的女公民的监督下接受教育，教育的内容包括讲故事、做游戏、音乐和舞蹈等，其主要目的在于养成未来公民所具有的勇敢、坚毅、乐观等品性。6 岁以后，男女儿童分开居住、生活。

7～17 岁的儿童都要接受普通教育。国家为青少年开办文法学校、弦琴学校、体操学校，学习内容有阅读、书写、计算、唱歌、音乐以及体操、骑马、射箭等体育训练项目。这个阶段的任务是进行情感教育，使儿童形成节制的美德。柏拉图关于音乐教育和体育的思想直接来源于雅典教育的经验，例如他所提及的音乐教育不仅指单纯的旋律，还包括诗歌和文学等内容。柏拉图认为，音乐教育可以熏陶人的心灵，而体育则可以使人身体健康，避免因体质孱弱而导致精神萎靡，从而影响心灵的健全。因此，音乐和体育必须相伴而行，达到使人身心和谐发展的目的。

18～20 岁的青年受 2 年军事训练。年满 18 岁的青年将升入高一级的教育机构（埃弗比）接受军事技能、音乐，以及初步的科学知识的学习。20 岁时接受筛选，大多数人被断定是军人的材料，就编入军营，以此为终生职业。少数被认为是才智优异的青年就再接受 10 年教育，学习算术、几何、天文、音乐等知识。这些内容虽然和前一阶段相同，但是目的绝非为了实用，而是要让学习者心灵更加纯洁，更能逐步接近真理。

到30岁时，要进一步挑选为数极少的、最优秀的人继续深造，这就进入了学习哲学的阶段，专门学习哲学(辩证法)，一直学5年，到35岁为止。学完5年哲学以后，再到实际工作中接受锻炼。到50岁时，如果在事业上和学识上都是最好的，他就可以成为最高统治者——哲学王。柏拉图对于哲学家的教育贯穿人的一生，并且学习和实践锻炼始终是紧密结合的。

柏拉图的教育学说博大精深，它几乎涉及教育领域中的所有的重要问题。《理想国》中的教育思想有一定的积极因素，如通过考试选拔人才、男女教育平等、强调身心协调发展，反对强迫学习，以理性指导欲望作为道德教育的中心任务，早期教育理论等，均对后世教育的发展产生了重要影响。但他过分强调一致性，用一个刻板的模子塑造人，轻视变革，"不让体育和音乐翻新"，忽视个性发展，在教育上也产生了一定的消极影响。

第三节 亚里士多德的教育思想

一、生平及教育活动

图3-4 亚里士多德

亚里士多德(前384—前322，见图3-4)是古希腊著名的哲学家、思想家和教育家。他知识广博，著述丰富，被称为"百科全书式的思想家"。亚里士多德是柏拉图的学生，但他并不同意老师宣传的所有的观点。"吾爱吾师，吾尤爱真理"，这一出自亚里士多德的名言，至今广为流传。

亚里士多德的父亲是马其顿国王的御医，但他自小就失去双亲，由亲戚抚养成人。公元前367年，亚里士多德17岁的时候，他被送到柏拉图学园，在那里学习了20年，是柏拉图的得意门生。柏拉图死后，亚里士多德离开学园，随后担任马其顿国王太子亚历山大的老师长达8年之久。公元前335年，他回到雅典，办了一所名叫吕克昂的学校。他在这所学校一边教书，一边写作，大部分著作在此完成。这所学校成为当时古希腊的学术中心之一。据说，亚里士多德经常与他的学生在学校里的林荫道上边散步边讲学，因此，他的学派又被称为逍遥学派。

亚里士多德写了将近1 000部著作。他对哲学、逻辑学、物理学、心理学、政治学、伦理学、美学和历史都很有研究，并且作出了有价值的贡献。他死后的1 000多年里，人们遇见解答不了的科学问题，就会到他的著作中去寻找答案。亚里士多德是古代最有影响的思想家之一，他的学问和著作数量都超过了柏拉图和苏格拉底。马克思曾经称亚里士多德是古希腊哲学家中最博学的人物之一。

二、灵魂说与身心和谐发展教育

亚里士多德的教育思想是建立在他的哲学和心理学基础之上的。在他看来，一切具体事物都是质料与形式的统一体。就人来说，人是由身体和灵魂组成的，身体是质料，灵魂是形式，灵魂主导着身体。由此，亚里士多德进一步完善其灵魂说。亚里士多德认为肉体和灵魂是和谐统一的。他将人的灵魂分为三个部分：植物灵魂，即人的身体的生理部分，这是灵魂的最低级部分；动物灵魂，即人的感觉部分，是灵魂的中级部分；理性灵魂，即人的理性部分，是灵魂的高级部分。前两者同属于人的灵魂的非理性部分。非理性灵魂主要表现在本能、情感、欲望等方面。理性灵魂主要表现在思维、理解、判断等方面，是人的各方面发展的主宰。亚里士多德认为，灵魂如同一块空无所有的白板，所有的知识都是经由后天的感觉而获得的。

以其灵魂说为基础，亚里士多德提出了关于和谐教育的思想。与灵魂三个组成部分相对应的教育分别是：体育、德育、智育和美育。他指出，只有通过这种多方面的教育，儿童的身心才能得到和谐的发展。亚里士多德强调教育应当遵循儿童发展的自然顺序，根据儿童身心成长的特点来进行，先是体格教育，使其有健康的体魄；然后以情感的训练为主，形成完善的道德观念，养成其良好的习惯；最后才发展他们的理智，通过发展智育和美育，使灵魂中的思维、认识、理解和判断能力得到发展，达到身心和谐。亚里士多德把人的理智的充分发展作为教育的最高目的。因为理智发展了，才能控制不良的欲望，过真正有道德的生活，从而获得幸福；理智发展了，就可以使一切行为都合乎中庸之道，就可以成为幸福的人。

三、教育阶段论

亚里士多德根据人的身心发展的特点提出按年龄划分教育阶段的主张。他把一个人的教育按每7年为一个阶段来划分。人的成长可以分为三个阶段，在不同的阶段中，成长的重心不同，因而教育的重点也应有所区别。

0～7岁为第一阶段，以体育训练为主。在第一阶段的儿童正处于身体生长和发育的关键时期，因此教育要顺应自然，要注意儿童身体的健康发展。首先要特别重视婴儿的抚育，因为这对以后身体发展影响较大，应多食含乳分多的食物。5岁之前要让儿童多听一些神话故事，而不要教儿童任何功课，以免妨碍其身体的正常发育。5岁以后，可开始课业学习，但不应过多，以防影响身体发育，应劳逸结合，保证充足的体格锻炼。要引导儿童多做适宜肢体发育的游戏和活动。要注意环境的感染，尽可能少与奴隶接触。

7～14岁为第二阶段，相当于初等教育阶段。这一阶段教育目的是要发展人的非理性灵魂，教育以德育为主。儿童要在国家开办的学校中接受教育，主要内容有阅读、书写、体育锻炼、音乐和道德品质等方面的培养。学习这些科目主要是为了促进人的身心和谐发展。如，体育锻炼是为了使儿童拥有健康体魄，培养他们的勇气，音乐和绘画教育则是陶冶儿童的情操。亚里士多德认为音乐对儿童情感道德的发展有重要作用，他认为音乐不仅能够使人愉悦，还能陶冶性情、涵养理智。所以，他主张要让儿童多接触音乐，以去除人的非理性灵魂中的不良冲动和欲望。

14～21岁为第三阶段，属于中高等教育阶段，以理智培养为主。教育应着重发展青年的理性灵魂，为此目的而设的学科有数学、文法、文学、诗歌、修辞、伦理学与政治学等。亚里士多德认为，这些学科既能体现以智育为主的要求，又能进行纯哲理的探索，进而发展理智灵魂，以实现教育的最高目标。

亚里士多德是最早依据人的“自然”，即依据人的身心发展特点以及年龄划分教育阶段的思想家。同时，详细论述了各个阶段教育的具体内容。这些思想对后世都产生了较大的影响。

四、论文雅教育

文雅教育，亦称“自由教育”，是西方教育史上的一种教育观点和教育理想。它由亚里士多德最早提出，是其教育思想的重要组成部分。

亚里士多德认为，人之所以为人的最本质特征就在于人具有理性，能够进行正确的思维、理解、判断。人只有充分运用和发展理性，才能获得身心的自由发展。要实现文雅教育，需要具备两个基本条件：闲暇时间和自由学科。沉思活动需要充分的闲暇时间。人只有在不用为生计操劳、具有足够的闲暇时间的条件下，才能从事心灵的沉思，研讨真理和进行哲学的思考，发展和运用自己的理性。自由学科是文雅教育实施的另一个必备条件。亚里士多德把学科分为实用和自由两种，实用学科为实际生活服务，具有功利性，是不高尚、不文雅的；自由学科没有功利性，是专供有闲暇的人享用的，是高尚的、文雅的。它包括读写算、体操、哲学、音乐、绘画等。亚里士多德重视自由学科。他认为，只有不具有任何功利目的的自由学科，才是自由人应当学习的知识。

亚里士多德认为，文雅教育是唯一适合自由人的教育，它的根本目的不是进行职业准备，而是促进人的各种高级能力和理性的发展。文雅教育以自由学科为基本内容，并且应避免机械的、专业化的训练。

作为苏格拉底和柏拉图哲学思想和教育思想的传承者、发扬者，亚里士多德在继承先辈思想成果的同时，也结合了当时的时代特征和社会需要，形成和发展了自己的教育理论，并将其推向古希腊教育思想的最高峰。亚里士多德的教育思想对以后欧洲社会和教育的发展产生了重要的影响。他提出了和谐教育思想，并根据学生身心发展的不同阶段，对教育内容、方法、步骤进行了具体安排，他还首次提出了文雅教育的思想。这些都是他在教育理论上的重要贡献，并成为西方教育史上的重要遗产。

复习思考题：

1. 名词解释：苏格拉底法。
2. 简述柏拉图的主要教育思想。
3. 简述亚里士多德的教育理论。

第四章 古罗马的教育

古罗马文明通常指从公元前 8 世纪初至 5 世纪以意大利半岛为中心兴起的文明。古罗马的历史可以分为三个时期:王政时代(前 8 世纪—前 6 世纪),共和时期(前 6 世纪—前 1 世纪)和帝国时期(前 1 世纪—5 世纪末)。

古罗马的教育是古代希腊教育的继续和发展。西方的历史教科书通常把古希腊文化与古罗马文化相提并论,称为古希腊-古罗马文明。在西方教育史上,古罗马的教育也占有重要的地位。古罗马的教育不仅吸收了古代希腊的文化和教育,而且根据本国社会的具体情况和需要作了一些重要的调整和补充,形成了属于自己的教育的特点,提出了富有特色的教育思想,进而影响了西方教育思想的演化进程。古代希腊的文化和教育也主要是通过古罗马的改造而影响到后来的欧洲的。

王政时期的教育,由于没有可靠的文献可征,所以讲古罗马的教育,只能从王政时期以后的共和时期讲起。

第一节　共和时期的教育

一、古罗马共和早期的教育

从公元前 509 年到公元前 3 世纪初,称为古罗马的共和早期。这一时期的古罗马还处于奴隶制社会的低级阶段,奴隶在生产部门所占的比重不大,还残存着原始社会末期的家长奴役制的遗迹。在长达 200 多年的共和早期,围绕着土地问题和债务问题,平民为维护自己的政治和经济利益,与贵族进行了不懈的斗争。在这个过程中,古罗马开始从台伯河畔的蕞尔小邦逐渐强大起来。随着古罗马向外扩张,它在远离本土的地方建立了许多殖民地,对这些殖民地的统治,需要一种文化的联系和沟通,文字和文化的教育成为一种需要,这在客观上促进了古罗马教育的兴起。

古罗马共和早期的教育基本上是农民-军人的教育,主要形式是家庭教育,主要是由家长或受过教育的仆人对儿童进行一些启蒙教育。对男孩的教育目标,是把他们培养成坚韧勇敢、勤劳质朴、服从效忠,随时为国献身的优秀公民。对女孩的教育目标,则是把她们培养成品行端正、勤劳质朴、相夫教子、操持家事的合格女主人。

父亲是家庭的首脑,权力很大。相传婴儿出生,必须放在父亲的脚跟下,父亲把婴儿抱起,表示给了婴儿生活和教育的权利;如因婴儿体弱、畸形或家贫负担不起,则让其躺在地上死去。母亲在家庭中也有一定的影响力,并受到尊敬。1～7 岁的男女儿童由母亲抚养与教育,从 7 岁起,女孩仍由母亲教育,男孩的教育则由父亲负责。

男孩从7岁到16岁便与父亲形影不离,他们既是父子,又是师徒。

古罗马的家庭教育首先是从简单的阅读、写字和算术开始的,父母或是有文化的仆人利用史诗、寓言、民谣等对儿童进行初步的读写教育和训练,以便培养儿童基本的读写能力。儿童教育中占重要地位的是道德-公民教育,主要培养儿童畏神、服从家长、谦逊、爱国和勇敢等品德,为其今后的实际生活做准备,使他忠于祖国,善于履行其公民应尽的职责。这个时期的古罗马人以尊重传统美德而著称于世。在德育方面起重要作用的是祖先们的英勇事迹。英雄故事成为教育儿童效忠国家、崇尚社会美德的不可缺少的内容。

这个时期的教材是十二铜表法。古罗马人认为,这对于一个遵纪守法的人来说,是绝对必须的。男孩在16岁即成为古罗马的公民,开始服兵役,部分贵族家庭可把16～17岁的青年人交托给朋友或显贵公民,使他们再受一年的父子般的师徒教育,学习政治、法律知识与军事技能。

军事活动在古罗马人的生活中占有重要的地位,古罗马公民的军事义务是强制性的,这就决定了军事技能的培养和教育是家庭教育的重要内容。父亲在家中教儿子学习投掷标枪、摔跤角力、骑马以及游泳等技能,锻炼他们的体格,以适应军事征战的需要。

古罗马共和早期的教育的方法主要是实践和观察。父亲带领儿子参加多种家庭活动和社会活动,带领男孩子从事田间劳作,儿子在实践中,在父亲的教导下,学会使用各种农具,掌握土地丈量、谷物产量计算等知识技能。男孩还要跟随父亲到各种公共场合,学习参与各种社会生活的本领,从小模仿那些上层社会人士的言谈举止,养成在社会生活中所必须遵循的礼仪和习惯,为以后参与社会政治活动打下基础。而贵族子弟则见习他父亲处理其农庄上的事务及处理受其保护着的有关司法方面的问题。通过实践和观察进行教育,这种方法已深深植根于古罗马共和国的土地上,它一直是古罗马共和早期所通用的教育方法。

二、古罗马共和后期的教育

从公元前3世纪起,由于战争的胜利,古罗马的领土扩张更为迅速。在征服了意大利中部和南部的古希腊殖民地以后,古罗马继续向外扩张,一个地跨欧、亚、非三洲的大帝国在加速形成中。在古希腊文化的影响下,古罗马的学校教育发展起来。

(一)文化冲突与融合(古希腊文化)对古罗马教育的影响

随着古罗马的对外扩张,它和地中海区域的许多民族发生接触,深受伊达拉里亚和古希腊文化的影响。公元前146年,古罗马占领古希腊本土,大批古希腊人流散到古罗马,古希腊的文化也被带到了古罗马,并为古罗马人所接受。古希腊的大批修辞学家、哲学家和教师来到古罗马,以从事教学活动作为谋生的手段。古希腊人对古罗马文化的发展产生了巨大影响。

古罗马人在军事上征服古希腊的过程,也是其早已开始的古希腊化不断加深的过程。古罗马教育古希腊化有多方面的原因。首先是为了有效统治各行省。古希腊语是当时所谓文明世界的通用语，为了有效统治被征服地区，古罗马统治者需要用古希腊文化来武装自己，要求派往各地的官吏会说古希腊语，古希腊式的文法学校应运而生。其次，古罗马与古希腊一样都是奴隶主共和政体，作为上层建筑的文化领域，古希腊文化同样适应古罗马政治、经济发展的需要。雄辩术大有用武之地，古希腊修辞学校遂被引进古罗马。再次，古希腊文化是当时西方文化的最高水准，古罗马人大多认为古希腊文化超出了自己创造的文明，应尽量掌握先进的文化，古罗马人不得不向古希腊学习。

在以古希腊文化为主体的外来文化与古罗马固有的传统文化冲突的过程中，古罗马的学校教育逐渐发展起来。古罗马最早的文法学校和修辞学校几乎都是外国语学校：教师是古希腊人，教学用语是古希腊语，教材也是古希腊人的作品。但是，古罗马人仍然保持和发展本民族的特征，拉丁语仍是官方语言，拉丁文化的崛起又为学校教育增加了新的内涵。古罗马学校并不是古希腊学校的简单重复，古罗马人对古希腊教育文化进行吸收、融合和超越，逐渐创造性地发展起具有本民族特点的学校教育体系。

（二）古罗马共和后期的各级学校

1. 小学教育

在古罗马共和早期，只有少数初等学校作为家庭教育的补充。到了古罗马共和后期，初等学校才得到比较普遍的发展。初等学校是为7～12岁的儿童开设的教育机构。学习的内容是读、写、算和十二铜表法等。学校重视文字教育，而音乐和体育在初等学校中不被重视。教学方法是机械的文字背诵，体罚是不可缺少的一部分内容，古罗马初等教育以其体罚的野蛮而著称（见图4-1）。初等学校是私立、收费的，国家不加管理，校舍简陋，许多学校没有固定场所做教室，只是在简陋的棚子下或露天的地方上课。教室里也没有课桌，学生坐在长凳上，把蜡板放在膝盖上用象牙笔尖进行书写。学校上课时间很长，为了有效利用白天喧嚣嘈杂开始之前的那段安静

图4-1　古罗马初等教育中的野蛮体罚

时间,很早就开始上课。初等学校教师的地位低下,收入微薄,往往由一些沦为奴隶的古希腊人或自由民担任。学生几乎全部来自平民家庭,贵族子弟不屑于就读这类学校,通常是聘请家庭教师另行教授其子弟学习初步的文化知识。

2. 中等教育

公元前272年,安德罗尼库斯在古罗马开办了第一所中学性质的学校。公元前146年,古罗马人征服古希腊本土,此后,大批古希腊教师来到古罗马开办学校谋生。

文法学校比初等学校高一级,相当于实施中等教育的机构,是私立的,收费高昂,主要招收12～16岁的奴隶主子弟入学。最初,文法学校以学习古希腊文及其文学为主,教学用语也是古希腊语,教师大部分是古希腊人。直到公元前100年,古罗马出现第一所拉丁文法学校,学生可以同时学习古希腊文和拉丁文,兼上两种学校。古罗马的文法学校主要让学生学习文法、作文和文学。古希腊文法学校学习《荷马史诗》和其他古希腊作家的作品,拉丁文法学校则学习西塞罗等人的拉丁文学作品。文法和文学的课程分成两个部分:一部分是学习演说的艺术,另一部分是学习诗歌的分析。学习科目还包括地理、音乐、天文、数学和自然科学等,这些科目对于演说术教育都是不可缺少的。但是学校禁止学生学习体育方面的课程。学校上课时间很长,从清晨一直到黄昏。学校纪律严格,实行野蛮的体罚。学校有暑假、神农节、智慧女神节等节假日。教学方法主要是讲解、听写和背诵,教学目的是为学生进入修辞学校做准备,是处于由初级教育向高级教育发展的过渡阶段。

3. 高等教育

共和后期,古罗马国内各种政治势力矛盾加剧,演说和争论成为参与政治的有效工具,演讲术和雄辩术成为迈入上层社会的阶梯和上流社会有教养的标志。文法学校已不能满足古罗马的政治需要,于是又仿照古希腊学校制度开办了一种比文法学校更高一级的学校,即修辞学校。

修辞学校主要招收16～20岁的奴隶主子弟入学,进行3～4年的修辞学和演说术教育,其目的是把贵族子弟训练成演说家、辩论家。为了适应培养演说家的需要,学校的课程主要是修辞学和辩论术。但是,为了使学生成为具有广博知识的雄辩人才,教师会要求学生学习其他相关的课程,如法律、数学、哲学、军事、文学、天文、历史、伦理和音乐等。修辞学校同样包括古希腊语修辞学校和拉丁语修辞学校。教师是古希腊和古罗马的修辞学家和哲学家。

第二节　帝国时期古罗马的教育

一、帝国前期古罗马教育的繁荣

公元前30年,屋大维亲手埋葬了古罗马的共和制度,古罗马进入帝国时期。帝国早期曾出现了长达200年的古罗马和平时期,国家空前强盛,政局稳定,经济文化达到高度发展,教育也进入繁荣兴盛时代。

帝国早期古罗马教育繁荣的具体表现有以下几方面。第一，学校教育比共和时期有较大程度的普及。一方面表现在古罗马的意大利本土学校数量的增加，另一方面随着古罗马帝国各行省的迅速古罗马化，古罗马式的学校很快取代了各地土著的学校。第二，出现早期大学的萌芽。75年，皇帝韦帕芗在古罗马设立了一个大图书馆，并在此基础上创建了古罗马大学，开设法学、医学、建筑学、物理学、数学、拉丁文、古希腊文文法和修辞学等课程。这是古罗马高等教育的开始，是中世纪大学的最初萌芽。第三，各种专门学校相继建立。帝国时期各地有许多的法律学校，还相继出现了医学学校、建筑学校和机械学校等。这些学校的教学多半采取师傅带学徒的方式，学生向著名的工作者学习，教学方法注重实践。第四，奴隶受教育的范围有所扩大。随着帝国的繁荣，奴隶的社会地位有所提高，生活状况有所改变，甚至可以参加国家的一些政治活动，这也为一部分奴隶接受教育提供了机会。

国家重视发展教育，逐步建立了一套为帝国统治服务的国家教育制度。第一，把许多私立学校，如私立文法学校和修辞学校改为国立公办，建立起国家对一切学校进行监督和管理的制度。第二，古罗马皇帝在古罗马本土和各行省鼓励兴办学校。在马可·奥利略(161—180年在位)时，各地设立了一些公立学校，几乎每个城镇都有自己的文法学校，每个行省的省会都有自己的修辞学校。图拉真(98—117年在位)在古罗马提供了贫苦儿童教育的基金。第三，学校承担起培养各级官吏的任务，把培养效忠于帝国的顺民和官吏作为教育目的。为控制各行省人民的精神，古罗马皇帝在派出古罗马军团驻防各行省的同时，也派出学校教师加强精神上的控制。第四，提高教师的地位，加强对教师队伍的控制。帝国废除了自共和以来教师职业的自由选择权，由国家来委任教师，力图使教师成为国家统治的工具。安东尼厄斯(138—161年在位)把给教师支付薪金的做法推广到各行省。从150年起，皇帝还将元老院元老的许多特权授予文法和修辞教师，如免税、免服兵役、授予某些外来教师以公民权、教师住宅不受侵犯等。

二、帝国后期古罗马教育的变化

帝国后期爆发了全面危机，于395年分裂为西古罗马帝国和东古罗马帝国。古罗马的统治者为了维护自身的权力和地位，加紧了对统治区人民的政治、经济、文化教育的控制，也按照统治阶级的要求对教育制度进行了一系列的改革，古罗马教育开始了国有化进程。

帝国时期的学校制度大体仍然延续共和时期的旧制。“古罗马教育最显著的特点就是它经过漫长的岁月和处于变化多端的条件下所保持的一致性。从公元一世纪到四或五世纪，从古罗马世界的东端到西端，古罗马教育保持了它的一致性而没有实质上的变化。”①

---

① (英)博伊德、金:《西方教育史》，任宝祥、吴元训主译，人民教育出版社1985年版，第75页。

在初等教育方面,帝国初等学校仍以平民子女为主要对象,教育内容还是读、写、算和道德教育。但是学校的教学重点已经由古希腊文化或拉丁文学的学习转移到文法分析上,出现了供初等学校用的文法书,教师要求学生把文法的定义和规则抄录下来,并加以记诵。在这个时期我们看到了教育史上双轨学制的萌芽:一方面是初等学校以平民子女为主要对象,学习粗浅的读、写、算;另一方面是文法学校兼教中学年龄以下的学生,专门以贵族及富裕人家的子女为对象。

古罗马帝国时代初级学校仍然没有得到国家的重视。国家对教育的关注以及由此引起的教育领域发生的一些变化主要表现在文法学校和修辞学校中。文法学校发生的变化表现在教学内容上,拉丁文逐渐代替了古希腊文,成为学校教学的主要内容,双语教学的现象逐渐减少。修辞学校的变化首先表现在学校的性质方面发生了变化。辩才和政治智慧为帝国时期统治阶级的独裁制度所不容。演说术教育除了培养法庭上的辩护律师之外,就是培养帝国国家机器所需要的忠顺的官吏,修辞学校成为专门培养帝国官吏的学校。其次表现在修辞学校的教学逐渐趋向形式主义,教学与生活脱离,学科减少,学习文学已不是为了文学欣赏,形式主义倾向日益明显。这种形式主义的教学法对文艺复兴以后欧美中等教育的发展产生了一定的影响。最后,教学内容也从共和时期注重全面素质的培养转变为重视语言辩论技巧和文字修辞风格的训练。

共和时期的教师地位低下、收入微薄,特别是初等学校的教师,这种情况在帝国时期有了一些转变。一方面,国家开始建立公立学校,由国家支付公立学校教师的薪俸,在初期仅限于修辞学校;另一方面,由于教育需求的增加,学校学生增加了,私立学校教师的收入也有所提高。统治者鼓励教育的政策,增加了教师的收入,提高了教师的社会地位,还授予教师某种特权,教师的生活有所改变。

第三节　基督教的兴起及其早期教育活动

古罗马帝国后期,基督教的产生对西方文化教育影响深远。它的出现改变了古代罗马的发展轨迹,也为西方教育的发展留下了深刻的历史烙印。基督教作为世俗文化和教育的对立面而出现,并逐渐由弱小变为强大,以至产生了基督教文化教育系统,最后在古罗马帝国的很大范围内取代了古罗马的世俗文化和教育。

一、基督教的产生与传播

基督教产生于1世纪中叶。此时古罗马帝国正处在强盛时期,被奴役、被压迫和被征服的各族人民,在强大的帝国政权下几乎不可能做出有效的反抗,生活在苦难中的下层人民的唯一出路似乎就是向宗教寻求帮助。基督教就是在这种条件下产生的,它最早出现在古罗马统治下巴勒斯坦地区的犹太下层人民中。基督教宣扬:救世主将降临人间,为人们解救灾难;人人都是上帝的子民,在上帝面前人人平等;世界末日即将来临,人人都要面临末日的审判;相信基督的人将会得救,进入天堂。

这种宣扬虽然是当时人民群众没有力量解放自己的意识形态的表现，但因它曲折地反映了阶级斗争的尖锐性，表达了劳苦的下层群众渴求解脱苦难的愿望，因此，基督教产生后很快就传遍古罗马帝国全境。

最初古罗马帝国统治者对基督教的态度是镇压，但仍然阻止不了基督教的传播。从2世纪后半期起，帝国的政治、经济出现危机，一部分有产者感到前途暗淡，纷纷皈依基督教，以求得心灵上的解脱。基督教的性质也就随之有所改变，开始宣扬逆来顺受，爱一切人，君主是神的代表，以及基督教徒要像敬畏上帝一样尊敬君主等思想。这时，基督教便逐渐成为古罗马帝国统治者对人民进行精神统治的工具。到公元4世纪，基督教不仅拥有众多教徒，而且到处设立教会，城市的中层有产者和一些王公贵族也加入教会，并逐渐成为领导人。君士坦丁于313年颁布"米兰敕令"，规定教徒信仰自由，承认了基督教的合法地位。392年，古罗马帝国皇帝狄奥多西一世颁布法令，定基督教为古罗马国教。古罗马帝国于395年分裂为东西古罗马帝国后，古罗马教会也一分为二，西方教会成为古罗马教会，东方教会成为古希腊正教。

二、早期基督教的教育活动

基督教的教育活动，一开始仅局限于在成人中作教义的讲解，以后逐渐开始注意对儿童的教育，并开办了专门训练神职人员的学校。

基督教最早出现的学校是教义问答学校，分为初级教义问答学校和高级教义问答学校。

初级教义问答学校最初依托宗教活动场所，以教化成人为主，进行有关教义和教规的训练，后来逐渐扩大为一种教育机构。招收的学生包括信仰基督教家庭的儿童，犹太教改基督教者，以及居民中某些热心基督教的成年人。教学科目除教义初步知识外，道德行为训练占有重要地位。音乐也受到重视，特别是在东古罗马帝国。音乐之所以被视为重要科目，是因为音乐歌词，尤其是有关教会的赞美诗，有助于培养德行和增强对基督教的信仰。学校一般设在教堂的柱廊下或教堂中的其他场所。

高级教义问答学校的教育宗旨是培养教会的僧职人员。这种高级的学校，虽然仍以教授教义为主要内容，但所学的课程要广泛得多。2世纪至3世纪，埃及的亚历山大里亚和巴勒斯坦的恺撒尼亚高级教义学校是两所著名的高级教义问答学校。学校通常由基督教早期神学家讲授基督教神学以及高深教义，由助手讲授一般基础科目。学生除了研修教义之外，还要学习和研究古希腊、古罗马文化。高级教义问答学校为当时的教会培养出一批忠于基督教教义的传教士和神学家，为推动基督教的传播与发展作出重要贡献。

2—4世纪，基督教为了扩大其影响，同世俗文化教育进行了残酷斗争。最初基督教完全否定古代希腊罗马文化。后来，为了更好地同异教作斗争，开始利用古希腊古罗马文化，对其加以严格的选择或加以改造，淘汰其中与教义相抵触的东西，使其符合教义的需要，最终实现古希腊古罗马教育与基督教的融合。古罗马帝国后期，基督教的兴起及其对教育的影响，为中世纪宗教垄断教育埋下了种子。

第四节　古罗马的教育思想

古罗马是西方教育思想发展进程中的一个重要阶段。古罗马人不仅在广大地域中传播了古希腊的文化和教育理念，而且结合本民族的实际需要，提出了富有特色的教育思想，并把这些思想传播到世界广大地区，进而影响了西方教育思想的演化历程。

一、西塞罗的教育思想

马库斯·图里乌斯·西塞罗(Marcus Tullius Cicero，前106—前43，见图4-2)是古罗马共和时期杰出的演说家，古罗马文学黄金时代的天才作者，共和时期的教育家，而且是一位才干超群的政治活动家。他在《论共和国》、《论神性》、《论善与恶的定义》和《论雄辩家》等著作中较为系统地阐述了其关于教育的主张。

图4-2　西塞罗在元老院演说

(一) 西塞罗对教育的理解

西塞罗认为，教育的根本目的在于培养政治家，只有优秀的雄辩家才能成为真正的政治家，所以教育的直接目的就是培养雄辩家。

他认为这种教育目的反映了社会需要对人才的要求，是教育价值的真正体现。他主张教育的价值在于实用，学生学习的目的，不仅仅是提高智力，更重要的是把自己学到的东西有效地应用到生活中去，为社会和个人服务。注重教育的实际应用价值是西塞罗的教育思想中具有独创性的一点。

西塞罗提出理论知识应当与实际生活相结合的教育思想。他还认为教育应当适应人的天性，不赞成将个性存在差异的学生纳入统一的教育体系之中。

(二) 西塞罗论雄辩家教育

关于雄辩家的定义，西塞罗说："在我看来，有资格享有这种神圣称号的雄辩家是这样的人，不论在讲话中突然出现什么论题，他都能就这个论题以渊博的知识、巧妙的方法、诱人的魅力和很强的记忆力以及落落大方的文雅举止发表演说。”[1]能够就眼前的任何问题运用语言艺术进行阐述和演说，这是西塞罗所认为的雄辩家的本质特点。雄辩家与各种专门人才相比，在雄辩这一方面应比任何领域的专家都要出色。一个演说家在某一专业领域不是专家，但一旦他向这位专家请教有关该专业的某些基本知识之后，演讲起来比专家还要精彩、生动。有些著名的专家曾发表过动人心弦的演说，其原因不在于其专业知识，而在于雄辩知识。因此，各专业的人才，要想就他的专业发表有说服力的演说，必须要有雄辩的知识和技能。

西塞罗认为雄辩家应具备以下的条件。第一，要具备良好的自然天赋，然后才能顺其自然，加以专门的培养。这些天赋均不是后天训练得到的，比如反应迅速、记忆力强、口才敏捷、声音清脆、体态匀称等。第二，必须掌握广博的学识。没有广博的学识，雄辩术就是空洞、夸夸其谈的胡言乱语。这里的学识涉及文法、修辞以及柏拉图所主张学习的算术、几何、天文、音乐等学科，还包括政治、各国政治制度、法律、军事和哲学等。还有一门与雄辩家关系密切的学科，即伦理学。他认为，有关人生和人的行为的哲学就是伦理学。学习伦理学可以洞悉人性及其情感，以便使自己的演说扣人心弦、打动人心。第三，具有良好的语言修养。遣词造句是否恰当，内容构思是否精到，语言是否华丽优美，是否有深入人心的感染力，这些决定了演说水平的高低。他认为，语言修养的标准是表达准确、通俗易懂、优美生动和紧扣主题。第四，要具有优雅的举止和风度。演说时的身体姿态、手势、眼神、面部表情，以及抑扬顿挫的语调都会增强演说或雄辩的感染力和影响力。第五，雄辩家必须是一个好人。领导者对社会负有责任，这就要求他必须是一个好人，一个具备良好道德的人。因为那些具有一流雄辩才能但品德败坏的人会使国家遭难。雄辩家应该忠诚地、公正地为公民服务，没有私心杂念，他注重的不应是如何提高个人尊严，而是如何加强全国无数公民的安全性。

关于雄辩家的教育，西塞罗认为，练习在雄辩教育中占有重要的地位，它是培养雄辩家必不可少的一环，也是使各种雄辩知识转化为演说效果的最重要的方法。最常用的练习是模拟演说，以尽可能接近真实的方式进行辩论。如先确定一个与在讲坛上讲演类似的论题，然后尽可能逼被训练者发表演说。最主要的练习方法是写作，经过长期写作锻炼的人，可以得到敏锐的判断力和机智的表达能力。演说辞要求结构合理，布局匀称得体，并富有韵律，只有通过写作的练习才能达到。

西塞罗的教育思想对后世影响深远。昆体良继承并发展了他的雄辩家教育理念，以及关于天性与教育的思想。12 世纪至 14 世纪，一直有人研究他的教育思想并将其传承下去，在中世纪以及文艺复兴时期起到积极的作用。不过，在当时的教育界乃至文学界出现了所谓的“西塞罗主义”，把他的文体神圣化，阻滞了教育和文学的发展。但他在中世纪和文艺复兴时期所起的作用中，积极的方面仍是主要的。

---

① 昆体良：《昆体良教育论著选》（附录二：西塞罗《论雄辩家》选译），任钟印选译，人民教育出版社 1989 年版，第 207 页。

二、昆体良的教育思想

马库斯·法比尤斯·昆体良(Marcus Fabius Quintilianus,约35—95),古代罗马帝国时期的著名演说家和教育家,古罗马教育思想的集大成者。他出生于西班牙,少年时代来到古罗马,在文法学校学习雄辩术和修辞学,30岁时做过律师。他主持了古罗马第一所公立的拉丁修辞学校,成为古罗马教育史上第一位公职教师,从事教学20余年。90年左右,昆体良开始撰写《雄辩术原理》,他只用了2年时间就完成了这部12卷的传世之作,但这本书到他去世后才出版(96年)。这是西方教育史上第一本专门研究教学理论的著作,书中全面总结了古希腊古罗马的教育思想和教育实践方面的成功经验,并系统地阐述了自己独特的教育思想体系。

(一) 昆体良论教育的目的和作用

古代罗马帝国初期,依然重视演说家的培养。作为对当时社会现实的反映,昆体良认为教育的基本目的在于培养品德高尚的雄辩家。他认为,一名优秀的雄辩家首先应具有崇高的品德,否则能言善辩就会变成罪恶的帮凶、真理与善良的敌人。其次,雄辩家应具有渊博的知识和丰富的实践经验。只有以渊博的知识为基础,演讲或雄辩才能更加具有哲理性、权威性和正确性。知识与道德是密不可分的,如果不真正懂得什么是公正、荣誉、节制、勇敢,任何人都不可能成为一个善良的人。他又指出,雄辩家还应该思维敏捷,仪态大方,通晓人情世故,善于运用言语辞令,发表演说能紧紧抓住人们的注意力,感动人们的心灵,博取人们的同情,并使人们能听其言而信其行。

昆体良十分重视教育的作用。他认为,人的个性和道德修养的形成与发展过程中所受的教育有着紧密的联系。一个好的演说家并不是天生的,而是后天的教育培养出来的;但教育并不是万能的,教育者应当遵循教育对象的自然天性来施行教育,选择适合每个人的学习内容和方法,使每个人的独特天赋得到充分的发展。

他深信儿童具有广泛发展的可能性,认为儿童一般生而具备智力活动的理解能力,天生愚笨而不可教的人肯定很少。他不否认家庭教育,但特别强调学校教育的重要性,认为学校教育具有种种优点:可使儿童获得友谊;便于共同学习,互相帮助,互相鼓励;可广泛进行游戏、竞赛,借以培养群体共有的品格。

(二) 昆体良论教育过程

关于雄辩家的培养,昆体良提出一整套对后世颇有影响的培养方案,具体分为四个阶段。

第一阶段是家庭教育。他认为对儿童的教育应当从婴幼儿时期开始。家庭幼儿教育主要是儿童道德品质的培养和语言能力的训练。作为父母,首先要有较高的道德修养和广博的知识,身体力行,给儿童以良好的影响。同时要慎重选择行为端庄和说话清晰的妇女为教仆。教仆伴随儿童日常生活和学习,负责监督防范儿童周围不良影响的侵入。同伴要言行端正,避免不良行为对儿童心灵的影响。昆体良在重视儿童早期教育的同时，也反复强调应注意儿童的年龄特点，在教育中养成儿童对知识的热爱和对学习的兴趣，为以后在学校教育中积极主动地学习打下一个良好的基础。

第二阶段是初级学校教育。昆体良认为学校教育优于家庭教育，高度评价学校教育的价值。他将初级学校看做是基础教育，主要传授读、写、算、音乐和诗歌。他认为，初级学校教育必须遵循儿童的年龄特征，研究儿童的天赋、倾向、才能，根据其倾向和才能进行教育和教学，教育只有适应天性才能更好地发挥其作用。

第三阶段是文法学校教育。学生在初级学校学会阅读和书写之后，就应该接受文法学校的教育。学习文法、修辞、音乐、几何、天文、希腊语、拉丁语、伦理学、物理学等学科。他特别强调文法的学习，认为学习文法"不仅有助于使孩子的智力变得敏锐，而且也为运用最渊博的知识和学问开辟了前景"[①]。

第四阶段是修辞学校教育。修辞学校是培养雄辩家最后的阶段，也是最关键的专业教育阶段。初级学校教育和文法学校教育都是为未来成为雄辩家打基础的阶段，而修辞学校则是最后造就雄辩家的阶段。修辞学校的学生主要学习逻辑学、伦理学、物理学（自然哲学）等，还必须学习诗歌、历史、散文等课程以及演讲的各种技巧。逻辑是争辩艺术的理论，对下定义、进行推理、解释疑难都有用处。伦理学对培养道德品质极为重要，物理学则是在辩论中引证材料时所必需的。昆体良重视物理学的学习，认为没有物理学就不会有任何真正的雄辩。

（三）昆体良的教学理论

昆体良是教育史上第一个教学理论家，他对于教学工作有深切的研究，并提出很多卓越的见解。

昆体良在教育史上第一个提出班级教学的概念。他主张把学生分成班级，教师同时对全班教学，而不是分别对个别学生进行教学。他认为实行这种教学制度，不但教师可以节省时间和精力，而且学生可以互相学习、模仿和竞赛，从教师对别人的批评或表扬中得到警示和鼓励，公共活动也可以锻炼人际交往能力。

昆体良提倡因材施教。每一个儿童在才能上是有差别的，这是因材施教的基础。教师应当识别学生在能力上的这种差别。"教学要能培植各人的天赋特长，要沿着学生的自然倾向最有效地发展他的能力。"[②]在了解学生之后，应当从两个方面入手因材施教：一是根据学生不同的性格特点采取不同的教育方法；二是善于使每个人在其最有才能的方面得到进步，扬长避短。

他反对体罚学生。在古代各民族的儿童教育中，体罚是普遍现象。昆体良在1世纪就明确反对体罚，认为体罚有百害而无一利，它会产生多方面的消极影响。体罚不但不能调动学生学习的积极性和自觉性，相反会使学生产生厌学的情绪。如果

---

① 昆体良：《昆体良教育论著选》，人民教育出版社1989年版，第30页。

② 昆体良：《昆体良教育论著选》，人民教育出版社1989年版，第89页。

学生出现不良行为,学校和教师应采用竞赛、奖励和赞扬的方法激励学生的进取心和兴趣。

昆体良提出教学适度的原则。教师要节制自己的力量,俯就学生的能力。既要避免要求学生做力所不能及的事,又不可让学生放弃力所能及的课业。超出学生理解能力的东西学生是无法接受的,教育者要了解学生的接受能力,并据此设计自己的教学内容,以达到教学目的。

昆体良提倡运用启发诱导和提问解答的教学方法,促进学生积极思考。教师应当善于回答学生的问题,并向不发问的学生提问。经常向学生提问的益处是可以借此测验学生的学习情况,防止学生漫不经心,防止学生对教师的讲课充耳不闻,最重要的是可以引导学生自己发现问题。

(四)昆体良论教师

昆体良十分重视教师的作用。他认为,要做好教学工作,教师是至关重要的,教学质量的高低取决于教师。他对教师提出了很高的要求。第一,教师必须在道德上是值得学习的榜样。教师自身所具有的高尚品德能防止学生的行为流于放荡,而且,教师的行为失检,就会对学生产生有害的影响。第二,教师应当具有广博的知识。有学识的教师,才能真正履行教师的职责,培养出完美的雄辩家。第三,教师应当热爱学生,能够以父母般的感情对待学生。教师对待学生既要关心爱护,又要严格要求。但关心不等于放纵,严格并不意味着冷酷。教师应耐心工作,既不对学生发脾气,也不纵容学生。第四,教师应既熟悉所教学科的内容,又能熟练地运用教学方法。昆体良将教学理解为一门艺术,教师要懂得教学艺术,对不同的学生采用不同的教学方法,激发学生学习的兴趣和愿望,巧妙地运用表扬和批评。

昆体良继承和发展了西塞罗的雄辩家教育理想,更加深刻地论述了人的天性与教育的关系。他的《雄辩术原理》系统论述了年青一代的教育问题,他的教育思想涉及学前教育、初等教育和中高等教育各个阶段,而整个古罗马时代的其他著作中的教育言论都是零星的。他是夸美纽斯以前西方最杰出的教学法学者,他总结了古希腊和古罗马的教育经验,提出了系统的教学法思想,这是他对西方教育思想发展的最重要的贡献。他提出的许多教育理念和教育教学方法充满真知灼见,且至今仍不过时。

三、奥古斯丁的教育思想

奥古斯丁(A·Augustinus,354—430)是基督教教父哲学的集大成者,他是把哲学用在基督教教义上,从而创立了基督教宗教哲学体系的神学家和哲学家。奥古斯丁用哲学解释基督教教义,使哲学与宗教相结合,用柏拉图的理念论和灵魂不死等理论解释《圣经》,并且有所创造和发挥,为基督教奠定了理论依据。他在《忏悔录》这部重要著作中,结合自己的经历,阐述了对教育的一系列看法。他的教育哲学成为中世纪基督教教育的理论基础。

奥古斯丁的基本思想在于阐发和论证神学，使基督教趋于完善和系统化，他的基督教教育观主要包含三个方面的内容。

（一）关于教育的宗教意义

奥古斯丁认为上帝创造万物，代表着至真、至善、至美，具有永恒性。上帝即真理，真理即上帝。人类认识上帝有两条途径：一是通过上帝所创造的万物来认识，这就需要学习世俗知识；二是通过内省来认识上帝，那就需要通过信仰，认识和理性应该服从信仰。教育的作用就在于帮助人们更好地认识上帝，形成基督教徒的品质。

（二）关于基督教与教育的关系

奥古斯丁认为，在人的认识中理性高于一切，但只有高于理性的信仰才能帮助人们达到认识真理和接近上帝的最高目标。教育就是基督教帮助人们信仰上帝的手段和途径，学校是教会实现基督教教育的工具。

（三）关于教学和学习内容

奥古斯丁认为教育并不是单纯传授知识的过程，而是心灵寻找知识的过程，因为心灵中本身就固有知识的观念。教学过程是由符号引起的人的心灵观念的再认识，这种过程完全是在内心完成的。奥古斯丁主张以神学教义为教育的主要内容，同时他也认为像文法、修辞、逻辑等这些知识应作为形式保存下来，为基督教服务，学习这些知识的最终目的是认识至真、至善、至美的上帝。

奥古斯丁是古罗马帝国后期在文化教育方面具有很大影响的人，他的神学、哲学和教育思想是当时社会演变的产物，对西欧中世纪教育的发展产生了深远的影响。

复习思考题：

1. 简述西塞罗关于雄辩家教育的主要思想。
2. 简述昆体良的教学理论。

第五章 西欧中世纪的教育

在西欧社会发展史上，一般把5世纪（476年）西罗马帝国的灭亡至17世纪（1640年）英国爆发资产阶级革命之间的一千多年归为封建社会。文艺复兴运动以前西欧封建社会的教育即为西欧中世纪的教育。

伴随着古罗马帝国奴隶制度的解体，日耳曼人便开始在西欧大陆建立起一个个大大小小的封建王国。由于文化发展水平较低，无法建立起用于维系社会平衡和发展的文化规范，基督教便得以以社会主导力量的身份进驻了中世纪时期的社会。教育同样被宗教所控制，恩格斯在《德国农民战争》中曾精辟地论述了这一点："中世纪是从粗野的原始状态发展而来的。它把古代文明、古代哲学、政治和法律一扫而光，以便一切都从头做起。它从没落了的古代世界承受下来的唯一事物就是基督教和一些残破不全而且失掉文明的城市。其结果正如一切原始发展阶段中的情形一样，僧侣们获得了知识教育的垄断地位，因而教育本身也渗透了神学的性质。"[①]所以，浓厚的宗教性成为西欧中世纪教育的重要特征。

第一节 基督教教育

西欧中世纪基督教的发展经历了三个时期：5世纪至10世纪末，基督教在封建统治阶级的支持下大力发展；11世纪至13世纪末，基督教进入全盛时期，成为最有势力的封建领主；14世纪至15世纪，基督教会和封建制度一起走向衰败。

一、基督教主要的教育机构和教育形式

（一）修道院学校

修道院学校（见图5-1）是基督教最早和最典型的教育机构，是基督教制度的附属产物。修道院"集宗教活动、生产劳动、学术活动和教育活动于一身，具有多种功能。就教育而言，它是一种特殊的宗教教育制度，培养了大批教会领导人员"[②]。

修道制度是中世纪基督教的一种重要的教会制度，起源于6世纪的圣·本尼狄克（Saint Benedict，480—547），他于529年在古罗马与那不勒斯之间的卡西诺山上建立起以他自己的名字命名的修道院，并为修道院制订了详细严格的管理条例（即

---

① 恩格斯：《德国农民战争》，《马克思恩格斯全集》（第7卷），人民出版社1959年版，第400页。

② 滕大春：《外国教育通史》（第二卷），山东教育出版社1989年版，第7-8页。

图 5-1　中世纪修道院学校

教规)，这些条例成为欧洲许多类似修道院效仿的模式。早期的修道院大多是以个人修行为主，并未形成一定规模，个人的学术和人格或者是先行修道者执著的宗教信念在社会中的广泛影响，才使得修道院规模不断扩大，成为基督教的重要组织形式。

在教育形式上，修道院学校分成内学和外学两种。内学主要是招收由父母送到修道院、将来准备从事基督教神职工作的人员，是一种定向的教育培养方式；而外学则主要针对那些日后不从事教会工作的世俗人员进行普通文化知识方面的教育。

两者由于培养目标各不相同，所以教育内容的设定也不一样。外学主要是学习一些初步的读、写、算方面的知识，主要是为了让他们能够阅读《圣经》等宗教文献，养成他们对宗教的虔诚品质。而内学除了学习基础的读、写、算知识外，重点是学习宗教科目，包括对《圣经》的诠释，熟悉各种宗教典籍和著作，以及学习如何传道、布教等。所收的学生一般从 10 岁左右入学，学习年限为 8～10 年，教育目的是培养学生具有神职人员必备的三种品质：服从、贞洁和安贫。修道院学校的教学内容主要是神学和“七艺”。神学是主要的学习内容，通行的教材是《教义问答》，其内容包括基督教的宗教信条，如“三位一体”、“救赎”、“末日审判”等，还包括“十戒”、圣事及祷告。后来才逐渐吸收古希腊、古罗马的古典学科，把“七艺”(算术、几何、天文、音乐、文法、修辞、逻辑等)纳入课程范围。不过，这时的“七艺”已经与古希腊和古罗马时期的“三艺”、“四艺”学科内容大相径庭了。这些学科已经被基督教加以改造，使其具有浓厚的宗教色彩，进而成为解释宗教教义的工具。例如：中世纪算术中对数字的学习，把“1”解释成为唯一的上帝；把“2”说成是指耶稣基督神性和人性的两重人格；“3”意味着圣父、圣子和圣灵的三位一体；“4”表示四个福音使者；等等。这充分表明当时的教育所具有的宗教特征。

修道院学校的教师主要由神职人员担任，他们通常具有一定的文化素养，宗教情感浓厚，热爱宗教事业。在教学方法上，以讲授为主，教学形式比较陈旧和刻板，学生对老师讲解的内容进行诵记，几乎没有学习的主动性和自由发挥的空间。在修道院学校中，尚未产生后来的班级授课制，因此其教学以个别教学为主，使用拉丁语，学校纪律严格，体罚盛行。

（二）主教学校

主教学校又称大教堂学校，一般设在主教所在地，由主教直接管理，具有较好的办学条件，学习内容也较完整，但数量有限。其性质、教学方法和办学水平与修道院学校没有太大差别。其主要的目标是培养教会的骨干，因此招收的学生主要是贵族和高级神职人员的子弟。主教学校始于英格兰，最早的主教学校是坎特伯雷主教学校，它对此后英格兰其他地方主教学校的兴办产生了一定的影响。到了8世纪末9世纪初，西欧各大教堂几乎都办有这种类型的歌咏学校和文法学校。

（三）堂区学校

堂区学校设在村落的教堂中，是由教会举办的面向一般世俗群众进行宗教教育的普通学校。这种学校是中世纪最为基础的学校。在办学条件方面，教师是由牧师充当的，教育质量和水平视牧师的水平而定。在这类学校中，学校一般只教学生一些初级的读、写、算方面的知识，以及关于基督教的一些基本常识，另外还教学生学习唱赞美诗，也会收取学生一定的费用。但大多数时候，这类学校的教育质量是无法保证的。因此，无论从办学条件、师资水平还是学校硬件设施等来看，堂区学校都无法与前两类学校相提并论。但不可否认，堂区学校的存在确实在客观上有利于文化知识在社会最底层的传播，为西欧后来的文化复兴奠定了一定的基础。

二、经院哲学

（一）经院哲学的形成与发展

经院哲学是西欧封建社会的统治思想和主导哲学，不是单一的哲学思想体系，而是中世界哲学中占统治地位的各学派总称。它的内部有不同的派别，各派都以学校，主要是大学，作为重要的活动阵地。因为它最初产生于作为教育机构的修道院（也被称作经院），所以被统称为经院哲学。它形成于11世纪至12世纪，13世纪发展到高峰，以后逐渐衰落。

图5-2　中世纪修士在阅读和整理经典著作

经院哲学起源于2世纪时期的教父哲学。所谓教父哲学，实质就是早期的基督教学者利用古代哲学（主要是新柏拉图主义）来解释基督教教义，使基督教信条具有必要的哲学理论基础。它产生于古罗马帝国末期，是为古罗马奴隶主阶级的统治服务的。教父哲学反对理性思考，提倡盲目信仰。

经院哲学利用抽象的推理方法，对宗教教条进行条理化和系统化的论证，由于过分强调思辨，其研究者便终日埋头在《圣经》中，从神学的教条出发，进行一些空洞、烦琐的论证（见图5-2）。经院哲学家往往把精力耗费在一些无意义的争论中。尽管如此，经院哲学在它存在的最初几个世纪是有积极作用的：它提出了双重真理，试图使科学和哲学摆脱宗教性；它衍生了形式逻辑，对人们的理解思考能力起到一定的作用；同时，在经院哲学家研究的过程中，仔细钻研了古希腊、古罗马的文化遗产，翻译了一些作品，对后来的研究及文化发展起到一定推动作用。

11世纪以后，城市的兴起和发展及异端思想的出现，导致了经院哲学内部产生了不同的派别——唯实论和唯名论，它们争论的焦点是一般概念和个别事物之间的关系问题。

唯实论认为一般概念是存在于个别事物之前的某种精神实在，是第一性的，而物质是第二性的，是服从于、统一于精神实在的。从这种观点出发，主张唯实论的经院哲学家就认为，基督教教义中有关神和上帝的理论是最终的判断标准，神和上帝的存在是神圣不可动摇的。这样就达到了巩固和维护神学正统理论的目的。

与唯实论相反，唯名论认为：只有个别的、具体的事物才是真实的，一般概念只代表许多事物的名词，不是客观的实在。与唯实论相比，唯名论更强调逻辑分析，更注重理性思维的重要意义。这种观点严重地冲击了基督教主张上帝存在的不可怀疑的思想，以及上帝是最终和最高标准的思想。

（二）经院哲学的影响

为了使经院哲学控制人心，垄断教育阵地，教会逐渐加强学校建设。十二世纪后，有些教会学校又进而升格成为大学。有些大学成为经院哲学家的讲坛，在大学里，在传授神学的同时，亚里士多德和柏拉图的著作、欧几里得的《几何原本》、算数、代数、三角和天文学以及罗马法等也列入教学计划成为主要课程。基督教会开办学校，宣扬经院哲学的目的本在抑理性崇信仰，结果适得其反。经院哲学由发展走向没落，乃是历史发展的趋势使然。

经院哲学在思想领域内注入了新的思维方式。在基督教神秘统治的时代，要求人们使用非理性的方法，排斥经验和逻辑，凭靠直接的“启示”或“灵感”，通过心灵与最高的神的本原直接融合。经院哲学则把哲学和神学糅合在一起，借助理性和逻辑的方法辨明教义的合理性，形成既有理性又有非理性，既有知识又有信仰的神学体系。

但是，经院哲学毕竟是神学，经院学者终归是基督教义的卫道士；即使是“异端”神学家也还是带有时代和神学的局限性。经院哲学启迪人们的理性作用有一定限度，而且它的作用是同历史的发展进程成反比的。时代前进了，经院哲学没落了，这同样是历史的必然。早在十七世纪英国哲学家弗朗西斯·培根(Francis Bacon)就十分中肯地抨击了经院哲学的迂腐：“经院哲学家虽然有锐利而深沉的智慧和大量的闲暇时光，却只能稍稍改变他们的学说，他们的智慧是被锁在少数几个作者(主要是他们的统治者亚里士多德)的狭小世界里，他们几乎不知道自然史和人类史，他们的头脑由数量极有限的材料所组成，但是在不断的努力中，开始勤劳地织出一幅科学的蛛网,这是我们可以从他们的作品里看到的。”

第二节　世俗封建主的教育

虽然基督教是中世纪时期的主导力量,但世俗封建主也在不断与基督教教会斗争,在教育领域也不例外。世俗封建主的教育直到8世纪左右才开始出现,中世纪时期世俗封建主的教育是为巩固王权、满足封建主需要服务的。中世纪西欧的学校教育虽然基本上为教会所垄断,但由于古典文化和拉丁文仍有一定影响,加上某些世俗封建主对文化教育有所重视,他们认为国势强盛除了依靠武力外,还需要提高人民文化素质,统一民心和振奋民族精神,这就需要振兴学术和进行教育改革,于是形成了下列几种世俗学校和教育的形式。

一、宫廷学校教育

宫廷学校主要是一种设在宫廷中的学校,其目的主要是培养王公贵族的后代。在人类教育发展史上,这种学校最早出现于古代埃及。

中世纪典型的宫廷学校是法兰克王国的宫廷学校。西罗马帝国灭亡之后,西欧建立了许多世俗封建政权,法兰克王国到了加洛林王朝的查理曼(Charlemagne,724—814)时,国势相当强盛,他即位后改进了原来王宫里所设的教育王室儿童的学校,开始大力发展文化教育,并于782年邀请在欧洲享有盛誉的英国约克大主教学校校长阿尔琴(Alcuin,734—804)前来帮助改革教育和办理宫廷学校,并且任校长一职长达14年之久。查理曼所开办的宫廷学校是当时欧洲最有影响力也是最为有名的学校。该校开设了文法、修辞学、辩证法、算术、天文、神学等课程,面向儿童,教士按照各阶段教学目的将学习内容变成问答体裁的课本,在教学方法上主要是采用问答法;而面对成人则因人施教,不拘泥于固定的系统的教法,很受王后、王子、公主及其他王室成员的欢迎,甚至查理曼本人也亲自认真参加学习。

二、骑士教育

骑士教育(见图5-3)是西欧中世纪一种特殊的教育形式,它与当时社会存在的鲜明的等级制度相适应。这些等级基本被划分为国王、公爵、侯爵、伯爵、子爵、男爵以及骑士等不同的等级。骑士是最低一级的贵族。

骑士教育产生的原因主要有两点。其一,西欧的封建君主为了维护自己的封建领地,需要一批具有宗教精神和维护社会秩序能力的武夫来保卫他们,这些武夫就被称为骑士。其二,从11世纪末开始,西欧基督教国家发动“十字军”东征,战争变得频繁,需要大量骑士,这就刺激了骑士教育的发展。尽管骑士教育并非学校教育,但它是中世纪西欧世俗教育的一种主要形式。从教育性质上讲,骑士教育是一种特殊形式的家庭教育,没有专设的教育机构和专职的教育人员,对骑士的教育主要在生活和社交活动中进行。其主要目标是培养勇敢、忠顺的骑士精神和骑士技能。

图 5-3　中世纪的骑士教育

骑士教育一般分为三个阶段来进行。

第一阶段(0～7 岁)是家庭教育阶段。这一时期的儿童在家庭中由母亲进行教育,主要进行初步的宗教知识教育、道德教育和身体的养护与锻炼。就道德方面而言,主要培养儿童尊敬长上的品德,为接受整个等级社会的道德规范奠定基础;而对身体的养护则是为后来进行武士教育做好准备。

第二阶段(7～14 岁)是礼文教育阶段。这一阶段的学习场所是在高一级的贵族家庭,即下一等级的贵族将自己的子弟送到上一等级的贵族家庭接受教育。在这一阶段,儿童主要是充当侍童,侍奉主人和主妇;同时也要学习上流社会的礼节和行为规范,学习一定的知识内容,如识字、拉丁文法等。这一时期的学习内容以吟诗、下棋、歌唱和奏乐为主。同时还要学习赛跑、角力、骑马、游泳和击剑等体育方面的科目,以增强体质,并进行比武的训练,有时在比武场上真刀实枪地练习,有时用一模拟假人为靶,练习厮杀。从教育方法上,侍童要追随在领主左右,听从主人、主妇的指导与吩咐。

第三阶段(14～21 岁)为侍从教育阶段。主要学习骑士七技,主要包括骑马、游泳、投枪、击剑、打猎、下棋和吟诗等七个方面的内容。同时还要学习如何侍奉主人和主妇,为领主牧马,陪同打猎与散步,在战时学习实际的作战本领。侍从教育阶段在年满 21 岁时举行授职典礼,自此获得骑士称号。

骑士教育是一种典型的灌输服从和效忠的封建统治阶级思想的教育,也是培养人的勇敢精神的武士教育。这种教育所崇奉的勇敢、衷心、服从、贞洁、慷慨等等品德,在当时都包含了浓厚的封建等级制度的特点和封建性的道德观念。这种教育明显忽视文化知识的传授,导致骑士目不识丁,这与当时社会生产落后、生活水平低下及封建社会的等级制度密切相关。当然,骑士教育也有其积极的一面,由于骑士是封建主中的最下层,因而在他们中间形成了一种锄强扶弱、尊重妇女和老人的风气。尤其是在十二世纪以前,他们尊崇侠义,并且身体力行。骑士中有些人的忠君爱国品行也体现了人民的优良传统。他们虽然忠于教会并立誓为保卫教会而战,但同时他们也反对禁欲主义,向往忠贞的爱情和现世生活的乐趣,这些是对教会的背叛,它有助于在社会中形成一种积极乐观的人生观、现实主义的精神面貌。骑士教育注意礼仪、文雅的举止,它对于以后在欧洲所出现的绅士教育有着一定的影响。

三、城市学校教育

城市学校教育兴起于 11—12 世纪,是适应新兴市民阶层需要而发展起来的世俗性学校教育。11 世纪以后,西欧社会生产力逐步提高,社会分工不断扩大,手工业者和商人渐成特定的阶层,新兴城市大量兴起,许多城市摆脱了封建领主的统治,获得自治权,并逐渐建立起市政管理机关。中世纪的基督教教育和世俗封建主教育已经不能再适应新的经济和政治的需要,于是城市学校教育应运而生。

城市学校在城市当局与教会之间长期而激烈的斗争中形成了以下几种类型。

一种是由城市当局管理的,学习处理商业事务和商人行会、手工业者行会内部行政事务的拉丁文法学校。另一种是城市当局创办的,用本民族语言进行教学的,学习读、写、算常识和实用科目,并进行一定的宗教教育的城市读写学校。此外,还有一种由教师私人设立并收取学费,讲授基础知识和商业常识的私立学校,虽然这类学校不是严格意义上的城市学校,但毕竟属于不为教会所认可的世俗学校。城市学校打破了教会对教育的垄断,加速了中世纪教育的发展步伐,到了 15 世纪,西欧各大城市都建立了城市学校。

第三节　中世纪大学的产生

12 世纪初,在意大利的博洛尼亚和萨莱诺等地出现了最早的大学。此后不久,法国巴黎也在传统教会学校的基础上开始产生大学的萌芽。由此形成了被后人称为“母大学”的最早的大学,其中的典型代表是意大利的博洛尼亚大学、萨莱诺大学和法国的巴黎大学(见图 5-4)。到了 13 世纪,在欧洲大陆大学传统的影响下,英国诞生了牛津大学和剑桥大学,它们共同构成了人类历史上现代大学的前身。

图 5-4 中世纪的巴黎大学

一、中世纪大学产生的背景

中世纪大学的产生经历了一个很长的过程。它的兴起是当时社会政治、经济和文化发展的产物。10—11 世纪，欧洲封建制度进入巩固和发展时期，同时社会生产力有了较大发展，城市兴起，而中世纪大学的产生和发展便是建立在这个基础之上的。

(一) 城市的兴起

10—11 世纪，欧洲封建制度进入巩固和发展时期，整个社会摆脱了以前的动荡局面而趋于稳定，农业生产开始出现缓慢上升的态势。这一时期，手工业得到了较大的发展，并逐步从农业中分化出来。手工业者和商业经营者成为新兴阶层。新兴阶层的人们通常聚居在一起，因此推动了城市的兴起。而从 11 世纪初期开始，地中海沿岸的商贸往来也逐渐增加，地中海沿岸各地也逐渐成为商品贸易的集中地。这在很大程度上也推动了城市的兴起。

随着城市的出现，新兴的市民阶层需要世俗文化和实用知识，而原有的基督教学校和世俗封建主教育根本不能满足其需要，这就促使了中世纪大学的产生。同时，城市的出现，也为大学的诞生提供了场所和充分的物质保障。

(二) 优越的地理环境因素

中世纪大学一般产生于那些地理位置较为优越的城市。比如博洛尼亚大学所在地就属于意大利北部与中部的交通枢纽，这既有交通上的便利因素，也有便于不同文化在此沟通、碰撞与融合的因素。此外，意大利南部那不勒斯附近的萨莱诺，风光无限，景色宜人；同时，这里与古希腊交往较早，很多古希腊名医的著作在这里被翻译和传播，使得越来越多的人慕名前来求学，于是在此基础上逐渐形成了以医学为主的萨来诺大学。由此可见，良好的地理环境是中世纪大学产生的重要因素之一。

(三) 著名学者的声望

一所大学之所以能够吸引各地的学生慕名前来求学，是与大学里著名学者的学术声望密不可分的。例如，当时博洛尼亚大学的法学深受整个西欧的认同，主要得益于著名的法律学家欧内乌斯,他在课程中介绍了在欧洲已经失传许久的《查士丁尼法典》,这为他赢得了不小的声誉。同时,他的教学也非常生动有趣。这些在很大程度上成为博洛尼亚大学得以崛起的重要因素。影响较大的还有中世纪"第一位人文主义者"阿伯拉尔。他于1108—1139年在巴黎圣母院主教学校多次讲学,同唯实论派进行论战,影响深远。其浓厚的人文主义的气质和对宗教的质疑,以及学术造诣,使得追随者达数百人之多,成为当时法国最著名的学者之一。也正是由于他和其他学者的影响力,巴黎成为欧洲哲学和神学的研究中心,巴黎大学也逐渐成为早期大学的典型代表之一。

二、中世纪大学的组织形式

中世纪大学的组织形式主要有学生自治型大学和教师自治型大学两种。所谓学生自治,就是在大学的管理中,学生主管一切事务,包括推举大学校长、聘任教师,甚至司法权也归学生掌管,同时,学生还有权对教师的工作进行评价。因此,学生自治型大学以学生为核心来维系整个大学的运转。学生自治型大学主要出现在南欧,尤其以博洛尼亚大学为典型代表。博洛尼亚大学的学生年龄普遍较大,自主管理能力也很强。

所谓教师自治型大学,就是指大学事务主要由大学内部的教师特别是教授加以主导和管理的大学。在大学内部,教师居于主导地位,而学生基本上没有参与管理的权利和机会。因此,教师自治型大学实际上也是一种教师完全主导大学的自治形态。这种自治模式主要以巴黎大学为代表,其他北欧大学也多采用这种大学管理模式。教师自治型大学实质上就是现代大学教授治校的先声。

三、中世纪大学的特权

在中世纪,不同国家和不同地区的大学的特权主要体现在以下几个方面。

(一) 迁校和罢教的自由和权利

大学学生或者教师对于城市当局和教会权威不满,或是教学研究过程受到干扰而影响教学的情况,可以罢课、罢教以示抗议。如果这样还解决不了问题,可以自行迁校。1209年,英国的牛津大学与城市当局发生争执,且争执未能解决,部分师生愤然迁至剑桥,成立剑桥大学。从客观上看,大学的迁移对争取学术研究自由,尊重学问和学者,以及普及文化知识都有重要的意义。

(二) 设立特别法庭,享有内部自治权

中世纪许多大学内部设有法庭,负责审理学校内的各种纠纷。特别是从外地来的学生、教师与当地居民发生冲突时,为了得到较有利的裁决,案件往往由校内法庭或主教审理,不受普通司法机关的管辖。在此意义上,大学基本上是一个独立存在的机构。

（三）大学师生可以免除赋税及服兵役的义务

按照中世纪法律规定，凡国家公民都具有纳税和服兵役的义务，但是中世纪大学的师生例外，他们可以免除赋税，可以免服兵役。在此意义上，大学师生在中世纪社会实际上属于独立存在的特权阶层。

（四）教师有参政权，有颁发特许证的权利

大学教师可以对政府的各项政策发表自己的意见，也可以参与当地社会各项政治事务。在教师资格认证方面，教师自己认证，其他社会机构不得干预教师资格认证的工作。

四、中世纪大学的教学及学位制度

中世纪早期的大学大都是单科大学，北欧的大学以巴黎大学为代表，侧重于神学；而南欧的大学则更侧重于法律和医学等。后来由于知识的普及和增进，逐渐形成由文、法、医、神四科组成的综合性大学。在大学的办学方面，中世纪大学更多的是一种专业教育。

（一）教学内容

中世纪大学由于受当时文化和科学发展的限制，教学内容主要继承了古希腊和古罗马的传统，以“七艺”为主，但这一时期的“七艺”被赋予了很强的宗教色彩。

（二）教学方法

中世纪大学采用拉丁文教学，教学方法主要有讲授法、问答法和辩论等。其中讲授法是最为普遍的教学方法，主要是教师讲授教科书，学生纪录讲课内容。而问答法和辩论则显得十分机械和呆板，整个教学过程由教师主导，学生基本上没有太多参与教学的机会。

（三）学位制度的确立

大约在13世纪初，学位制度开始萌芽。中世纪大学主要有学士和硕士两种学位。博士的提法虽然已经出现了，但是还没有成为一种正式的学位。

中世纪的学位制度更多体现为一种教师资格制度，只有取得相应学位的人，才可能成为教师。学士学位最早出现在博洛尼亚大学的法学学科，法学专业的学生在大学学习5年后，可以向大学校长提出学士学位申请。当学生能够讲授整本法律教材，不经过任何考试，就可以成为学士。而硕士学位，是在获得学士学位后继续攻读两年，然后参加一次考试，考试合格后，经相关机构同意，就可以获得硕士学位。学士学位获得者只能在大学的文学院任教，而获得硕士学位的人则可以成为其他相关专业的教师。

中世纪大学还为那些获得学位的学生举行盛大的学位授予仪式，这也一直流传至今，成为当代大学重要的仪式之一。

五、对中世纪大学的评价

中世纪大学的出现,无疑具有非常深远的意义,尤其是为现代大学的产生奠定了坚实的基础。然而作为大学的雏形,中世纪大学还存在一定的不足和缺陷,这也为大学走向完善提供了契机和可能。

(一) 中世纪大学的历史地位与意义

中世纪大学的产生是教育史上浓墨重彩的一笔,是人类文化发展的缩影和社会进步的表现。第一,中世纪大学打破了教会垄断高等教育的局面,开创了大学这一新型的教育形式。第二,中世纪大学提供了知识研究的场所,使学者担负起保存、传播、创造文化的工作。这在很大程度上促成了欧洲乃至人类科技世纪的到来。第三,中世纪大学培养了一大批人才,造就了西方新时期的一代伟大人物,如但丁(博洛尼亚大学)、彼特拉克(博洛尼亚大学)、威客利夫(牛津大学)、胡斯(布拉格大学)、喀尔文(巴黎大学)等。正是他们推动文艺复兴运动的产生和发展,从而使整个西方最终摆脱了中世纪宗教的束缚。第四,中世纪大学为现代大学孕育了许多新的教育观念,各大学之间的学术研究活动也对国际文化交流起到了积极的作用。

(二) 中世纪大学的不足

首先,作为现代大学的雏形,中世纪大学发展无论从制度还是思想上看都不够完善;其次,中世纪大学由于身处中世纪浓厚的宗教氛围之中,因而带有较为浓厚的神学色彩,这也是其所处时代局限而产生的必然结果。

中世纪大学作为现代大学的起源,虽然有很多不足和缺陷,但是我们应该看到,它作为西方文化发展的重要一环,在整个西方文化发展史上占据重要的历史地位,尤其是中世纪大学作为一种创新的教育制度,对现代教育作出了重大的贡献。

复习思考题:

1. 名词解释:骑士教育 城市学校。
2. 简述中世纪大学的特权。

WAIGUO JINXIANDAI
JIAOYU FAZHAN YU BIANGE

外国近现代教育发展与变革

教育名言 ……

教育的目的不是考试，不是分数，不是名次。更不用说不是要你作弊，患近视眼、肺病、神经衰弱；也不是要你发迹，打个人小算盘，谋一枚勋章。教育的理想需要根本的转变。（小原国芳）

摧残天赋优异而具创造力的年轻人，比鼓励他们开花结果容易得多！正因为我们对他们探求的奇异现象所知太少，对于家长和教师们，最重要的就是“请别伤害他们”！（加德纳）

只有让学生不把全部时间都用在学习上，而留下许多自由支配的时间，他才能顺利地学习……（这）是教育过程的逻辑。（苏霍姆林斯基）

培养人就是培养他对前途的希望。（马卡连柯）

学校的目标始终应当是：青年人在离开学校时，是作为一个和谐的人，而不是作为一个专家。（爱因斯坦）

第六章 文艺复兴与宗教改革时期的教育

文艺复兴运动是14世纪到17世纪欧洲新兴资产阶级在意识形态领域发动的一场反封建主义、反天主教神学体系和反经院哲学的人文主义新文化运动。人文主义教育家对改变中古时期性恶论、预成论的儿童观，克服禁欲主义对人的束缚，确立全面发展的培养目标，按照儿童身心特征施教均发挥了重要作用。后世的进步教育家均从人文主义教育家的思想中获得诸多启示。

文艺复兴运动为宗教改革运动做了前期思想准备，宗教改革的发起人和活动者绝大多数是文艺复兴运动的人文主义者，他们的宗教观直接影响着宗教改革的性质和进程。可以说，宗教改革是文艺复兴运动在宗教领域的继续。人们往往把它同文艺复兴和启蒙运动联系在一起，将其看做是欧洲从中世纪向近代转变中在精神文化层面上的标志。

第一节 人文主义教育的发展历程

"文艺复兴"从其词义看，是指古典文化即古希腊、古罗马文化的复活或复兴。但文艺复兴绝非纯粹的复古，其本质是面向未来而不是面向过去的。[①] 文艺复兴运动在当时欧洲曾产生过解放思想的积极作用，给欧洲文学、艺术、科学、哲学和教育带来了辉煌的发展，涌现了众多成就卓越的人文主义巨匠。正如恩格斯所评价的："这是一次人类从来没有经历过的最伟大的、进步的变革，是一个需要巨人而且产生了巨人——在思维能力、热情和性格方面，在多才多艺和学识渊博方面的巨人的时代。"[②]

在文艺复兴运动时期，人文主义有着若干共同的思想理念，但是在不同的发展时代、不同的地域，人文主义的理念也有其时代差异和地域差异。同样的，人文主义教育也具有地域差异，意大利人文主义教育与北欧人文主义教育就有许多不同之处。意大利的人文主义教育以个人为中心，主张世俗教育，向往人的全面发展。而北欧人文主义教育则更加重视道德教育和宗教教育。人文主义思想的特征在人文主义教育思想中有着充分的诠释，对教育目的论、教育方法论、教育内容等都具有深刻的影响。

---

① 吴式颖、任钟印：《外国教育思想通史：文艺复兴时期的教育思想》(第四卷)，湖南教育出版社2002年版，第1页。

② 马克思、恩格斯：《马克思恩格斯选集》(第三卷)，人民出版社1972年版，第445页。

一、意大利的人文主义教育

(一) 意大利人文主义教育概况

意大利作为文艺复兴的发祥地,早在13世纪末14世纪初,意大利的许多城市就摆脱了封建领主的统治成为城市共和国。佛罗伦萨就是其中的代表。15世纪初,"市民人文主义"思潮极力颂扬共和制。正是共和制下的佛罗伦萨为意大利文艺复兴做出了很多的贡献。

意大利文艺复兴以古罗马文化的复兴为先导,继之以古希腊文化的复兴,这种复兴迅速影响到教育界。到15世纪,意大利人文主义教育开始发展起来,并且人文主义教育思想也开始被系统地表达出来,涌现出一批讨论教育问题的著述和人文主义者。一些不同于中世纪教会学校的世俗学校建立起来,由世俗人士担任教师,并教授世俗人文学科,从而打破了教会对教育领导权的垄断。

在15世纪末16世纪初,除威尼斯仍保持共和制外,君主制在意大利占据了统治地位。随着君主制时代的来临,理想的君主和朝臣的培养问题便成为当时学者们关注的一个核心问题。与之相契合,人文主义教育思想发生转变,培养公民的教育理想被培养君主和朝臣的教育理想所取代。

(二) 意大利人文主义教育家

1. 弗朗西斯科·彼特拉克(Francesco Petrarca,1304—1374)

从严格意义上讲,彼特拉克是文学家和诗人,而不是教育思想家,但他的思想所涉及的主要问题却正是后来许多教育思想家所关注的。他一生都热衷于搜集、整理和注释古罗马时期的著作,尤其是阿维尼翁扩建的教廷图书馆和兴盛的图书馆贸易使彼特拉克对古典著作的追求趋向狂热,并深刻地影响了当时和后世的人。正是在此种意义上,人们称彼特拉克为"人文主义之父"①。

彼特拉克对传统的经院哲学持批判态度,其中一个重要的原因是他认为人的问题应是哲学关注的主要对象,而经院哲学提出的问题毫无用处,忽视了人的灵魂这一重要问题。在《论无知》中,彼得拉克说:"即使所有那些事情都是真实的,它们对幸福生活来说也无关紧要。因为我了解动物、鸟类、鱼类和蛇类的本性,而忽视或藐视人的本性、人生的目的以及人们的来处和归宿,这对我又有什么益处呢?"②关于人的理念在彼特拉克那里与其自我意识、自我塑造有密切的联系。

彼特拉克在西方教育思想史上可以被视为一个重要的过渡性人物,尽管他直接论述教育的文字很少,但其思想却触及其后人文主义教育思想所要涉及的主要问题,尤其

---

① 吴式颖、任钟印:《外国教育思想通史:文艺复兴时期的教育思想》(第四卷),湖南教育出版社2005年版,第46页。

② 克里斯特勒:《意大利文艺复兴时期八个哲学家》,姚鹏等译,上海译文出版社1993年版,第18页。

是对经院哲学的批判。研究人文主义教育思想的演进，不能回避彼特拉克的影响。

2. 弗吉里奥(Pietro Paolo Vergerio，1349—1420)

弗吉里奥在青少年时期先后在帕都亚大学和佛罗伦萨大学求学。在佛罗伦萨时，他曾师从著名的拜占庭学者克里索罗拉(Manuel Chrysoloras)学习古希腊语和古典文学，这使其古典知识基础较其前人如彼特拉克等人更为丰厚。在西方教育史上，弗吉里奥第一个将人文主义精神渗透到教育思想之中。他对教育的贡献主要体现在两个方面。

(1) 弗吉里奥对昆体良《雄辩术原理》的注释，复兴了被湮没甚久的具有世俗精神的古典教育思想，引起了文艺复兴时期西欧教育界和学术界对昆体良教育思想的普遍重视和广泛热情，从而间接地推动了人文主义教育思想和教育实践的发展。

(2) 在古典教育思想，尤其是昆体良的思想基础上，弗吉里奥系统地概括了人文主义教育思想的基本原则和目的，为人文主义教育的具体实践指出了方向，从而直接地促进了文艺复兴时期西欧教育的发展。

约在1404年，弗吉里奥用拉丁文写了一篇书信体的教育论文《论绅士风度与自由学科》，写给帕都亚君主弗兰西斯科·卡拉拉之子阿伯丁。该文共分五个部分，分别探讨了人文主义教育的目的、内容和方法，特别分析了自由教育(或译文雅教育、博雅教育)的性质、概念。弗吉里奥所倡导的教育是博雅教育、通才教育或全面教育，这种教育所造就的不是中世纪的骑士，不是中世纪的教士，也不是某一行业的从业者，而是具有世俗精神并且身心全面发展的人。在教育内容方面，弗吉里奥认为青年所学的科目都要适合学生的个人爱好和年龄，并且要服从于身心全面发展这一教育目标的实现。根据弗吉里奥的观点，全面教育或自由教育应当包括德育、智育和体育等方面。他认为，在一个自由人所应具有的最高才能中，道德品质是最根本的。因此，在自由教育中，道德教育应占据首要的地位。德行的培养应重于知识的传授，知识应从属于道德。他指出，“下等人”往往把追求感官的享受和愉悦作为生活的目的，只有真正的“上等人”(或自由人)才把道德价值作为生命的唯一目的。与此同时，弗吉里奥认为，道德的发展不能孤立地进行，道德教育也不能脱离其他各方面的教育，因此，应当努力使道德教育与知识教育结合起来，使学生的道德发展与知识增长协调起来，并以此作为教育活动所要达到的共同目的。

3. 维多里诺(Vittorino da Feltre，1378—1446)

在文艺复兴运动时期，有的人文主义教育家通过著作形式将自己的思想留于后世，但从不将之付诸行动。而维多里诺的贡献与此截然相反，他继承了弗吉里奥的教育思想，并将一生献给了教育实践，却没有将自己的教育思想写出来。但恰是这种教育思想的外化，使他的教育思想远超过留下许多文字的同时代人。维多里诺被后世人称为“第一个人文主义新教师”。在1432年，他应孟都亚公爵冈查加(G. F. Gonzaga)的一再聘请，在一所毗邻王宫的房舍里开办了一所宫廷学校，取名“快乐之家”。意大利和欧洲许多地方的上层家庭把孩子送到这儿来学习，因为他们把这所学校看做是典雅的标志。但进步的学者则把它看成是人文主义学校的发祥地，因为维多里诺不仅收贵族子女入学，也接收同等数量的贫民孩子，并且采用新的教育方法。

"快乐之家"的教育实践体现了维多里诺的人文主义教育思想。维多里诺倡导自由教育，培养身心全面发展的人，认为这种人应具有强健的体魄、丰厚的文化知识、良好的品德和虔诚的宗教信仰。在"快乐之家"，维多里诺为学生开设了广博的人文主义课程，实施了体育、德育、智育并重的课程观，以古典学科作为课程的中心，包括拉丁语、古希腊语、文学、历史、哲学、"七艺"等。此外，作为一个虔诚的基督教徒，他还要求学生学习《圣经》和奥古斯丁的著作，他的教育理念不是以人文主义精神来取代基督教精神，而是将二者融于一体，这也是维多里诺不同于同时代人文主义教育家的一个重要方面。在教育方法上，维多里诺更是享有盛誉。他认为儿童的个性是不同的，嗜好也是不同的。他要求教师的教育应尊重儿童的天性和个别差异。他的学校里废除了体罚，但对学生不放任自流，学生做错事或违犯规矩，要受到惩罚。维多里诺改变了中世纪学校呆读死记的教学方法，运用新方法进行教学。比如他用活动字母教读写；通过游戏传授算术初步知识；教几何时，让学生作图和测量。并且他还主张教师身教示范，以慈爱之心关怀学生，与学生共同生活。

维多里诺创办的"快乐之家"可作为早期文艺复兴时代人文主义教育的代表。他的学校在当时获得了很高的声誉。学校关注儿童的身心特征和个性差异；重视智、德、体并重的教育；传授广泛的教学内容；要求学校具有自然优美的环境，强调师生之间和睦融洽的气氛；注重启发诱导，讲求兴趣；反对压制、体罚，等等。以上种种，同中世纪早期的教育相比，自然是前进了一大步。

4. 格里诺(Guarino da Verona，1374—1460)

格里诺与维多里诺是同时代的意大利人文主义教育家，并且在帕都亚大学时就曾是同学和好友。有趣的是，1429年，格里诺应费拉拉侯爵之邀在费拉拉开办了一所宫廷学校，并且后来办学十分出色，同维多里诺的"快乐之家"一起被誉为文艺复兴时期教育的两颗"明星"。但他却将自己的孩子送到维多里诺的"快乐之家"受教，可见他对维多里诺的认同。

就教育实践方面，格里诺与维多里诺齐名，但其教育观与维多里诺不同，他不再泛泛而谈博雅的教育目标，而是更突出智育，以学习古典著作作为教育的宗旨。格里诺将教育与学生的未来前途相结合，使教育成为一种重要的人生手段。他坚决主张一个受过教育的人必须学习特定的科目而不管其内容如何。关注教学是格里诺教育思想的主要特征，他把教学划分为三个阶段：基础阶段、语法阶段和修辞学阶段。其中，他最为关注语法阶段。他主张应先学语法规则再学习古典作品，把语法规则与文学作品分割开来。在众多古典著作中，格里诺对西塞罗文体[①]有着高度的

---

① 西塞罗文体是指古罗马著名文学家、演说家西塞罗文章中所体现的拉丁文的用词、文法和风格。西塞罗的文章注重材料的程序组织，句法考究，词汇丰富，段落对称，音调铿锵，并确立了拉丁文学语言"准确、流畅、清新、雄浑"的原则，其风格对后世影响深远，成为欧洲诸民族散文的楷模。

评价，并将其视为作文唯一正确的典范。格里诺对15世纪末意大利“西塞罗学派”的产生起到了推波助澜的作用，他被后世称为“西塞罗文体形式化的奠基人”。这个学派主张机械模仿西塞罗的文体，完全反对使用在西塞罗作品中没有出现过的词汇和习语，这种倾向推动了文艺复兴中的形式主义。

二、北欧的人文主义教育

（一）北欧文艺复兴运动概况

1494年是意大利文艺复兴时期社会状况的一个重要分界线，战争和由战争引发的社会动荡使意大利文艺复兴的发展失去了以前和平稳定的社会条件。并且在人文主义者内部也发生着显著的变化，一些人文主义教育家过分地专注和教条地理解古典的东西，仅仅注重形式，机械模仿几乎达到了迷信的程度，置社会现实与时代需要于不顾，使得自身的发展失去了应有的生命力。15世纪末16世纪初，意大利文艺复兴运动的影响越过阿尔卑斯山脉传入北欧国家。由于意大利与北欧各国的历史和文化背景不同，因此意大利的文艺复兴运动与北欧的文艺复兴运动具有一些不同的特点。

美国教育史学家格莱夫斯(F. Graves)指出：“北方的人文主义不甚注意个人发展和社会各方面生活的机会，眼光比较狭隘。但其特别注意公益，视社会为一体，而且无论在什么地方都力求道德宗教的进步，在这方面北方比意大利广远得多。北方对于文学美育方面的教育不太注意。北方的文艺复兴相对倾向于贫民和社会，而意大利的文艺复兴运动相对是贵族的和个人的。”①

北欧文艺复兴运动首先在尼德兰②得以传播。在人文主义教育思想方面，尼德兰平民生活兄弟会的教育实践和理论对德国以及北欧诸国的学校教学和学校组织管理有着巨大影响。许多北欧的人文主义者就是由兄弟会所办学校培养出来的，如伊拉斯谟、温斐林(Jacob Wimpheling)等。

（二）北欧人文主义教育家

1. 伊拉斯谟(Desiderius Erasmus，1467—1536)

伊拉斯谟是北欧人文主义的重要代表人物，被誉为“学者的学者”、“文艺复兴时期的伏尔泰”、“欧洲的导师”，他的教育思想对北欧诸国产生了深远的影响。

作为一位虔诚的基督徒，伊拉斯谟虽然对古典文化推崇备至，但并不像有些人文主义者那样过于偏重古典文化，而是寄希望于用古典文化改良教会、改造社会。他的人文主义思想是源于1499年的英国之行。在这次短暂的访问期间，伊拉斯谟结识了英国人文主义运动的领军人物科利特(John Colet)、格罗辛(William Grocin)和莫尔等人。1509年，伊拉斯谟的代表作《愚人颂》问世，他将该书题献给莫尔。该书

---

① 格莱夫斯：《中世教育史》，吴康译，华东师范大学出版社2005版，第188页。

② 尼德兰是指欧洲莱茵河下游的国家，相当于现在的荷兰、比利时、卢森堡等地。

尖锐和深刻地批判了当时的社会，其主要批判对象就是天主教会，并对传统的经院式教育也予以了尖锐的批判。伊拉斯谟在《愚人颂》中提出教育的最高目的在于德行和虔诚，他的这个观点反映出北欧文艺复兴的特殊精神。此外，伊拉斯谟论述教育的其他作品还有《论正确的教育方法》、《一个基督教王子的教育》和《论童蒙的自由教育》等。

在1516年出版的《一个基督教王子的教育》中，伊拉斯谟已认识到教育与国家兴亡和社会文明的关系。他说："一个国家的主要希望，在于它对青年的适当教育。"此外，他提出首先要给王子以最好的教育，这是关系到国家和人民的利益的大问题；其次要对国民施以适当的教育，使他们能够自愿地遵循正义的道路。当然伊拉斯谟更注重王子的教育，因为"国家的幸福系于他一人的道德品质"[①]。伊拉斯谟主张把王子培养成"基督教王子"，也就是说，既是优秀的王子，又是真正的基督教徒。总之，一个王子要具备三个特质，即"最高的权力、最大的智慧、最大的仁慈"，这就是伊拉斯谟所希望的教育目的。

伊拉斯谟十分强调教师在人的成长过程中的积极影响，在他看来，提高教师的素质主要是政府的责任，其重要性不亚于整顿一支军队。针对当时教师这个重要的职业几乎被教会的教士所垄断，伊拉斯谟提出，一个国家应该从全体居民中选拔教师，因为教师的工作是一种最伟大的职责。他认为，教师应符合以下条件：一是具有一种和教师的事业相符合的精神状态；二是"具有优秀品德和无可争辩的原则性、严肃，不仅精通理论而且具有丰富经验"，还要"生活纯洁"，"态度温柔"[②]。

伊拉斯谟在对古典语言和古典文化的教学方法上没有像一些意大利人文主义教育家那样走向西塞罗主义和形式主义，而且著文《西塞罗主义》对之予以批评。在1511年出版的《论正确的教学方法》中，他说："我必须阐明我的信念，即词法、句法规则知识虽然对每个学生都是非常必要的，但还应当尽可能少些、简明些，并精心加以组织。我不能容忍一般语法教师的愚蠢行为，他们浪费了数年宝贵的时间，把规则硬灌给儿童。因为我们的语言能力不是靠学习规则，而是靠同习惯于用准确精炼语言表达思想的那些人的日常交往，靠大量阅读优秀作家的作品来获得。关于后者，我们应选择不仅文体正确、典型，而且题材也富有教益的作品。"[③]此外，伊拉斯谟还认为教师应该了解学生的天性，尊重学生的年龄特征和个别差异，并因材施教。

2. 托马斯·莫尔(Thomas More，1478—1535)

托马斯·莫尔是英国文艺复兴时期杰出的人文主义者代表之一，也是西方早期的空想社会主义奠基人，以其名著《乌托邦》而名垂史册，作为一个献身于自己的宗教和原则的殉道士而被后人所铭记，被奉为"16世纪初期最富魅力的人物"和"英国

---

① 华东师范大学教育系、杭州大学教育系合编：《西方古代教育论著选》，人民教育出版社1985版，第218页。

② 吴元训：《中世纪教育文选》，人民教育出版社2005年版，第132-135页。

③ (英)博伊德、(英)金：《西方教育史》，人民教育出版社1985年版，第175页。

文艺复兴时期三个最伟大的人物之一”。

在名著《乌托邦》中，莫尔以对话的形式第一次提出了空想社会主义的基本原理，描绘了他对理想社会的构想。对于教育的构想，莫尔在《乌托邦》中进行了重要的论述，涉及普及教育、人的全面发展、劳动教育等重要问题。他的这些观点是在16世纪提出的，但时至今日仍然具有研究的价值。

我们探讨《乌托邦》中的教育思想，首先必须理解莫尔在书中所指的教育是广义性的，他把教育问题与政治、经济、社会、家庭等方面的问题联系起来研究，这里的教育不仅仅指正规的学校教育，更重要的是讨论一种开放型的社会教育，可以理解为生活中的教育。莫尔在《乌托邦》中写道：“在这个理想的国度里，凡年龄、体力适合于劳动的男女都要参加劳动，岛上大部分公民把劳动后的剩余时间都用于学习和学术讨论。”①

莫尔与德国的马丁·路德几乎同时提出普及义务教育的观点，是欧洲较早论及普及义务教育的人文主义者之一。在《乌托邦》中，国家实行普及教育，所有儿童不分男女都进入学校接受教育。而且莫尔的普及教育不仅仅局限于儿童，也包括了成年人，他说：“我承认只有少数聪明的孩子应该成为学院的学生，但每个孩子应该接受基本教育，大多数成年男女应该在一生的闲暇里进行自我教育。”②

莫尔所设想的乌托邦人是将教育与生产劳动紧密结合在一起的，乌托邦人生活中两件大事就是生产劳动和从事文化教育与科学研究工作。由于人人必须参加生产劳动，所以人人必须受劳动教育。在《乌托邦》中，他说：“乌托邦人不分男女都以务农为业。他们无不从小学农，部分是在学校接受理论，部分是到城市附近的农庄里作实习旅行，有如文娱活动。他们在农庄里不只是旁观者，而是每当有体力劳动的机会就从事实际操作。”③虽然莫尔自己没有明确提出教育与生产劳动相结合这个提法，但他所主张的那些措施，确是处处力图体现和贯彻这一思想的。正因为如此，不少教育史家和空想社会主义思想史家都认为，在莫尔那里有教育与生产劳动相结合思想的萌芽。

3. 弗朗西斯·拉伯雷（François Rabelais，1495—1553）

拉伯雷是文艺复兴时期法国著名的人文主义者、作家和教育思想家。他的人生经历非常丰富，当过修士，行过医，讲过学，并且在文学创作上颇有建树。1532年，其代表作《巨人传》（*Gargantua et Pantagruel*）问世。该书以幽默辛辣的笔调，尖锐地抨击了中世纪末期封建统治阶级的腐朽统治和教会的腐败，以及对人性解放和人文主义理想的讴歌，并且体现了大量的教育思想。《巨人传》的出版，立刻产生两种反响：一方面是广大的民众赞不绝口；另一方面是教会骂不绝声。为此，法国当局把此书列为禁书，对其作者拉伯雷也横加迫害，但民众却报以拥戴和欢迎。

---

① 托马斯·莫尔：《乌托邦》，戴镏龄译，商务印务馆1982年版，第71页。

② 扎古尔·摩西：《世界著名教育思想家》，中国对外翻译出版公司1995年版，第159页。

③ 托马斯·莫尔：《乌托邦》，戴镏龄译，商务印务馆1982年版，第71页。

欧洲文艺复兴时期的人文主义教育家和教育思想家的一个共同特点，是对当时还盛行的经院主义教育的批评。在《巨人传》的第一部、第二部中，拉伯雷以荒诞的手法、夸张的语言，通过描述巨人高康大受教育的过程，来揭露和声讨经院派的教育内容空洞无物，而且方法呆板生硬。图 6-1 为《巨人传》的封面图片。在书中，拉伯雷指出："与其跟这样的教师读这样的书，还不如什么也不学的好，因为他们的知识就是愚蠢，他们的学问就是笨拙，只能毁坏卓越高贵的天资，浪费青年的大好时光。"[①]与之相对应，拉伯雷在《巨人传》中通过描绘高康大后来的人文主义教师色诺克拉特所采用的教育内容和教育方法，来极力弘扬人的精神价值和体现个性自由解放的人文主义教育。

图 6-1 《巨人传》的封面图片

拉伯雷的人文主义教育思想集中体现在要求尊重儿童的个性和人格，反对经院派所采用的强迫教育、死记硬背和教条灌输。他的这一教育思想在当时的社会环境下虽然是作为一种社会理想而提出来的，但后来逐渐成为近代西方教育思想体系中的一个重要基石。就教育内容而言，拉伯雷竭力反对内容空泛的经院主义教育，而主张青少年要重视人文科学和自然科学的学习。在《巨人传》中，拉伯雷提出了一个百科全书式的教育内容，更值得一提的是他把自然科学也纳入教学内容，虽然还不占主要地位，但是拉伯雷更注重考察自然。这个新教育内容的提出对于与之同时代的教育家而言是一个领先。

4. 米歇尔·埃凯姆·蒙田(Michel de Montaigne，1533—1592)

蒙田是文艺复兴时期法国稍后于拉伯雷的另一位人文主义者，著名的散文家和

---

① 拉伯雷：《巨人传》，上海译文出版社 1981 年版，第 66 页。

教育家。蒙田没有亲身从事教育实践,也没有教育专著,他的教育思想散见于他的代表作《散文集》(《Essays》,亦译为《随笔录》,1595 年)中第 25 章《论学究气》、第 26 章《论对孩子的教育——致迪安娜·居松伯爵夫人》,然而他的教育思想对后世影响巨大。蒙田的绅士教育论是后来英国新教育思想的先驱,其思想对洛克产生了很大影响。

在《论学究气》中,蒙田尖锐地批判了中世纪经院主义的学究气。蒙田认为教育的目的是培养绅士,而不是生产学究。在《论对孩子的教育——致迪安娜·居松伯爵夫人》中,他说:"我们要培养的恰恰不是语法学家或逻辑学家,而是一位绅士。让那些学究去浪费他们的时光吧,我们有别的事要做。"[①]蒙田认为教育的真正意义是使儿童获得智慧、实际判断能力和认识事物本质的能力,使之成长为完美、聪明、精干的绅士。

蒙田的教育思想重在培养身心和谐发展的完整的人。他认为,教育的目的是要造就一个有能力、有本领的事业家。他心目中的完整的人是一个身体和心智都得到发展的人。他强调:"我们所训练的,不是心智,也不是身体,而是一个人,我们决不能把两者分开。"[②]与同时代的教育学家相比,蒙田在教育方法上的论述更加丰富和精辟。蒙田对当时流行的重记忆、重灌输的教育方法进行了猛烈的批判,主张采用启发性和探索性的教育方法。他建议教师"改变一下做法,走马上任时,就要根据孩子的智力,对他进行考验,教会他独立欣赏、识别和选择事物,有时领着他前进,有时则让他自己披荆斩棘。老师不应该一个人想,一个人讲,也应该听他的学生讲一讲"[③]。另外,蒙田对死记硬背的教育方法提出了强烈批判,强调学习的独立性。他指出:"背熟了不等于知道,那不过是把别人讲的东西储存在记忆中。"[④]学生要学会把别人的知识通过理解和吸收转变成自己的知识。

更值得注意的是,蒙田十分重视学生理解力的培养。他认为对知识的掌握必须建立在对知识的深刻理解上,他提倡独立思考,反对依附权威。"真理和道理是属于一切人的,它们并不专属于至今说出这些真理和道理的人,也不专属于此后说出这些真理和道理的人。"因其拥有知识多,就认为他们是某个学术领域的权威人士,从而使自己的思想和行动都向其靠拢,这样的做法会造成对某些知识的理解无法深入其中,未能达到内心真正的理解,这样就会使人们在接受新知识的过程中,理解力逐渐弱化,从而使人的创造性思维受阻,不利于人的长远发展。

从 16 世纪后期开始,北欧的人文主义运动开始步意大利文艺复兴运动的后尘,逐渐倾向于形式主义,古典文化的学习流于形式,重单纯的模仿和记忆而轻理解。

---

① 蒙田:《蒙田随笔全集》(上卷),译林出版社 1996 年版,第 189 页。

② 华东师范大学教育系、杭州大学教育系编:《西方古代教育论著选》,人民教育出版社 1985 年版,第 396 页。

③ 蒙田:《蒙田随笔全集》,译林出版社 1996 年版,第 166 页。

④ 蒙田:《蒙田随笔全集》,译林出版社 1996 年版,第 168 页。

北欧的文艺复兴运动开始由盛转衰。

三、文艺复兴运动时期人文主义教育的特征

尽管文艺复兴运动时期人文主义教育在意大利和北欧地区有着不同的特征，而与中世纪基督教教会所垄断的教育相比，各地的人文主义教育思想又有着共同之处。

(一) 肯定教育发展人的作用，提出新的教育目的论

人文主义文化的理论核心是关于“人”的新认识，“以人为中心”的观念逐渐形成一种思潮。人文主义者批判基督教所鼓吹的“原罪说”，反对消极无为的宿命论。文艺复兴运动时期的人文主义教育家有一个共同的特征，就是反对基督教教会所控制的学校教育仅仅培养神职人员的狭隘教育目的。人文主义者十分重视教育在人成长过程中起到的作用，主张通过教育来培养具有多种造诣的全面发展的通才，提出了培养“全人”的教育理想。虽然众多人文主义教育家对教育目的都作过不尽相同的论述，但是他们都主张学生接受广泛的人文学科教育，目的在于培养头脑发达、能写善辩、风度优雅、体魄强健的经世致用之才。

(二) 批判经院主义教育，不断拓宽教育内容

人文主义教育家尖锐抨击经院哲学一心扑在逻辑范畴和形而上学的问题上，那些知识完全脱离了人的日常生活，丝毫不能解决实际问题。他们希望通过“人学”取代“神学”，特别是通过学习古希腊、古罗马的文化逐渐取代神学的支配地位。因此，在教育内容设置上体现出古为今用的精神外，还体现出浓厚的世俗精神。

特别值得注意的是，体育成为人文主义教育的重要内容。要求学校教育冲破那种视肉体为“灵魂的监狱”的天主教教义的束缚，把体育看做是教育的必要的组成部分。不仅要求恢复古希腊的体育制度，保持中世纪骑士教育中的军事教育，还提出了锻炼身体的新方法，从而实现身心的健全发展。

在德育方面，人文主义教育家提倡世俗的道德教育。从15世纪开始，以“原罪论”为中心的宗教道德教育逐渐解体。人道主义、乐观、积极向上、热爱自由、追求平等和合理的享乐等新的道德观在人文主义的学校中开始取代天主教会的道德观。

(三) 革新教学方法，重视理性思维

人文主义教育家对经院主义的教育方法进行了猛烈的批判，主张热爱儿童，尊重儿童的人格，反对体罚；启发儿童学习的积极性和主动性，允许学生独立思考，并开始注意直观和实物教学。

此外，人文主义教育思想由于过分偏重古典文化的学习，也具有古典主义的特征；由于其教育对象主要是资产阶级和上层社会的子弟，也具有一定的贵族性和等级性；由于保留了宗教教育，也具有宗教性。

第二节　宗教改革时期的教育

宗教改革运动爆发于1517年,为文艺复兴后欧洲资产阶级反对封建制度的又一形式。其斗争矛头直指天主教会,主张建立新教以取代旧教。宗教改革的实质是以一种符合资产阶级要求的宗教去取代原有的服务于封建地主阶级的宗教。

在宗教改革运动的影响下,部分欧美国家的世俗政权已经意识到教育具有的深远政治意义,并开始借助宗教力量介入普通民众教育。但是由于宗教改革所引起的连年战火在欧洲几乎燃烧了两个世纪,大多数国家的精力集中在应付宗教、政治与军事冲突上,并没有把更多的精力和财力用来切实关心教育,尤其是民众教育的发展。在此背景下,教化民众、培养信徒成为社会和宗教界普遍关注的问题,新教势力与旧教势力之间的分歧与斗争在教育领域有着充分的体现。

宗教改革运动推动的具有强迫性质的义务教育呈现出浓厚的宗教色彩。基于培养虔诚宗教信徒的理念,新教和天主教各宗教派别都十分关注普通民众的教育,并按照各自的教义开办学校,推广宗教教育和识字教育。这在客观上有助于文化知识在普通民众中的传播,有助于提升普通民众的文化素质。

一、路德及路德派教育思想

德国16世纪宗教改革运动的发起者,新教路德宗的创始人马丁·路德(Martin Luther,1483—1546)不是严格意义上的教育家或教育思想家,但是他所提出的以下两个原则却对后世的教育影响深刻:其一是教育权由国家而不是由教会掌握;其二是由国家推行普及义务教育。他的教育思想与他所主张的新教理论密不可分,并且其理论对欧美教育的近代化进程起到了极大的促进作用,因此马丁·路德被后世认为是“世界性的伟大教育家”[①]。

(一)马丁·路德的生平

1483年11月10日,马丁·路德出生于德国萨克森的埃斯勒本。1501年,马丁·路德进入爱尔福特大学攻读法律,由于该校是当时德国人文主义者活动的重要场所,他在此学习期间深受人文主义思想的影响和启迪,并且接受了英国唯名论的主要代表奥卡姆(William of Ockham)的思想。奥卡姆反对教皇对世俗事务的干涉,认为宗教信条应以信仰为基础。这个观点对马丁·路德有很大的影响。1505年,他加入爱尔福特奥古斯丁会研习神学,并于1507年成为神父。1508年到1512年,马丁·路德在威登堡大学主修神学,并获神学博士学位。1515年,马丁·路德应聘威登堡大学神学教授,开设神学讲座,并开始酝酿其新教思想体系中的核心理论“因信称义”。1517年之后,他致力于宣扬新教教义,推动德意志各地的宗教改革运动。

---

① 赵祥麟:《外国教育家评传》(第一卷),上海教育出版社1992版,第319页。

(二)马丁·路德的教育思想

1. 宗教与世俗的二重教育目的论

马丁·路德的教育理论与他的宗教、政治主张有着密切的联系。他主张以“因信称义”说为核心的宗教思想体系。所谓因信称义,就是主张众信徒皆教士,人人都有研读《圣经》的权利,人人都可以直接与上帝交流,人人都可以凭借着虔诚的信仰获得救赎,而人们内心真诚的信仰又是在信徒独立阅读、理解《圣经》的基础上产生的。这也是新教改革的一个重要方面。这就决定了马丁·路德所提倡的教育目的同长期以来古罗马天主教所主张的仅以培养神职人员为教育目的相冲突。由此可见,路德所提倡的教育的首要目的是宗教性的,在于培养大量的、虔诚的、能独立阅读和理解《圣经》的信徒。除此之外,路德还强调教育的世俗目的,认为办学校有利于世俗政权、社会和个人。由宗教改革引发的德国农民起义引起路德的担忧,他希望借助世俗政权的力量建立起普及的教育体系,进行社会控制,实现世俗社会与精神社会的稳定与安宁。[①]

马丁·路德在《给市长和市政官们的信》中明确提出宗教化和世俗化的二重教育目的观,既强调教育必须服务于推广新教教义,培养真正的基督徒,使人们虔诚信仰基督从而使灵魂得救,又重视教育对世俗政权、社会和个人的作用,要求教育必须符合政府的利益,培养有才干有本领的统治者,为维持社会的正常秩序的管理,培养有才能有教养的男人和女人。[②]

很明显,马丁·路德主张的二重教育目的论带有对中世纪神学势力的妥协,其理论有着不可克服的矛盾性。尽管如此,路德还是在一定程度上将文艺复兴运动的人文主义精神扩展到宗教领域,主张将教育的权利扩展到全体信徒以及普通民众,这一观点为普及教育产生了一定的积极作用。

2. 论强迫义务教育

马丁·路德主张宗教平等,即以“因信称义”为核心的学说认为每个人的信仰都是来自他对《圣经》的独立理解和解释。以此为基础,他提出每个人在教育权上的平等,并且他认为应当使每一个儿童,不分性别和等级,都受到教育。他有关普及强迫义务教育的思想,比较集中地体现在《为基督教学校致德国市长和市政官员书》和《论送子女入学的责任》这两篇教育论文中。

马丁·路德在1524年发表的《为基督教学校致德国市长和市政官员书》一文中,明确提出国家办教育和普及教育的思想。他主张必须给男女儿童适当的教育和抚养,必须想方设法、不辞劳苦地教育年轻人,把对年轻人的教育看成是市长们和市政官员们不可推卸的责任,以及家长应尽的义务。他强调这是关系到国家繁荣昌盛、

① 安迪·格林:《教育与国家形成:英、法、美教育体系起源之比较》,王春华译,教育科学出版社2004版,第123页。

② 华东师范大学教育系、杭州大学教育系编:《西方古代教育论著选》,人民教育出版社2001版,第180页、第185-193页。

城市安全与幸福、个人利益和尊荣的大事业。这种普及教育必须由国家负责开办，任命教师，提供经费。

另外，马丁·路德在1530年发表的《论送子女入学的责任》一文中，有史以来第一次提出普及强迫义务教育的主张，主要从以下五个方面加以阐述。

(1) 世俗政府是神创的完美机构，对保证人类的共同生活和幸福必不可少。而世俗政府建立与维持的基石，不是靠暴力政治和武力，而是靠健全的法律。人们只有通过人类智慧建立法律，通过学习知识才能理解法律，从而认识世俗政府的明智。

(2) 教会的宗教事务和世俗的国家事务都很重要。忠实正直的法官、司法大臣与优秀的修道士、僧侣都是上帝欣赏的神圣职业，政府机构甚至比教会更需要智慧的引导。

(3) 教育能够帮助人发展最重要的大脑、最灵活的舌头和最有用的语言，有必要通过教育把最聪明的儿童培养成为教会和政府机构所需要的人才，包括讲道者、法学家、牧师、教师等。

(4) 国家、教会和家庭都负有对儿童实施强迫义务教育的责任。国家要像战时迫使臣民履行军事任务那样，迫使父母送子女上学。教会也应在经费上对贫困子女的教育提供帮助。让所有该上学的孩子都能够上学，让所有普通的孩子都可能通过良好的教育而成为精神与世俗世界的统治者。家长也应该认识到让子女接受教育的益处，有责任、有义务送子女上学。

(5) 教师是最有用、最伟大和最美好的职业，世间最高的美德是教育年青一代。为了实施强迫义务教育，应培养大量的优秀教师，要尊重教师。[①]

借助宗教改革运动的巨大影响，马丁·路德的强迫义务教育思想得到了广泛传播。他成为近代西方国民教育和普及义务教育运动的理论先驱，并且对后世众多教育家产生了深刻的影响。譬如贺拉斯·曼所提出的国民教育思想，在形式上和历史渊源上与其具有直接联系。

二、加尔文及加尔文派教育思想

约翰·加尔文(John Calvin，1509—1564)是在16世纪宗教改革运动中继马丁·路德之后第二代领导者，他所创设的加尔文宗与路德宗、安立甘宗并称新教三大主流派。16世纪初期，瑞士人文主义者和宗教领袖加入了宗教改革的队伍，并在改革中与路德宗分道扬镳。1553年，加尔文在日内瓦进行宗教改革，其追随者形成加尔文宗各教会。虽然他与马丁·路德一样不是单纯意义上的教育家，但是由于新教的改革运动是以教育为重要手段，所以他在日内瓦取得宗教改革成功的同时，也对欧洲各国的教育发展起到了积极的推动作用。

(一) 加尔文的生平

加尔文1509年7月10日生于法国北部努瓦。1523年到巴黎就学，后赴奥尔良

① 任钟印：《世界教育名著通览》，湖北教育出版社1994年版，第158-163页。

大学学习法律,深受人文主义思潮影响。1531年回到巴黎,专攻神学。1534年成为新教徒,因受政府迫害,化名逃往瑞士巴塞尔。1536年,加尔文在巴塞尔出版《基督教要义》,该书对新教教义作了系统的阐述,是一部影响很大的新教百科全书。此后,加尔文除短期被迫离开外,一直在日内瓦领导宗教改革。

(二) 加尔文的教育思想

1. 教育思想的理论基础

加尔文同马丁·路德一样,主张以"因信称义"为核心的宗教观。他否认教皇的权威,重新确立上帝及《圣经》的权威地位,坚持《圣经》是信仰的权威,认为它是信仰与宗教生活的唯一准则,上帝是其作者。《圣经》体现了上帝的意志,人只要充分读懂《圣经》,才能正确认识上帝。加尔文从"预定论"的神学教义出发,主张人无论身处何种命运,都是上帝的预定,都肩负着荣耀上帝的使命。人只有真正信仰上帝,积极从事社会工作,各尽其职,就能证明自己是上帝的子民。人生的动力来自信仰,信仰的源泉始自《圣经》。在加尔文看来,基督信徒应当成为有知识的人,这是阅读《圣经》、认识上帝、履行社会职责的必要条件。文盲无法成为财富的创造者和守护者,无法完成上帝的使命、成为上帝的子民。基于这样的认识,加尔文十分重视教育对个人生活、社会生活和宗教生活的意义,并提出实施普及、免费教育的主张,要求国家开办公立学校实施普及教育。

2. 普及、免费教育的主张

加尔文和马丁·路德都提出了普及教育的主张,但与路德不同的是,加尔文亲自领导了日内瓦的普及教育实践。基于此,美国学者班克洛夫特(G. Bancroft)认为加尔文是普及教育之父,是免费学校的创始人。

在1537年向日内瓦市政当局提交的《教会管理章程》中,加尔文指出,教育是全体国民为确保良好的政治措施,维持教会之安全与保持人性之必需。履行教育职能的不仅仅是学校,教会、国家和家庭都应当按照上帝的意志,成为训练、培养和教育人的机构。

在1538年编写的《日内瓦初级学校计划书》中,加尔文提出,所有儿童不分性别与贵贱贫富,都应当接受教育,以学习基督教教义和日常生活所必需的知识、技能;对国家来说,为了保障公民的这种权利,应当开办公立学校,实施免费教育,使所有儿童都能进入学校接受教育。

需要注意的是,加尔文主张世俗政权是上帝按其神圣意志所任命的,教会权力要高于国家政权,因此,国家办理教育需要听从教会的指导和命令。

3. 国民教育实践及教育设想

根据日内瓦的实际教育状况,加尔文在借鉴路德宗在德国的教育实践的基础上,构想了一整套较为完整的国民教育体制。其设想的主要学校包括初级学校、中学和学院。

(1) 初级学校是实行普及教育与免费教育的场所,它向所有儿童开放。初级学校的基本任务是进行宗教和一般知识与技能的基本训练，学习的主要内容是宗教、阅读、书写、计算，此外还有道德教育和公民训练。

(2) 中学是进行中等教育的场所，其主要形式是文科中学。文科中学的主要任务是为高等教育做准备。它由市政当局管理，教师由政府任命。文科中学实行收费制，主要招收初级学校的优秀毕业生。

(3) 学院是进行高等教育的主要机构。学院的主要目标是培养教士、神学家和教师，培养教会和国家的领导人。学院的教学内容主要包括人文学科和宗教科目两大类。

加尔文派的教育主张和教育实践活动，对欧洲各国产生了巨大的影响。例如，除日内瓦外，由于尼德兰的加尔文派教徒十分重视教育，在教会、国家和地方政权的共同努力下，荷兰人在17世纪已经使初等义务教育得到一定程度的发展。其他如法国的胡格诺教徒、苏格兰的长老会、英国的清教等各国加尔文教徒，也都在各自有影响的地区内大力兴办学校，改革教育。英国的清教徒还将欧洲新教教育观点和学校形式带到美国，对美国教育的发生和发展产生了深远的影响。

三、英国国教与教育

(一) 英国宗教改革运动的背景

英国的宗教改革运动与欧洲大陆其他国家和地区相比迥然不同，其根本原因是英国都铎王朝统治者与教会的根本利益是一致的，同时也是由于早期清教运动自身的不成熟，具有很强的妥协性。英国国王亨利八世对其他国家的宗教改革运动并不感兴趣，至于路德和加尔文所提倡的“因信称义”，人人阅读《圣经》，人人接受教育，国家办理教育，并没有能够在英国成为共识。1521年，亨利八世曾亲自著文抵制路德的思想流入英国，路德的著作在英格兰一度遭到查禁，教皇曾封亨利八世为“信仰维护者”。后来英国世俗政权之所以与教会决裂，主要原因在于亨利八世窥视教皇在英国所享有的权利和教会的财产。1534年，英国国会通过《至尊法案》，宣布国王为英国教会(简称国教会)的首脑，拥有任命教职和决定教义之权；宗教法庭改为国王法庭；教会成为国家机构的一部分，按行政区划分设教区。由此可见，英国的宗教改革只是将本国教会的管辖权限从古罗马教廷转移到了英国国王手中，并保留了古罗马天主教的主要宗教理念和仪式。英国在宗教改革运动中建立起自己的民族教会，也称英格兰圣公会或安立甘教会，并且传播到爱尔兰、苏格兰和英属殖民地。

(二) 教育改革的实施

总体而言，英国宗教改革对教育的影响并不大，英国国教在很大程度上仍然行使着旧教会的职责，英国世俗政权依旧坚持中世纪以来的传统。但并不是说英国世俗政权完全不关心民众教育。由于英国国王已经成为英国国家教会(简称国教会)的最高首脑，而国教会负责在国内办理教育事业活动，因此，事实上这也反映和体现了国王的利益。于是，国王间接地通过教会实现了对本国民众教育的干预。

1. 对学校教师、学生实行严格的信仰监督

英国国家教会在对旧教会改造的过程中,对学校教师的宗教信仰给予严格的监督,对坚持信仰旧教的教师实行罚款、免职甚至关进监狱。新教师如果要取得教师资格就必须获得教会颁布的特许状,还要到国教会签署一个书面的誓言,并宣誓效忠君主、改信国教。如"我,某某(姓名)郑重声明,不论以任何借口,凡拿起武器反对国王的行为都是不合法的;我十分憎恶那些凭国王的权威拿起武器反对他的百姓或反对由他委任的人的叛变行为;我愿遵奉现在已经依法确立的国教会的礼拜仪式……"[①]此外,国教会甚至还曾规定,非国教徒不允许取得大学学位。当然,英国世俗政权借助国教会干预民众教育的做法还是引起了一些人文主义者的反对,其中就包括英国人文主义运动的主要代表托马斯·莫尔。莫尔作为一个虔诚的天主教徒和著名的国务活动家,拒绝了国王的宣誓命令。为此,莫尔在伦敦塔被单独监禁了整整一年,但这仍不能使莫尔改变主意,国王便通过伪证宣布莫尔犯有叛国罪,处死了莫尔。以上这些措施虽然是世俗政权假手国教会来实施,但客观上还是在一定程度上提升了英国国王对民众教育的影响。

2. 加强英语语言的学习

英国宗教改革后的一个明显变化,就是英国社会开始加强英语语言的普及。在社会生活中,英语日益成为日常交往和表达知识的手段,一个划时代的标志就是英文《圣经》的出版,在此基础上,英语逐渐成为教堂做礼拜的用语。在宗教改革之前,基督教会一直采用拉丁文本的标准《圣经》,这就使得在英国只有受过良好教育的人才能直接阅读拉丁文《圣经》,普通的民众则往往无法看懂,他们只能依赖于教士的布道与解释,这种状况就加强了教会对普通民众的控制。1539年,由亨利八世钦准的英文版《圣经》正式出版,这在很大程度上打破了教士垄断教义的局面,并且普通民众也可以通过阅读《圣经》,自身去体会和解释教义。

除此之外,许多学校对英语语言学习日益重视,而古典语言在课程中的地位逐渐下降。当时一位教育家马尔卡斯特(Richard Mulcaster)说:"我爱罗马,但更爱伦敦。我喜爱意大利,但更喜爱英国。我熟悉拉丁语,但崇拜英语。"[②]英语语言课程在学校课程中地位加强,表现出英国民族自尊心增强,是民族意识的崛起。

3. 政府鼓励慈善办学和强迫学徒教育

宗教改革之后,英国教育的另一个重要变化是:慈善办学、强迫学徒教育受到政府的鼓励。由于修道院的解散,贫民和灾民的安置成为普遍的社会问题,英国国王通过颁布一系列济贫法予以解决。1601年的法令则进一步确认:国家有责任照顾穷人,强迫穷人子弟做学徒,强迫师傅教给学徒谋生技能,发生的费用通过政府税收偿付。正如美国教育史学家克伯莱所指出,济贫法的颁布和实施,"孕育了英语民族由

---

① 吴式颖:《外国教育史教程》,人民教育出版社1999年版,第180页。

② (英)博伊德、(英)金:《西方教育史》,任宝祥、吴元训译,人民教育出版社1985年版,第231页。

国家对全体人民普遍征税，为全国儿童普设学校的思想，训练贫穷儿童学艺谋生，并教导以初步宗教，迅速成为英国的既定惯例”[①]，并被英国清教徒带到了早期的北美殖民地。

由于得到政府的鼓励，英格兰最终形成了由宗教团体与慈善组织共同办理民众教育的格局。典型的例证就是宗教改革之后，创办了大量专门招收穷人子弟入学的教区学校，尤其是在伊丽莎白时代。

从某种意义上说，宗教改革运动与英国民族国家的发展是相一致的，它彻底摧毁了教皇在英格兰至高无上的统治地位，确立了英国国王在世俗和宗教两个领域的最高首脑的地位。在教育方面，学校的教育目的不再服务于古罗马教廷，而转变成服务于英格兰国王以及英国本民族的利益。宗教改革后的教育理论和实践为17世纪以洛克和夸美纽斯为代表的唯实主义教育思想的形成奠定了坚实的基础。

四、耶稣会派的教育活动

耶稣会(Society of Jesus)是16世纪欧洲宗教改革运动兴起后，天主教会为对抗宗教改革而成立的一个反宗教改革的组织。作为一名虔诚的天主教徒，罗耀拉将自己亲手创建的耶稣会置于教皇的麾下，因此原以帮助自己和他人灵魂为直接目的的耶稣会很快卷入了这一历史漩涡，成为天主教反对宗教改革的先锋和中坚力量。

(一) 罗耀拉的生平

耶稣会的创始人是西班牙贵族军官罗耀拉(Ignatius Loyola，1491—1556)。童年时期，罗耀拉接受的教育是欧洲贵族的骑士教育，勇敢、忠诚以及喜欢幻想、冒险等典型的骑士特征在罗耀拉的心头打下了深深的烙印。在1521年，他在一次战斗中受伤而失去了右腿，辉煌的骑士之梦从而化为泡影。在康复治疗期间，罗耀拉开始阅读《圣经》和《使徒传》，并成为虔诚的天主教徒。1533年，42岁的罗耀拉获得了由巴黎大学颁发的文学硕士学位，并与六名志同道合的青年组建了耶稣会的雏形。1540年，耶稣会得到古罗马教皇认可。

罗耀拉为使耶稣会真正起到神圣的保卫者和天主教会复兴者的作用，规定耶稣会会士深入社会各阶层，担任各国的宗教顾问，积极进行传教活动，广泛兴办学校，力争使学校成为反宗教改革的阵地。

(二) 耶稣会的教育改革

罗耀拉创建耶稣会的最终目的是“让世界都服从古罗马教廷”[②]，为达到这一目的，需要耶稣会士努力提高和完善他们自身以及周围的人，一方面要求具有良好的

---

① 克伯莱：《西洋教育史》(上册)，杨亮功译，台北协志工业丛书出版股份有限公司1955年版，第339页。

② 埃德蒙·帕里斯：《耶稣会士秘史》，张茄萍等译，中国社会科学出版社1990年版，第24页。

道德品质和虔诚的宗教信仰,另一方面要有良好的知识基础及运用知识的能力。因此,兴办教育成为耶稣会实现其宗教和政治目的的重要手段。由于办学措施得力,耶稣会的教育活动颇有成效,所创办的学校遍及欧洲大陆,甚至耶稣会的教士于明末清初陆续来中国活动,对我国文化教育的发展也有一定的影响。因此,美国教育史学家孟禄甚至指出,从16世纪到18世纪,“没有哪一个团体像耶稣会那样在教育上发挥了如此重要的作用”[①]。耶稣会在创办教育的过程中,大胆借鉴当时欧洲各教派的教育经验,最终在学校管理、教学方法和师资培养方面形成了独具特色的风格。

1. 耶稣会学院的设置

由于耶稣会办学是为了培养精英以控制未来的统治阶层,所以耶稣会集中全力于中、高等教育方面而不重视初等教育。耶稣会所创办的学校统称为学院,学院一般分初级和高级两部,初级学院相当于文科中学,高级学院相当于大学文科。在规模较小的耶稣会学院中,只设有初级部。初级学院修业5～6年,主要学习古典语言和基础文化,意在为进一步的学习奠定基础。高级部分为哲学部和神学部,其中哲学部修业3年,主要学习亚里士多德著作和有限的自然科学知识(以古代经典所涉及的知识为限)。神学部是最高一级的教育,修业4～5年,主要学习《圣经》和经院哲学尤其是阿奎那的著作。

耶稣会学院的组织管理是以罗耀拉制定的《耶稣会章程》和耶稣会第五任会长阿奎瓦拉(Claudius Aquavire)制定的《教学大全》为标准。这两个规定在耶稣会内部具有权威性,对学院办学工作具有普遍的指导意义,保证了散布于欧洲各地的耶稣会学院在组织管理上整齐划一,从而获得可观的成效。

2. 耶稣会学院的教学方法

在耶稣会学院教育中,教育方法一向受到重视,各种实际、有效的教学方法的运用是耶稣会学院教育达到较高质量和效率的重要原因。耶稣会学院的教学内容与其他学校相比并无新意,但值得注意的是,耶稣会学院在教授几乎相同的课程内容时,却能使学生“在6个月的时间学到比其他学校2年还多的东西”[②]。这种重视教学方法的传统是由罗耀拉奠定的,他在《耶稣会章程》这个纲领性文件中,特别对耶稣会学院的教学组织方式和方法做了具体的论述。

罗耀拉制定的《耶稣会章程》中就规定了在教学中所运用的具体方法,包括讲座、讲授、讲演、辩论、阅读、作业、复述、背诵、考试等。在《教学大全》中,耶稣会学院的教学方法进一步得到充实。讲座和讲授都以教师的讲解为主,结合解答学生的提问。教师不但要向学生讲清教材上的有关章节、词句,还要广泛地介绍背景性知识。阅读和作业是学生课外提高和巩固知识的重要手段,教师要经常向学生推荐或指定阅读书目,并认真、及时地批改学生的作业。复述和背诵是记忆知识的方法。罗耀拉在《耶稣会章程》中要求耶稣会学校的教师经常地、定期地通过复述和背诵检查学

---

① 吴式颖、任钟印:《外国教育思想通史》(第四卷),湖南教育出版社2002年版,第592页。

② 赵祥麟:《外国教育家评传》(第一卷),上海教育出版社1992版,第384页。

生对所学知识的记忆情况。[①]

值得注意的是，耶稣会学院的学监负责严格监督全体教师和学生的思想和行为。学生一律住宿，除一般的祈祷外，还要求学生进行个别祈祷与忏悔，鼓励学生互相监督、互相告密。正如美国教育史学家克伯莱所指出，耶稣会“学校的情形虽称愉快而诱人，但却弥漫着其所代表的教会绝对权威的思想”[②]。

3. 耶稣会学院教师的培养

耶稣会在长期教育实践中，深刻地认识到教师的重要作用，因而对师资的培训极为重视。耶稣会实行严格的教师选拔制度，只有少数最优秀的会士才能担任教师。教师不仅要绝对服从教规，坚持独身、安贫、贞洁等宗教道德，而且要受过良好的耶稣会教育，具有渊博的知识，对哲学和神学有相当高深的造诣。

罗耀拉把培养优秀的教师，把耶稣会士作为教师来培养的思想贯穿于耶稣会的教育实践中，并提出了一套行之有效的措施和方法。第一，借助严格的入会审查和考核制度，保证耶稣会招收高质量的新会员。根据《耶稣会章程》的规定，凡申请入会者，都要求接受包括知识、性格、身体等多方面的严格审查，只有忠于上帝、教皇和天主教，并身心各方面的素质突出者才能被正式接纳入会。第二，利用金字塔式的组织系统和无情的选拔性考试，促使会员不断提高。一般而言，通过见习期的训练和考核者才能进入学院接受系统正规的人文学科教育，修业为5年，只有学成者才有资格在耶稣会学院初级部教授人文学科。结束学院学习的人可以升入高级部学习哲学和神学，通过考试后成为神父，其中的杰出者再学习数年神学，经过考核可获得“发愿神父”的称号。只有神父和发愿神父才有资格教授耶稣会学院的高级部。第三，通过对会员进行有关教育学和教学法方面的培养和训练，使耶稣会士具备教育他人的良好能力。这就使得耶稣会的教师素质要高于当时欧洲普通教师的水平。

由于组织缜密、纪律严格、校舍好和教学水平高、免费入学等原因，耶稣会一度吸引了大批青年。至18世纪初，它的足迹已几乎遍布全球主要国家。对于耶稣会在教育方面的功过，则众说纷纭、评价不一。耶稣会成立以来，天主教国家的大部分中、高等教育都为该会所控制，耶稣会学院遍布世界各地，盛极一时，影响巨大。耶稣会学院培养了众多的具有先进思想的人物，但恰恰正是他们给予了天主教会以沉重的打击。如法国数学家和哲学家笛卡儿，法国启蒙思想家伏尔泰、狄德罗等。英国的弗兰西斯·培根对耶稣会教育推崇备至，而早年就读于耶稣会学院的笛卡儿，却指责耶稣会学校主张绝对权力，反对发展个性，用宗教信仰和宗教成规来约束个性。应当说，耶稣会学院创造了许多行之有效的经验，特别在学院组织管理方面对后世的影响尤其明显。

---

① 吴式颖、任钟印：《外国教育思想通史》(第四卷)，湖南教育出版社2005年版，第607页。

② 克伯莱：《西洋教育史》(上册)，台北协志工业丛书出版股份有限公司1955年版，第358页。

教育启示录2

激情教师

玛利亚·奥尔蒂斯在康涅狄格州哈特福特市贫民区的一所中学里担任科学课教师已有22年。她的命运或许早在进入小学一年级读书的那一刻就已经决定了。当时她住在波多黎各的一个小村庄里,她的老师人称"贝坦科太太"。

她(玛利亚·奥尔蒂斯的老师)不仅仅是我们的老师,从某种意义上讲也是我们的妈妈——她对每一位学生都充满了爱。虽然40多年过去了,但直到今天,我仍然记得小学一二年级时(我和她相处了两年)的几乎每一个瞬间。每天早晨,她都会在校门外等我们,拥抱我们每一个人,就好像我们是她丢失了很久的孩子。然后,她让我们围在她身边,像鸡妈妈带着鸡宝宝,把我们领进校园。

迎接我们的是热乎乎的饮料和酥脆的饼干——她不认为我们应该等到10点多钟才吃茶点,而第一件事就该是吃点心。然后她教我们唱歌,她的歌声中充满了智慧。在唱歌、开心的时候,我们也学到了很多东西:那些歌有教我们认字母的,也有教我们认动物和数字的。我们还跟她一起画画儿、搭积木,用旧袜子做人偶,拿纽扣做眼睛。我们深深地被她的活动吸引了,不知不觉中学会了许多知识。我们知道必须写作业,而她的热情使写作业成为乐趣,而不是负担。

资料来源 节选自(美)罗伯特·弗莱德著,张乃柬译:《做个充满激情的教师》,中国轻工业出版社2009年版,第11页,有改动。

复习思考题:

1. 名词解释:快乐之家。
2. 简述文艺复兴运动时期人文主义教育的特征。
3. 简述马丁?路德的教育思想。

第七章 19世纪末至20世纪初欧美教育改革运动

19 世纪末 20 世纪初是欧美教育发展史上的一个重要转型时期。在这一时期，随着科学技术突飞猛进地发展，欧美国家开始加快工业化的进程，整个社会生活随之发生翻天覆地的变化。而在欧美教育领域中，长期占据统治地位的传统教育思想、理论和实践也受到了这种时代剧变的强大冲击，旧教育的培养目标、教学组织形式、课程内容和教学方法，都因难以适应新时代的要求而需要变革。在这种历史背景下，欧美国家的许多教育革新家顺势而为，不仅对传统教育的理论和方法提出了尖锐的批判，而且身先士卒进行教育实践活动，开展了卓有成效的教育实验，在欧美乃至世界范围内兴起了一场规模浩大的教育革新运动，形成了波澜壮阔且影响深远的现代教育思潮。

19 世纪末 20 世纪初的欧美教育思潮与实践是丰富多彩的。在欧洲，这场被称为“新教育运动”的教育革新发端于英国，随后逐渐扩展到德国、法国、比利时、瑞士、荷兰等欧洲国家，产生了具有广泛影响的教育思想及教育实践。在大洋彼岸的美国，这场教育革新运动则被称为“进步主义教育运动”，其中涌现了许多令人瞩目的教育实验，产生了具有美国特色的教育思想。可以说，欧洲新教育运动和美国进步主义教育运动不仅是 19 世纪末 20 世纪初世界教育史上的华美篇章，而且共同构成了现代教育的开端。

第一节 欧洲新教育运动

一、新教育运动的发展阶段

欧洲新教育运动经历了数十年的发展过程，这一过程可以分为兴起、成熟、转折、衰退四个时期。

（一）兴起阶段（1889—1914）

1889 年，英国教育家雷迪（Cecil Reddie）创办阿博茨霍姆学校（见图 7-1），拉开了欧洲新教育运动的序幕。在雷迪的影响下，英国教育家巴德利（John H. Badley）创办贝达尔斯学校，德国教育家利茨（Hermann Lietz）创办乡村教育之家，法国教育家德莫林（Edmond Demolins）创办罗歇斯学校。与此同时，德莫林的《新教育》（1898）、爱伦·凯（Ellen Key）的《儿童的世纪》（1900）等关于新教育的著作问世，表明新教育思想的号角开始吹响。进入 20 世纪后，不断涌现的新学校如一盏盏明灯，将新教育的光亮洒向欧洲大地。在德国，新教育家创办了威克斯多夫自由学校

(1906)、奥登林山学校(1910),凯兴斯泰纳(Kerschensteiner)开始推行劳作学校。在意大利,蒙台梭利创办了享誉后世的"儿童之家"(1907)。在比利时,德可乐利(Ovide Decroly)创办"隐修学校"(1907)。在英国,莱恩(Homer Lane)创办"小共和国"。此外,波兰、瑞士、法国、俄罗斯、奥地利等国也出现了新学校。正是这一系列新学校的自发诞生和新教育著作的先后出版标志着新教育在欧洲兴起。

图 7-1 雷迪创办的学校的外景

(二)成熟阶段(1914—1936)

欧洲新教育运动由自发兴起走向自觉成熟,主要表现在三个方面。一是组织机构的建立与健全。1921 年,新教育联谊会成立,成为新教育运动走向自觉与成熟的标志。新教育联谊会通过了新教育的七项基本原则①。该组织还确立每隔 2 到 3 年召开一次国际性会议,围绕共同关心的教育问题进行讨论。二是新教育理论趋于成熟。此期新教育理论开始有更深度的开拓创新。代表性的教育理论著作,如沛西·能(Percy Nunn)的《教育原理》(1920)、罗素(Betrand Russell)的《论教育:特别是儿童早期的教育》(1927)先后出版,表明新教育家对教育理论的探索开始走向深入。三是教师的觉醒与参与。广大教师的觉醒、支持和参与是新教育走向成熟和自觉的

① 这七项原则具体内容如下所述。(1)全部教育的根本目的是使儿童准备在自己的人生中寻求和实现至高无上的精神,无论其他教育家提出何种观点,教育的目标应该是保持和增进儿童的内在精神力量。(2)教育应该尊重儿童的个性,而只有通过解放儿童的内在力量,才能发展个性。(3)各种学习和所有为了生活的训练都应给予儿童的天赋兴趣以自由的施展。这种兴趣是他内心中自发唤醒的,是在各种手工的、智力的、审美的、社会的和其他活动中表现出来的。(4)儿童在每个年龄阶段都有特殊的性质。因此,需要有儿童在教师的协助下组织个人和团体的纪律训练。这种纪律训练应能养成深刻的个人责任和社会责任。(5)自私的竞争应该从教育中消失,而代之以合作,用合作来教育儿童投身社会。(6)要进行男女同校的教育和教学,让男女儿童合作以产生有益的影响。(7)新教育使儿童不仅成长为能够对邻里、祖国和人类承担责任的合格公民,而且使儿童成为能够意识到自己个人尊严的人。

一个重要前提。这得益于一些著名教育家率先垂范,积极投身到唤醒广大教师的工作中。其中代表性的有蒙台梭利,她先后在意大利、英国、法国等考察、讲学,开设国际训练班培养教师,为欧洲各国培养了从事新教育的教师。另外,沛西·能在主政伦敦大学教育学院期间,不遗余力地讲授教学法及教育学,熏陶、激励、鼓舞了几代英国师范生,对英国新教育做出了杰出贡献。①

(三) 转折阶段(1936—1945)

此期欧洲新教育运动因政局动荡和战火纷飞而进入转折时期。第二次世界大战期间,欧陆新教育运动普遍遭到纳粹践踏,新教育协会及组织成员被迫转入地下。仅有英国的新教育运动苦撑危局,并不乏建树。例如:英国新教育家伊萨克斯(Susan Isaacs)等人在战后积极开展心理救助工作,并在新教育杂志《新时代》上连篇累牍地刊载心理救助的文章,帮助人们度过战争恐慌阶段。与此同时,在英国新教育联谊会的支持和组织下,新教育联谊会在伦敦总部召开会议,通过了著名的《儿童宪章》。其基本纲领为:①儿童的人格是神圣的,儿童的需要必须是任何一个良好教育制度的基础;②每个儿童所享有的适当的吃、穿、住的权利应该被作为国家财政的首要开支;③每个儿童都应该享有经常的有效的医疗照顾和待遇;④所有儿童都应该有接近本国知识和智慧宝藏的均等机会;⑤使每个儿童有全日制就学的机会;⑥给予每个儿童以宗教教育。②

(四) 衰退阶段(1945—1966)

第二次世界大战结束后,新教育联谊会总部的使命转为重建世界民主教育体制。其成员先后参加了以"在国际社区为了生活的教育"的布莱斯顿会议(1945 年)、以"教育改革与新教育"为主题的巴黎会议(1946 年)。1946 年,联合国教育科学与文化组织成立后,新教育联谊会自此甘为助手,并在此后的 20 年间积极响应和参与联合国教科文组织的教育项目。1966 年,新教育联谊会在英国召开会议,会议决议更名为世界教育联谊会。这一举措标志着欧洲新教育运动出现了重大转折。但世界教育联谊会仍然致力于新教育最初的信念,如:"儿童中心教育","通过教育实行社会改良和民主"等,似仍可视为是沿着新教育运动开创的道路前进。从这个意义上说,新教育运动虽然"退隐",但新教育的事业仍在继续。

二、新教育运动中的著名学校

欧洲新教育运动以新学校的建立为起点,首先在英国发端,然后向其他国家扩展。新学校的倡导者是一些从事实际教学的教师,他们热心于更加切合学生及时代需要的课程和行为模式。他们注重教学组织形式、课程内容、教学方法以及学校管

---

① 吴明海:《欧洲新教育运动的历史研究》,教育科学出版社 2008 年版,第 37-45 页。

② Willian Boyd, Wyatt Rawson, The Story of the New Education, London: Heinemann Educational Books Ltd., 1965.

理的改革,创建了一批令人瞩目的新学校。正是这些点燃希望之火的新学校,向世人有力地证明:反思教育传统,并使教育完全地、审慎地适应新世纪的环境是可能的。“它们对学校的社团生活给予新的强调,并通过创造温暖的社团活动和广泛的参与而改变了学校生活的性质。它们通过提供表现性活动的范围和质量以适应各种不同兴趣的学生,从而丰富了每一个个体受教育的机会。”[1]这些以坚定的步伐走在时代的前面的新学校,至今仍然能为我们带来启示和借鉴。

新教育运动中的新学校不仅名称不一,而且不可胜数。新学校在英国被称为“乡村寄宿学校”,在德国被称为“乡村教育之家”,在法国被称为“罗歇斯学校”,在比利时被称为“隐修学校”。关于新学校的数量,说法不一,一说至1913年,西欧各国共有新学校100多所;一说至1914年,整个欧洲只有50所乡村寄宿学校。[2] 这里仅介绍几所著名的欧洲新学校。

(一) 雷迪的阿波茨霍尔姆学校

阿波茨霍尔姆学校由英国教育家雷迪1889年10月创办。学校位于面积宽广、风景优美的罗切斯特郊外,招收11～18岁男生。

按照雷迪的主张,教育的目的应该在于协调。[3] 为实现儿童协调发展的目的,阿博茨霍姆学校的每日生活分为三部分:上午主要是艺术活动;下午是体育锻炼和户外活动;傍晚是娱乐和艺术活动。各种活动采取小组的形式进行。

学校的课程设置分为五大部分:一是体育活动和手工劳动,手工劳动主要有缝纫、制鞋、烹饪、木工、金工等;二是艺术方面的课程,包括传统艺术和现代艺术;三是文学和智力方面的课程,主要有英语、法语、德语、数学、物理、化学、生物、历史、地理和社会学科等;四是社会教育,要求儿童在晚上或周末参加社区的娱乐活动;五是道德和宗教教育。学校全部生活的基本原则是合作、和谐和领导,教师和学生旨在建立真诚的信赖关系。

阿博茨霍姆学校是欧洲第一所新学校,为欧洲乃至世界上的新学校树立了一个模式,以后的新学校都是直接或间接地仿照它建立的。

(二) 利茨的乡村教育之家

1898年,德国教育家利茨仿照雷迪创办的新学校模式,在伊尔森堡创办了德国第一所新学校——乡村教育之家。学校位于风景优美的乡村,招收6～12岁的男生。乡村教育之家采取寄宿制学校形式,营造和谐友爱的家庭气氛,让教师和学生在学校里平等地生活。

在利茨看来,乡村教育之家应该提供各种活动。并且,学校组织的活动都应建

① William F. Connell, A History of Education in the Twentieth Century World, New York: Teachers College Press, 1980:132.

② 吴明海:《欧洲新教育运动的历史研究》,教育科学出版社2008年版,第34页。

③ Cecil Reddie. Abbotsholme, London: George Allen, 1900:15.

立在儿童的兴趣和经验之上。在具体安排上，上午是学术活动，下午是手工劳动、体操、游戏和艺术活动，傍晚时分则全体学生集合起来进行愉快的谈话、讨论以及音乐和娱乐活动。

乡村教育之家重视智育与体育、社会与艺术的协调发展。在智力活动方面，学校开设有德语、数学、自然科学、历史和地理等。在体育活动方面，学校组织儿童参加体操、游戏、各种竞技、远足、赛跑、爬山等活动。在劳动方面，学校安排园丁或农夫指导儿童根据自己的兴趣，学习植物栽培和动物饲养。在艺术活动方面，学校开设绘画、雕刻、音乐，并组织学生从事自己房间的装饰设计，参加校内乐队和合唱团。

（三）德莫林的罗歇斯学校

1899 年，法国的社会学家和教育学家德莫林创办了法国的第一所新学校——罗歇斯学校。学校位于巴黎附近的诺曼底风景区，只招收男生。

该校的办学目的旨在通过各种活动和训练，使每个儿童在德智体方面和谐发展。学校的课程包括现代语文、数学、自然科学、历史、地理和手工劳动等。一般上午安排学术活动，下午安排户外活动、游戏、体育运动以及儿童自己喜欢的活动。

在开设各种正规课程的同时，罗歇斯学校还从事体力劳动和小组游戏，尤其重视体育运动。学校配有良好的运动设施，学校规定：每个儿童每天必须有 1 小时练习体操，每周须有三个下午进行体育运动。因此，罗歇斯学校又有“运动学校”之称。

罗歇斯学校重视“小家庭”式的师生之间的亲密关系。在罗歇斯学校里，儿童分别组成一些“小家庭”，每个小家庭都制定了特殊的家庭生活规则。教师与儿童住在同一栋楼里，参与儿童的各种活动，帮助小家庭进行生活的改善。

（四）德可乐利的隐修学校

1901 年，比利时教育家、心理学家德可乐利（Ovide Decroly）在布鲁塞尔创办特殊儿童学校，研究低能儿童的心理和教育问题。1907 年，德可乐利在布鲁塞尔市郊创办生活学校，取名为“隐修学校”，采用与身心有缺陷儿童相同的教育方法教育正常儿童。该校后来以“德可乐利学校”著称于世。

德可乐利学校的目的是最大限度地在学生中倡导生动活泼的生活。学校通过让学生能以最大热忱并使自己和社会获得最大教育效益的方式安排教育环境，为学生智力的、体力的、社会的和审美的生活服务。学校日常教学计划可以分为三部分：上午从读写算开始；之后是兴趣中心课程；午后是从事手工劳动或学习外国语文的时机。[①]

德可乐利学校打破了传统的分科体系，采用以儿童兴趣为中心的新课程制度。学校以个人生活的营养、居室、防卫、活动四种需要为中心，联系家庭、学校、社会和自然，组成一个个以兴趣为中心的教学单元，各年级均按教学单元进行教学。在隐

① William F. Connell, A History of Education in the Twentieth Century World, New York: Teachers College Press, 1980: 145.

修学校,五个学年的安排分别是:第一学年是儿童和他的有机体;第二学年是儿童与动物;第三学年是儿童和无生命界;第四学年是儿童和蔬菜;第五学年为儿童和人的环境。儿童在每一个学年都必须通过观察、联想、表达来学习。

(五)尼尔的夏山学校

夏山学校由英国教育家尼尔(Alexander S. Neill)1921年创办。学校的办学宗旨是使学校适应学生,而不是使学生去适应学校。[①]

学校在创办过程中形成了鲜明的管理特色:自由和自治。在这所学校里,学生没有考试,上课全凭自愿,没有压力,没有恐惧,全部教育的出发点都是为了让学生在自由的环境下成长。学校完全按照高度自治的模式运行,儿童享有完全的自由来管理他们的集体生活。

学校为儿童提供自由发展的课程。学校开设语文、数学、历史、地理、自然科学、工艺等课程。每个学期,各科教师提供一张授课时间表,学生可以根据授课时间表去听课。每周5天上课,每天上5节课,每节课40分钟。高年级的学生根据自己的兴趣爱好选课,低年级的学生可以跟班学习,也可以到工艺室或手工室去操作。

学校为学生安排有丰富多彩的活动课程。通常下午第二节课结束后就是自由活动时间。在自由活动时间里,低年级组的学生在校园内玩耍或听故事;中年级组的学生到艺术室或陶器工厂去,参加绘画、装潢、雕刻、编织等活动;年龄大一些的学生则到学校的木工厂或铁工厂去进行工艺制作。女生们一般到艺术室或参加缝纫、烹调等活动。学校举行多姿多彩的晚间活动:周一和周四晚上学生到校外看电影;周二晚上中年级组的学生分组阅读,高年级组的学生听尼尔的心理学讲座;周三晚上举办学生舞会;周五晚上排演话剧;周六晚上举行学校师生大会;冬季的周日晚上学校上演学生自编自演的节目。每隔一周教师还给学生讲述他们各自的奇遇。

第二节 美国进步主义教育思潮

从19世纪末20世纪初开始,以进步主义教育运动的兴起为标志,美国发生了一场翻天覆地的教育变革。这场意义深远的变革开始时,在美国教育家的实验学校和理论著述中,儿童开始真正占据教育世界的中心地位,教育的重心开始悄然改变。正如杜威所言,这如同一场和哥白尼把天体的中心从地球转到太阳那样的革命,“在这种情况下,儿童变成了太阳,教育的各种措施围绕着这个中心旋转,儿童是中心,教育的各种措施围绕着他们而组织起来”[②]。由此引发了一场从欧美首先开展并波及世界的教育革新运动和教育思潮。这次教育变革的声势之浩大,冲击力之强,所

---

① Quoted in Mark Vaughan, Summerhill and A. S. Neill, London: Open University Press, 2006.

② (美)杜威:《学校与社会·明日之学校》,赵祥麟等译,人民教育出版社2004年版,第41页。

涉及的人员之多,所达到的广度和深度之空前无比,在西方乃至世界教育史上是前所未有的。

一、进步主义教育的兴起与发展

根据美国进步主义教育思潮的发展,综合国内相关研究,我们将美国进步主义教育的发展历程分为如下四个阶段。

(一) 形成阶段(1875—1919)

1875年,帕克(Francis W. Parker)被聘为马塞诸塞州昆西市的学校督学,开始主持领导昆西学校的进步主义教育实验,创立昆西教学法。帕克的这一创举被认为是第一次把"进步教育"思想付诸学校教育实践。[①] 昆西学校也成为美国第一批新教育理论实验学校。[②] 帕克还总结了实验学校的办学经验,发表了《关于教育的谈话》(1894)等著作。与此同时,美国教育家杜威也在其学校实验的基础上,发表了《我的教育信条》(1897)、《学校与社会》(1899)等划时代的教育著作,对进步主义学校进行了宣传和鼓动。

正是在帕克和杜威的带动下,美国开始涌现大量进步主义实验学校,如约翰逊(Marietta Johnson)的有机教育学校、沃特的葛雷制学校等。进步主义教育的理论原则与模式也在此基础上建立起来。这些原则主要有:重视学校与社会的联系;以儿童兴趣为中心;设置综合课程;强调个别教学。上述原则的确立直接为下一阶段各种课程模式的出现奠定了基础。

(二) 拓展阶段(1919—1933)

1919年3月,进步主义教育协会成立。进步主义教育运动自此有了专业性组织,为思想的传播、交流和拓展创立了一个阵地。

一方面,进步主义教育的儿童本位倾向通过组织原则得以巩固与强化。具体而言,则是以进步主义教育协会颁布的七项原则表明了儿童中心主义的立场。该七项原则的主要内容为:①自然发展的自由;②兴趣是所有作业的动机;③教师是引导者而不是监督者;④科学研究儿童发展;⑤更加重视影响儿童身体发展的一切因素;⑥学校与家庭进行合作以满足儿童生活的需要;⑦进步主义学校应当成为教育运动的领导者。[③] 由此一来,以儿童为中心成为进步主义教育所信奉的纲领和原则,成为当时进步教育家及教师们眼中的教育时尚。

另一方面,进步主义教育家创立了各具特色的课程和教学模式。其中,道尔顿制、文纳特卡制、设计教学法不仅在美国颇有影响,还迅速传到世界各地。但上述倾

---

① 单中惠:《西方教育思想史》,山西人民出版社2000版,第594页。

② 吴式颖、任钟印:《外国教育思想通史》(第九卷),湖南教育出版社2002年版,第255页。

③ James Bowen, A History of Western Education, Vol III, London: Methuen & Co. Ltd., 1981:434.

向也导致了对教育中社会因素的忽视，从而引起杜威、博德(Boyd H. Bode)等人对进步主义教育的批判，从而为下一阶段的转变埋下了伏笔。

(三) 转变阶段(1929—1938)

从1929年经济危机到1938年博德发表《进步主义教育在十字路口》，这一时期是进步主义教育思想的转变阶段。1932年，进步主义教育家康茨发表《学校敢于建立一个新的社会秩序吗?》著名演讲，强调教育改革的社会因素，成为进步主义教育发生转变的重要标志。在康茨演讲的刺激下，杜威、博德、克伯屈等人组成的编委会编写了《教育新领域》一书，促进社会改良主义的进步主义教育思潮的发展。

随着改良主义思潮渐占上风，此期进步主义教育思想分化为两个阵营：一个是坚持以往儿童中心倾向的阵营；另一个是坚持教育应该努力培养社会意识和合作精神的阵营。这一时期，进步主义教育在实践领域也出现了明显变化："八年研究"将进步教育实验从初等教育扩展到中等教育；越来越多的大学不断地以各种各样的方式改革大学的课程。这一时期，进步主义教育的研究中心也从儿童中心转移到社会改造上来。上述转变直接导致了进步主义教育思潮的分裂。《进步主义教育在十字路口》的发表预示了美国进步主义教育结束和衰落阶段的到来。

(四) 衰落阶段(1938—1957)

1938年是进步主义教育思潮的一个重要分水岭。同年，博德发表《进步主义教育在十字路口》，成为进步主义教育开始走向衰落的象征。处在十字路口的进步主义教育面临内外的挑战。一方面，进步主义教育思想内在的弱点在实践中日益显现，适应不了社会新的变化，内部观点的分裂越来越明显。同时，1936—1938年斯大林的"大清洗"和1939年苏联政府与希特勒政府签订的条约使20世纪30年代社会改造倾向的进步主义教育运动失去了社会基础，面临困境。此外，要素主义、永恒主义等思想对进步主义思想提出的批判也加速了其衰亡。在这多方面力量的作用下，进步主义教育运动逐渐式微。1944年，进步主义教育协会改名为美国教育联谊会，成为西欧新教育联谊会的美国分会，1953年改回原名；1955年协会解散。1957年，《进步主义教育》杂志停办，标志着美国教育史上一个时代的结束。

二、进步主义教育的理论与实验

进步主义教育运动在发展过程中有着众多的代表人物，进行了诸多的教育实验，并在此基础上形成了一些重要教育理论，涌现出了许多杰出的进步主义教育家，推动了进步主义教育运动的开展。限于篇幅，此处介绍几种有代表性的理论与实验。

(一) 帕克的昆西教学法

帕克是最早开展进步主义教育实验的进步主义教育家之一，被杜威称为"进步教育之父"。1875—1880年，帕克在担任马塞诸塞州昆西市教育局长期间，领导和主持了昆西学校实验，对小学教学内容和方法进行了一系列改革。

帕克的教育改革以昆西教学法而著称。昆西教学法的主要特征有四点。其一，他提出了儿童必须是教育经验的中心，教育要使学校适应儿童，而不是使儿童适应学校的原则。他深受卢梭自然主义教育思想的影响，认为儿童具有内在能力，可以自发地学习和工作。帕克强调，学校应该把儿童置于教育过程的中心，在制订教学计划时，应该了解儿童的本性与特征，并提供相应的教育。其二，他主张学校课程与社会实践活动相联系。他废除了原有的教学模式，采用了更为自然的方法，放弃背诵，提倡理解。他放弃了传统固定课程，选择与学生日常生活紧密联系的事物作为教科书。他反对以割裂的课程为中心，而提倡以儿童为中心设置综合课程，教学强调儿童的活动以及对周围事物的观察，培养学生的自我表现能力，激发学生主动学习的意愿，让他们在实际生活中把学习内容与日常生活联系起来。其三，注重培养儿童的自我探索与创造精神，教师要使学生养成探究、发现真理的习惯。其四，重视学校的社会功能。他认为学校应该组成一种理想的家庭，从而有助于儿童的社会化教育。

（二）约翰逊的有机教育学校

约翰逊是进步主义教育协会的创始人之一。她于 1907 年在阿拉巴马州的费尔霍普镇创办了有机教育学校。有机教育学校的实验较为激进，具有更多创新的特点。

约翰逊强调，学校教育的目的是促使儿童多方面的发展，尽力使儿童身体健康，最好地发展智力，并保证富有感情生活的真实和自然。这种促使儿童多方面发展的教育就是有机教育。为了实现这种教育目的，她注重了解儿童的本性和需要，并据此来改革学校的课程，因此她根据儿童的心理发展特征，组织了不同的教学内容和方式。因为强调学生的主动学习和兴趣，约翰逊在改革中取消了指定作业、分数和各种形式的考试，并且主张通过各种形式的活动课程，在活动和做的过程中获得经验，掌握知识。

有机教育学校的另一个重要改革体现在教学组织形式方面。约翰逊主张，应该以年龄而不是以成绩或年级来划分班级。因此，她将学生分成了 6 个生活班级，即幼儿班（6 岁以下）、第一生活班（6～7 岁）、第二生活班（8～9 岁）、第三生活班（10～11 岁）、初级中学（12～13 岁）、高级中学（14～18 岁）。在生活班里主要安排了体育、自然研究、音乐、手工、野外地理、讲故事、感觉教育、戏剧表演、数的基本概念等活动课程。这些课程大都在室外进行，阅读和写作从 8～9 岁开始，到初级中学后，课程才逐渐系统化。

（三）沃特的葛雷制学校

1907 年，美国进步主义教育家、杜威的学生沃特在印第安纳州葛雷市担任教育委员会公立学校督学时，推行了一种进步主义教育性质的教学制度，史称葛雷制，亦称双校制、二部制或分团学制。

沃特以杜威的基本思想为依据，以具有社会性质的作业为学校的课程，把学校分为四个部分：体育运动场、教室、工厂和商店、礼堂；课程也分成四个方面：学术工作，科学、工艺和家政，团体活动以及体育和游戏。

为了提高学校的效率，沃特采用了三种方法。第一种是延长学生的在校时间。第二种是采用分团学制，即多收一倍的学生，将学生分为两部分，一部分学生从上午8点到下午3点，另一部分学生从上午9点到下午4点，在原来的教室里轮流上课。不上课的时间可以让学生从事各种感兴趣的职业活动。节省下来的钱可以添置设备，聘请更多的教师，减少班额，进一步提高教学效益和效率。第三种是利用夜间、周末和暑假举办各种形式的成人教育，提高学校的利用率。在教学组织形式方面，葛雷制采用了更灵活有效的办法，即不按年龄、年级等标准分班，而是按照所学科目和本科目的学习能力分班。一般分为快班、普通班和慢班。学生可能在不同科目的三种不同班级中学习，这充分重视了学生的个别差异，是真正意义上的对所有学生都平等的分层次教学。

（四）帕克赫斯特的道尔顿制学校

道尔顿制是美国教育学家帕克赫斯特在马塞诸塞州道尔顿中学创立的一种个别教学制度，其教育方法以“道尔顿实验室计划”命名，一般简称“道尔顿制”或“道尔顿计划”。

道尔顿制是一种个别教学制度。帕克赫斯特批评班级授课制使学生处于被动地位，学生的个别差异得不到应有的照顾。她提出以下主张。

(1) 在学校里废除课堂教学，废除课程表和年级制，代之以公约或合同式的学习。即把各科一年的课程划分为分月的作业大纲，学生以公约的形式确定自己应完成的各项学习任务，然后学生根据自己的需要自学。学习进度快的学生可提前更换公约，能力差的学生不必强求。

(2) 将各教室改为各科作业室或实验室，按学科的性质陈列参考用书和实验仪器，供学生学习之用。各作业室配有该科教师一人负责指导学生。

(3) 用表格法来了解学生的学习进度，既可增强学生学习的动力，亦可使学生管理简单化。

在道尔顿制学校里，实验室是学生学习的场所。它是按照学科划分的综合场所，配备教师指导学生，学生可以自由进出。表格法用于记录学生完成指定作业的情况，以帮助学生考察学习进度，掌握好时间安排。道尔顿制有三个原则，分别是自由、合作和个性。因此它不仅是教学改革，而且是一个基于儿童中心倾向的，试图达到多方面目的的教育实验。

（五）华虚朋的文纳特卡计划

华虚朋(W. Washburne，1889—1968)是美国教育家，帕克的学生。1919—1945年，他担任伊利诺伊州文纳特卡的地方教育官员，一上任就从事教育实验。

华虚朋的教育实验以文纳特卡计划著称。文纳特卡计划的目的就是发展每个儿童的创造性与社会意识，帮助每个儿童得到全面和完善的发展。文纳特卡计划主要有五个步骤。一是针对每一个儿童的特殊情况，制订个别训练的特殊目标和标准。二是进行全面的诊断测验，以明确儿童的能力。三是编写儿童自我学习与自我订正的教材。四是学习进度个别化。五是集体活动和创造活动。文纳特卡计划反映了儿童中心的基本取向，但它更强调基本知识和技能在儿童个性发展中的作用，突出培养了儿童自我教育能力和社会意识，实现了个别教学与智力测验、表现主义与社会目标的有机结合。

（六）克伯屈的设计教学法

克伯屈（W. H. Kilpatriek）是美国教育家，杜威教育哲学的诠释者。他的主要兴趣是研究学习理论。1918 年，因发表《设计教学法》一文而在国内外赢得很大声誉，他被称为设计教学法之父。

克伯屈致力于实用主义教育思想的通俗阐释，并创造性地发展了杜威的教育思想。他依据杜威的从做中学的教育思想创造了一种教学组织形式和方法——设计教学法。设计教学法废除了班级授课制，打破了学科体系。

采用这种教学方法进行教学的过程是：①学生根据其兴趣和需要，从实际生活环境中提出学习的目的（要解决的问题）；②制订达到目的的工作计划；③在自然状态下，使用具体材料，通过实际活动去完成这项工作；④检查其结果。

设计教学法充分发挥儿童的自主学习意识，力求使教学符合儿童心理发展规律，注重培养儿童的合作精神，在提高学习效率的同时，加强了教学与儿童实际生活的联系。设计教学法的核心是有目的的活动，注重放弃固定的课程体制和现有的教材，取消分科教学，按照学生有目的的活动来设计学习单元。

教育启示录 3

一对一的个别谈话

有一次，我让一个 14 岁的男孩来和我谈谈。他刚从一所典型的私立学校转来。我发现他的手指已被烟草熏黄，便递了支香烟给他。“谢谢，”他说，“我不抽烟。”“抽一根吧！你这大骗子。”我微笑着说。他取了一支。我这样做一箭双雕。他从前的校长既严厉又要求守规矩，他非说谎不可。我给他香烟是表示我赞成他抽烟，叫他大骗子是表示我和他平等。同时，我是在打击他的“权威情节”，让他知道现在的校长也会诅咒，但并不生他的气。但愿当时有照相机，可以将他脸上的表情拍下来。

他是因为偷东西被学校开除的。“我知道你是个大骗子，”我说，“你骗铁路公司的钱，最好的方法是什么？”

“尼尔先生，我从来不骗人。”

“啊！”我说，“那不行，你一定得试试才行，我知道不少方法。”于是我告诉了他一些。他目瞪口呆，以为到了疯人院，校长竟然教他做个更高明的骗子。他告诉我，他一辈子也忘不了这次谈话。

资料来源　节选自（英）A. S. 尼尔著，王克难译，《夏山学校》，南海出版公司 2006 年版，第 24 页，有改动。

复习思考题：

1. 名词解释：夏山学校 昆西教学法 道尔顿制 设计教学法。

第八章 近现代欧美等国教育发展概况

第一节 近现代英国教育发展

至17世纪初期，英国封建社会逐步衰落，资产阶级革命渐趋成熟。资产阶级在利用英国人民反封建革命力量的基础上，发动了资产阶级革命，建立起代表资产阶级和土地贵族利益的君主立宪政权。这次革命带有浓厚的妥协性和保守性，决定了英国在政治、思想上保留了封建主义的传统，也决定了英国的教育具有封建主义的传统色彩，在以后英国的教育内容中可看到，古典的东西一直占很大成分。

18世纪60年代，英国开始了工业革命，生产发展达到了空前水平，到19世纪30至40年代基本上完成了这一革命，各主要工业部门的生产过程已经简化到能使用机器代替手工劳动。由于生产力的发展，大机器工业出现，农业资本主义化，大量农民转入工业部门，从而壮大了工业无产阶级的力量。这一切都给英国教育以决定性的影响，形成了近代英国资本主义教育的特征。

进入20世纪，英国垄断经济进一步发展，并称霸于世界，但经过两次世界大战之后，英国的经济、军事实力和国际地位不断下降。为了与其他资本主义国家继续竞争，同时也是迫于人民群众争取教育权的斗争，英国继续不断地提高本国教育水平。

一、教育行政

英国是一个具有浓厚封建传统的国家。封建社会时期，英国的教育是贵族及僧侣的一种特权，教育的领导和管理主要控制在古罗马教廷属下的英国天主教教会手中。16世纪，宗教改革后英国的学校教育转由英国国教掌管，至资产阶级革命后，教育继续被视为宗教教派活动或民间事务，政府仍然不过问教育。1649年，国会通过法案在威尔士设立免费学校，并通过补助教育事业的法案，从没收的教会财产中每年拨款2万英镑补助教育。随着工业资产阶级直接参与政权，英国一反以往由教会和慈善团体办教育、管教育的旧传统，政府从1833年起开始干预教育，主要是通过财政部署和监督来控制学校，逐步建立起国家的教育领导机构。在这个过程中，1870年，英国通过《初等教育法》。该法案宣布国家开始设置公立学校，实施义务教育，标志着英国国民教育制度的正式形成，而且加强了国家对教会和私人团体兴办或管理教育的监督。为彻底解决中等教育的领导权问题，1899年，英国成立由议会直接管辖的教育署，集中领导和管理初等教育、中等教育。至20世纪初英国形成了从中央到地方的教育管理系统,同时确定了国家统一领导与地方分权并存的教育领导体制。

1944年,英国政府通过了由教育委员会主席巴特勒提交的一项教育法案,称为《1944年教育法》,亦称《巴特勒法》。该法的主要内容有四项。①设置教育部,以取代原来的教育委员会,以加强国家对各地教育的监督、指导和管理。在英格兰和威尔士设立两个中央教育咨询委员会,负责对教育状况予以调查并向教育大臣提出建议。②法定的公共教育制度包括三个相互衔接的阶段:初等教育(5～12岁);中等教育(12～18岁);继续教育(为离校的青少年开办)。地方教育当局负责为本地区提供这三个阶段的教育。小学毕业生根据11岁考试的结果,即按照成绩、能力和性向接受适宜的全日制中等教育。③5～15岁的义务教育,一律由地方教育当局资助开办的中等学校免费实施。父母有保证其子女接受义务教育的职责。地方教育当局应向义务教育超龄者提供全日制教育和业余教育。④保留私立和教会学校,并在经费上给予补助。

1944年的《巴特勒法》吸收了英国自19世纪以来历次重要教育法案和报告所提出的改革诉求,从根本上结束了教育管理体制和公共教育混乱的积弊,标志着英国现代公共教育制度的确立。

二、初等教育

(一) 17—18世纪英国初等教育

在英国漫长的封建社会里,受教育是贵族、高级僧侣和上层社会家庭子弟的特权。16世纪宗教改革以前,贫苦儿童主要是在天主教堂附设的读经班或唱诗班附带学到一些初步的阅读与唱歌的知识。宗教改革时期,天主教与新教各派为了争取群众,都对初等教育给予了较多的重视。宗教改革后,新教成为英国国教,天主教的僧院学校都被关闭,由国教各教区负责的简陋的教区学校发展起来。这种学校主要接纳下层子弟入学,多用英语教学,学习内容主要是《圣经》,是英国初等学校的最初形式。1662年,英国国会通过一项教育法令,确认国教教会对初等教育的控制。

17世纪到18世纪初,英国国教会先后成立了基督教知识普及协会和海外福音宣传协会。这两个团体基于宗教宣传的需要分别开办了许多招收贫苦儿童的慈善性质的学校,此后各地的慈善家纷纷效仿,办起了乞儿学校、劳动学校、贫民学校等慈善学校。1698年,基督教知识普及协会成立。该协会在英国各地创办了不少教义问答学校,在不到30年的时间内,在英格兰和威尔士有近3万名儿童参加学习。这类学校的课程内容,有宗教教学和阅读,有时也有写字和算术,但主要是劳动。除英国国教以外,非国教派和古罗马天主教会也创办慈善学校,但均出于宗教的目的。

1780年,热心于平民教育的传教士、出版业者R.雷克斯在英格兰的格洛斯特郡出资创办了星期日学校。这是一种在星期日为在工厂做工的青少年进行宗教教育和识字教育的免费学校。这种学校,在星期日把贫民阶层的儿童聚拢起来,既可防范、减少社会秩序的混乱,又可用宗教宣传来麻痹儿童的精神,因此,在统治者的支持下,星期日学校到处设立。1785 年,成立星期日学校协会。1795 年,全英国已有 1 012所星期日学校。19 世纪中期,英国此类学校的学生达 250 万人。

18 世纪 90 年代,为了解决初等教育发展中教师短缺的问题,非国教派教徒兰卡斯特和国教派教徒贝尔分别在本土伦敦和印度的马德拉斯创造了一种新的教学组织形式,即导生制,亦称兰贝制、互教制度、相互教学法。这是一种由教师向导生施教,导生再转教其他学生的办法。在使用导生制的学校(见图 8-1)中,一个教师在导生(具体又分为导生、助理导生、互助导生)的帮助下可教数百名学生,花钱少,招生多,形式灵活,被誉为廉价的教育制度;既解决了缺乏教师和教育经费短缺的困难,又有助于初等教育的发展,故受到广泛欢迎。但这只是为了解决师资不足而采取的应急措施,存在着教学呆板、训练机械等缺点,教学质量不高。1840 年,凯·沙图华兹等人在英格兰大伦敦的巴特西创办了一所旨在培训贫穷儿童教师的师范学院,亦称圣约翰学院。学生年龄在 15～42 岁,开设园艺、家务和体操课程。1842 年,国家拨款补助。1844 年后转由全国贫民教育促进会管理,主要致力于为制造业和采矿地区培养师资,成为英国师范教育的开端。

图 8-1 导生制学校及其教学

(二) 19 世纪初等教育的发展

工业革命时期,英国工人阶级为争取教育权进行了英勇斗争,成为 19 世纪英国初等教育发展的一个重要方面。英国 1802 年通过的第一个工厂法,规定厂主应对童工进行读、写、算的教育。1833 年工厂法规定,14 岁以下在纺织工厂劳动的童工每天必须接受 2 个小时的义务教育。历次工厂法中的教育条款并未真正得到实施,但仍不失其积极意义。

1833 年以后,英国政府虽决定补助宗教和慈善团体办理初等教育,但未能建立公立的初等教育制度。但是工业革命后日益兴起的工厂制要求学校为劳动人民子弟提供适当的基本技能教育,同时培养他们良好的生活习惯和工作态度,如自我控制、勤奋、严守作息制度等,这些被认为是工厂和办公室工作的重要条件。基于此,基础教育制度恪守经济、实用和维护现存社会秩序的原则。1862 年,枢密院教育委员会副主席罗伯特·洛厄(Robert Lowe)主持颁布了《修正法案》,就是为了确保教师所教和学生所学的东西能符合这些原则。该法规分别为7～12岁儿童制订了在读、写、算方面需要达到的水平标准，并规定学生每学年都要参加皇家督学处举办的考试，依据学生的考试成绩确定拨款，这就是著名的按成绩拨款制度。

1867年议会通过改革法，近百万工人获得了选举权，普及教育成为政治上的迫切需要。议会改革法提出了"我们必须教育我们的主人"的口号。事实上，工人阶级子女中，6～10岁和10～12岁儿童的在校注册人数分别仅占2/5和1/3，实际接受教育的人更少。这种状况不能适应资本主义经济发展的迫切需要，引起英国各界的关注。正是在这种背景下，1870年教育署长W.F.福斯特提出了《初等教育法案》(亦称为《福斯特教育法》)，并获得通过。该法案的通过标志着英国公立初等教育制度的正式确立。

该法案的主要内容有五条。①国家继续拨款补助教育，并在缺少学校的地区设初等学校。②全国划分学区，由选举产生的学务委员会监督本区的教育。学务委员会有权征收地方教育税。③各学区有权实施5～13岁儿童的强迫义务教育。④各派教会兴办或管理的学校可作为国家教育的组成部分，但不能从地方财政中得到补助。⑤学校的普通教育与宗教分离。凡接受公款补助的学校，一律不得强迫学生上宗教教义课程。《初等教育法案》的颁布宣告了初等义务教育的实施，形成英国教育史上公立学校与教会学校并存的初等教育制度，由此奠定了整个英国教育制度的基础。同时也应看到，这一法案主要是一个折中方案，并非要建立一个义务的、免费的新国民教育制度，而是补教会学校的不足。

1870年、1876年和1880年三个教育法的颁布，使得英国义务教育年限逐渐延长，这就促使教育署、学校委员会和广大教师努力去设计一些适合不同年龄儿童的更加合理的分级方法，并且使他们更加关心大龄儿童教育方式的改变。大约在1876年，英国出现了一种高级学校，主要招收五年级以上的儿童。到1890年，许多学校委员会在其所属学校实施了一种新的组织方式，包括幼儿部、初级部(由一、二、三年级儿童组成)、普通高级部(由四、五、六年级儿童组成)、高级部(招收五年级以上儿童)。在义务教育年限逐步延长、初级学校制度不统一的情况下，为了向儿童提供更高一级教育，避免教育管理上的混乱现象，1902年，英国颁布了《巴尔福教育法》。该法授权新成立的郡和郡自治市地方教育当局为高级教育提供资助并开设新的中等学校。因此，在该法通过之后，许多高级学校变成了中学，并根据教育委员会颁布的中等学校规程接受拨款。对于初等教育来说更为重要的是中学奖学金制度的确立。1907年发布的新的中等教育章程规定，所有接受教育委员会拨款的中等学校，每年都应向基础学校学生提供其当年招生总数的25%作为免学费名额。这就打破了基础学校原有的封闭性质，使其中一小部分学生能通过考试升入中等学校。

(三) 20世纪前期的初等教育

1918年，英国议会通过了《费舍教育法》。该法将义务教育年限提高到14岁，规定地方教育当局有义务在基础教育范围内开设足够的和适当的幼儿学校、幼儿班，并且要求地方教育当局向教育委员会递交有关方案，表明他们在该地区未来发展各类教育的计划。这些规定都非常直接地强调对11岁以下儿童的教育安排进行彻底的改革。自1919年起，基础教育取得了迅速的进展。一些地方教育当局在本地区的教育发展方案中，对招收6岁至12岁儿童的初级学校和初级部做出了明确的规定。1925年，教育委员会指出，11岁已逐渐被认为是所谓的“初级教育”和“高级教育”之间最合适的年龄分界线。1926年，以哈多爵士为主席的咨询委员会发布的《关于青少年教育的报告》提出，应将11岁以下儿童的教育称为初等教育，而将11岁以上的儿童的教育称为中等教育。《关于青少年教育的报告》是两次世界大战之间咨询委员会最重要的一个报告，它的主要建议在当时为教育委员会所采纳。随后，根据哈多报告兴起了一场学校重组运动，使招收11岁以上儿童的初等后教育得到了安排，超过11岁的大龄儿童逐渐从过去的一贯制基础学校转向选择性或非选择性的现代学校。独立的初级学校的开设可以说是这次哈多改革最重要的一个结果。在1927年至1930年短短的三年间，就读于独立的初级学校的学生人数从15万名增加至40万名，在所有8～12岁儿童中所占的比重从7%增至16%。[①] 1931年，哈多委员会又提出“应该根据活动和经验，而不是那些需掌握的知识和需储存的事实去考虑课程”的著名观点。该报告认为课程的目的应是在儿童力所能及的范围内，发展儿童的基本能力和唤起他们对文明生活的基本兴趣，鼓励儿童逐步地控制和有秩序地处理自己的精力、冲动和情感。同时提出对初等教育中进行分科教学的传统做法应重新加以考虑，采用与学科有关的专题教学也许是一种有用的选择。

（四）第二次世界大战后的初等教育

英国第二次世界大战后的初等教育制度主要是根据《1944年教育法》制定的。该法规定，取消“基础教育”的提法，改称“初等教育”，废除原有的高级小学和中央学校。根据该法规定，初等教育分为两个阶段，即幼儿学校和初等学校。前者招收5～7岁幼儿，可单独设立，也可附设于小学之中，称为幼儿班或保育班，是义务教育的第一阶段。初等学校招收7～11岁儿童，是义务教育的第二阶段。

三、中等教育

（一）17—18世纪英国的中等教育

自从1604年英国宗教法规确立了英国国教对教育的垄断地位之后，中等教育变成了国教会影响较为持久也较有成就的领地之一。其中富有特色的文法学校，尤其是后来闻名的公学，逐渐为贵族和中上层阶层所占有。文法学校是欧洲中世纪出现的一种以培养神职人员和官吏为目标的私立寄宿制中等教育机构。这种学校招收13～14岁以上的贵族和神职人员子弟入学，学习年限为5年，主要开设拉丁语、希腊文、文法、古典文、数学等课程，学校主要用拉丁语进行教学。文法学校一般招生规

---

① 王承绪、徐辉：《战后英国教育研究》，江西教育出版社1992年版，第25页。

模不大，但由于收费较高，加上政府和贵族的大力支持，教育教学设施较好，教育质量优良，学生毕业后主要进入大学深造或到政府机关任职。17世纪以后，在英国政府大力支持下，文法学校的数量和在校生人数不断增加。据统计，仅在17世纪，英国各地的文法学校就增加了数百所，学生人数成倍增加，到1660年，每4 400人中就有一所文法学校。[①]

公学也是在中世纪就已出现的一种专门为贵族子弟设立的寄宿制学校。这种学校由于最早是由社会团体捐资创建，并以提高公共文化教育水平、培养为社会公共服务的绅士为教育目标，故称公学。但公学实质上是专门为贵族子弟服务的一种培养社会上层人物的私立寄宿制学校；收费高昂；招收13～14岁的受过良好家庭初等教育的上层贵族子弟入学，学习年限一般为5年；主要开设古典语言（拉丁语和希腊语）、古典文学和宗教训练等课程。这类学校的办学经费主要来源于宗教团体和私人捐助，虽然也接受政府的资助，但办学不受政府的干预。17—18世纪，在英国王室和贵族的大力支持下，英国各地的公学发展迅猛，出现了温彻斯特、伊顿（见图8-2）等9所著名的公学，在校学生人数也成倍增加。

图8-2　英国伊顿公学

英国文法学校和公学过于重视古典学科和学生的身份限制，遭到新兴资产阶级和进步人士的强烈抨击。在产业界和教育界人士的推动下，英国在17世纪出现了一些规模不大、收费低廉、主要招收中产阶级和当地民众子弟的私立中等学校。此类学校除讲授神学、古典课程外，还为学生开设现代外国语、英语、英国历史和地理、数学、物理、化学等实用课程。18世纪以后，这类学校在英国政府和产业界的支持下逐步演变成实科中学，课程内容在重视普通文化课程的同时，更加关注经济建设和社会变革的实际需求。

（二）19世纪英国中等教育的改革和发展

至19世纪，英国对文法学校和公学进行了调整和改革。19世纪初，什鲁斯伯里

① 滕大春：《外国教育通史》（第三卷），山东教育出版社1990年版，第5页。

(Shrewsbury)公学校长巴特勒率先提出改革，要求废止古典语文，改授历史和地理等实用知识，倡导学生自由阅读，不拘于课堂听讲；创设记分和考试制度，激励学生竞争上进等。1861年，议会授命克拉雷顿委员会对著名的九大公学进行调查。该委员会在1864年提交的报告中，充分肯定了公学课程中宗教和古典学科对学生人格培养的重要价值，但是也建议增加和加强数学、法语或德语、自然科学和音乐等现代学科的教学。在公学的管理上，该委员会建议要明确校长的权利，建立包括所有教师参加的学校委员会。针对该报告提出的改革建议，政府于1868年通过了《公学法》，设立了相应的公学管理机构。但是，该法遭到一些公学的反对。1869年，成立了公学校长会议，反对国家试图削减公学校长的权利。校长会议决定，凡是达到一定标准、参加校长会议的学校，都可以被称为公学。这个规定导致诸多文法学校和私立学校改称公学的浪潮出现，公学数量剧增。

继克拉雷顿委员会报告之后，1864年，政府任命以汤顿为首的学校调查委员会，对900余所捐办文法学校进行调查。该委员会在1868年的报告中建议，按照当时不同阶层的需要，分别设立三个层次的中学：第一层次的中学以12～18岁的贵族和资产阶级子弟为教育对象，课程以古典学科为主，以升学为目的；第二层次的中学以12～16岁的中产阶级子弟为教育对象，课程除拉丁语外，还包括现代语、数学和自然科学等，以培养工程和商务等领域的专业人才为目的；第三层次的中学主要以12～14岁的小资产阶级子弟为教育对象，如小农场主和小商人的子弟等，课程以英语、初等数学、自然科学、历史和地理等实用学科为主。报告还认为，国家应该通过视察和考试加强对中学的集中管理，并建议建立全国性的教师资格注册制度。该报告及其随后改革的显著特点是，把当时英国多层次的阶级划分制度化了，并利用多层次的精英教育区分，阻碍下层民众进入中等教育的门户。

(三) 公立中等教育制度的建立

1870年的《福斯特法案》促使英国的初等教育得到较快的发展。19世纪80年代，全国学龄儿童入学率达到90%，大部分儿童能受到6～7年的正规教育。很多学校面临需要为儿童提供高一级的教育的新问题，发展中等教育迫在眉睫。

1902年，议会通过了保守党政府首相A.J.巴尔福提出的教育法案。该法案史称《1902年教育法》，亦称《巴尔福教育法》。根据该法案，新的地方教育当局(郡和郡级市)授权开始按照老公学和文法学校的模式开办公立中学，即郡办中学。1904年，政府又颁布了《中等教育法规》，并在该法规的备忘录中，为确保中学的统一性，对中等学校和技术学校、培训班及夜校等作了区别，从而区分了中等教育与专业技术教育。就这样，从1902年之后，一个新的公立国民中等教育制度逐步建立起来。

1924年，英国工党开始执政，提出了“人人接受中等教育”的口号。同年，以哈多爵士为主席的教育委员会下设咨询委员会授命考虑为在非文法学校就读的儿童提供某种有效的、教育年限至15岁的、并能为社会所接受的教育方式。两年后，该咨询委员会发表了题为《关于青少年教育的报告》(亦称《哈多报告》)。该报告描绘了一幅可使所有人都受到中等教育的蓝图，就如何使工人阶级子女受普通教育和职业教育的问题，提出了改革中等教育的方案。该报告的主要建议有：将学生离校的最低年龄提高到15岁，为所有儿童提供与6年初等教育相衔接的中等教育，以及把注重实用的现代中学归入中等教育的概念之中。该报告提的建议还包括以下几点。第一，以儿童身心发展出现新高潮的11岁作为初等教育和中等教育的年龄分界线，把原有的初等学校划分成小学和小学后两部分，以使一切正常儿童都接受某种形式的小学后教育。第二，中学的类型应不同于统一形式的小学，中等教育阶段分为四种类型的学校：以学术课程为主的文法学校（11～16岁）；具有实科性质的现代中学（11～14岁）；相当于职业中学的非选择性现代中学（11～14岁）；略高于初等教育水平的公立小学高级班或高级小学。第三，建立初等教育和中等教育相连接的两段制教育体系，学生通过“11岁考试”进入不同类型的中学。第四，义务教育年龄延长到15岁。《哈多报告》试图改变以往初等教育和中等教育之间森严的双轨制格局，设计了一个单一的、连续的、以“11岁考试”为分界线的初等教育和中等教育两段制体系。

1938年末，以史宾斯爵士为主席的另一教育咨询委员会又发表了题为《中等教育》的报告（亦称《史宾斯报告》）。该报告比《哈多报告》更进一步，建议使所有小学后学校都成为完全中学，并按照中等教育法规管理（当时各类小学后学校仍按初等教育法规管理）。《史宾斯报告》以心理学方面有关智力测验的研究结果为依据，拒绝了在中等教育结构上统一学校类型的建议，认为人的智力可测并可预知其高度发展限度；而人的智力各有不同，因此要公正地对待具有不同智能的儿童，就应该从11岁起对他们进行在某些重要方面不同的教育。由此，该报告明确提出了中等教育的三类学校，即文法学校、现代中学和由初级技术学校改造而来的技术中学。作为实施三类学校制的一种手段，该报告提出考试必须在11岁进行，以选拔适合相应学校类型的学生。此外，该报告还建议免除中学学费，并将义务教育年龄延长至16岁。

到第二次世界大战前，经过一系列报告的提出和宣传，“人人接受中等教育”的观念逐渐为英国民众所接受。但是，英国教育的现实状况离这一目标仍有很大距离。第二次世界大战结束后，英国的中等教育制度也是根据《1944年教育法》建立起来的。1964年英国工党执政，又开始了新的一轮改革。1965年，工党政府宣布中等教育制度应由双轨制转向单轨制。自此以后，中等教育特别是综合中学得到迅速发展。在学校类型方面，除了传统的公学、文法学校、现代中学外，又增加了技术中学和中间学校。

四、高等教育

（一）17—18世纪高等学校的改革

英国中世纪的高等教育机构主要包括各教派创办的教堂学校、学院或大学，如牛津大学和剑桥大学（见图8-3）。英国的高等教育在工业革命（又称产业革命）前后主要通过这两所大学来进行。大学与宗教团体有着千丝万缕的联系。17世纪后半叶，英国教育中也出现了一些新的情况。许多受迫害的、不信奉国教的非国教派的大学教师创办了一种称为学园的新型学校，为非国教派培养人才，也招收其他学生。这些学园能享受办学的自由，它不像旧大学那样单纯强调古典教育，而是设置了自然科学、近代语和商业方面的学科，以适应时代发展的需要。早期的学园，如伦敦的纽因顿·格林学园的课程除古典语外，还开设有法语、意大利语、西班牙语、数学、自然科学、历史、地理、逻辑和政治。后期的学园，如沃灵顿学园学制为3年，开设有算术、代数、几何、三角、法语、自然科学、天文、化学、伦理、绘图和设计、簿记、地理等课程。顺应时代的发展，牛津和剑桥大学也进行了改革，包括加强大学和社会各界的联系，在古典大学内创设新的学院。在继续重视古典课程教学的同时，增设自然科学、现代外国语等具有实用色彩的课程；减少对学生入学的阶级限制，增加对非贵族子弟的学习资助力度等。

图8-3 英国剑桥大学圣约翰学院

（二）19世纪高等教育的发展

至19世纪，英国高等教育的发展经历了一些重要变化。

1. 伦敦大学的建立

19世纪初期，英格兰只有牛津和剑桥两所大学。两者长期以来为上层社会和国教派教徒所垄断，每年学费高达200～250英镑，课程保守，遭到社会各界的强烈抨击。在对牛津和剑桥的声讨中，非国教派人士、自由派人士、功利主义者、成功的实业家及科学教育的倡导者组成了一个非正式的联盟，致力于创建一种新式的大学。在这种背景下，伦敦大学于1828年应运而生。伦敦大学是一所纯粹的股份制教育机构，它通过发行1 500张股票筹得建校资金。招生不分教派，神学被排斥在课程之外。学费低廉，一年仅需25～30英镑。学生实行走读制而非寄宿制，教学语言是英语而非拉丁语。与牛津和剑桥大学的精英教育相比，伦敦大学“不是该市的一所教学机构，而只是一个考试委员会”，其权力除授予各科学位外，主要负责为全国许多大学学院的学生授予学位。伦敦大学的创办，打破了牛津、剑桥两所大学长期以来的垄断地位，扩大了非国教派教徒接受高等教育的机会，并为推动英国各地高等教育事业的发展起了重要的带头作用。

2. 城市大学的兴起

随着第一次工业革命的结束和第二次工业革命的兴起，为了适应社会发展的需要,英国许多重要城市涌现了一批大学学院,如曼彻斯特欧文斯学院(1851)、埃克塞特大学学院(1865)、利兹约克郡学院(1874)等。经过一段时间的办学实践,这些城市大学学院相继获得了皇家特许状,成为有权授予学位的正式大学。

3. 大学推广运动

19世纪二三十年代,英国的格拉斯哥、曼彻斯特、利兹和伦敦等城市为了向艺匠和熟练工人提供科技教育,兴办了一批工人讲习所。自此这种讲习所在英国各地蓬勃兴起,至1850年仅英格兰就有600多所工人讲习所,学生人数逾10万。英国大学推广运动正式产生于1873年。该运动奠基人、剑桥大学三一学院的詹姆斯·斯图亚特曾建议创办一所流动大学,在各地开设课程,扩大普通民众对高等教育的需求。1873年,剑桥大学采纳了他的建议。此后,伦敦大学和牛津大学也相继开设此类课程。到1890年,该运动已覆盖全英格兰。在大学推广运动中,各校开设了内容十分广泛的课程。仅1890—1891年,牛津、剑桥和伦敦三所大学就安排了457门课,其中191门讲授自然科学,159门讲授历史学和政治经济学,104门讲授文学、艺术和建筑学,3门讲授哲学。大学推广运动对近代英国高等教育所作的贡献表现在:学生人数增加,不同社会阶级出身的人汇合,女子获得学习机会,人人受自由教育的思想产生和发展,唤醒大学去承担更广泛的社会职责和创建新的大学学院。

(三) 20世纪高等教育的发展

从20世纪到第二次世界大战结束前这几十年的时间里,英国高等教育由于受第二次世界大战和经济萧条的影响没有出现什么重大的发展。1919年,大学拨款委员会的成立,以及政府对科学教育的相对重视,对后来高等教育的发展产生了重要影响。

第二次世界大战后,从20世纪50年代以来,英国政府曾就高等教育的改革和发展问题发布了一系列的政策和指示。1963年的《罗宾斯高等教育报告》中的"罗宾斯原则"成为20世纪60年代英国高等教育发展的政策依据。在这期间,高等教育分为自治部分(即大学)和公共部分(即除大学以外的各种机构)的双重制幻想实现,并于1969年诞生了具有创新意义的开放大学。

20世纪80年代以来,1981—1983年的《雷沃休姆报告》对英国高等教育的改革和发展产生了重大的影响;《1988年教育改革法》对高等教育管理提出了若干改革措施。通过撒切尔夫人和布莱尔时代的反复调整和改革,现在英国已形成了多种形式、多种类型的高等学校体系及教授自治和自主管理等优良的传统。此外,开放大学的规模也逐步扩大并取得显著的成效,这些都使得英国成为其他国家很多出国留学人员的梦想之地。

第二节　近现代法国教育发展

从16世纪开始,资本主义因素在法国得到较快的发展,出现了一批资本主义的手工业工场,对外贸易不断扩大与加强。随着资本主义因素的发展,资产阶级逐渐成长。17 世纪至 18 世纪大革命前,法国仍然是一个以农业经济为主的封建国家,而且是当时欧洲君主专制国家的典型,王权和神权被极度强化,天主教在法国的势力十分强大。法国从 18 世纪资产阶级革命开始,资产阶级与封建复辟势力之间、资产阶级内部各派政治势力之间、人民群众与剥削阶级之间反复进行较量,斗争极为复杂,政权不断更迭,这些情况深刻地影响了法国教育的历史发展。

19 世纪以后,法国确立了中央集权的教育领导体制,加强了国家对教育的控制,但以教会为代表的传统势力仍有较大的影响。第一次世界大战以后,为适应社会变革和教育现代化、民主化的需求,法国开始了对教育领导体制和学校教育制度等诸多方面的改革,形成了自己的特点。第二次世界大战以后,法国又推出了一些新的教育改革方案。

一、教育行政

1789—1794 年法国革命是继 17 世纪英国革命和 18 世纪美国独立战争后的一次更彻底、更深刻的资产阶级革命。它从根本上推翻了统治法国 1 000 多年的封建制度,确立了资产阶级政权。在教育方面,资产阶级执政的各派力量都拟订过方案,其中著名者有康多塞、雷佩尔提和拉瓦锡等人所拟订的教育方案。这些方案虽然在当时都未来得及付诸实行,但对法国教育产生了重要影响。尤其是康多塞 1792 年向立法大会提出的方案,不仅给法国而且也给其他国家提供了讨论 19 世纪教育发展的基础。

这些方案的共同点是:都要求由国家举办世俗性的学校,反对教会垄断教育;主张实施普及的、男女平等的教育;要求废除宗教科目,加强科学教育。其不同处主要是康多塞的教育计划主要反映了大资产阶级的利益,并没有给第三等级中广大劳动人民子弟受教育提供物质保证。

拿破仑执政时期(1799—1814)的 1802 年和 1808 年,拿破仑政府先后颁布了《公共教育基本法》和《关于帝国大学条例的政令》,规定大学区应设立小学、国立中学和市立中学,并列入国家教育系统。

(一) 政教协议的签订

拿破仑上台后,为了解决宗教冲突,同时也为了把宗教改造成为资产阶级的统治工具,于 1801 年与古罗马教皇签订了政教协议《教务专约》,在教会服从拿破仑政府的前提下恢复天主教。此后不久,法国的学校教育就完全取消了大革命时期所提出的教育世俗化原则,小学仍旧控制在教会手里,许多教士又继续充任中学教师,各级学校重新强调宗教教育。

(二) 中央集权制教育管理体制的基本架构

拿破仑采纳了康多塞教育报告的基本思想。为了统一舆论,造就有效率的官吏和能从事生产的臣民,拿破仑建立了中央集权的领导体制。1806 年,他在巴黎设立了帝国大学,1808 年将全国划分为 27 个大学区。帝国大学是帝国的教育权力机构,设总监和由30人组成的评议会，还设有若干名总督学。帝国大学的总监由拿破仑直接任命。各大学区设学区总长和10人组成的学区评议会，也设几名学区督学。学区总长、帝国大学和大学区的督学，以及大、中学校校长、教师都由帝国大学的总监任命。公立和私立学校的开办也要经帝国大学总监认可。国家对学年安排和课程设置实行统一管理。这种中央集权的教育领导体制，成了法国近现代教育的重要特点。

第二共和国时期(1848—1852)，资产阶级在镇压1848年6月巴黎人民起义之后日趋反动，正式通过的《1848年宪法》一笔勾销了上述关于劳动人民教育权的种种规定。第二帝国时期(1852—1870)的1850年3月，议会通过《法卢法案》，其要旨为：实行全国单一的教育行政制度，加强政府对学校的监督，强化国家教育组织；允许天主教会参与监督、指导教育，维护教会对私立学校的控制权；关闭师范学校；规定私人办学条件，为教会牧师开办中小学提供方便，如委任教师须经教会推荐，教士有填补空额教师优先权，教士有权教授4名以下志愿从事宗教职务的中学生等。《法卢法案》实施后曾几经修改，并于1905年被废除。由于《法卢法案》的实施，教会获得了领导、监督学校的权力，教会团体直接经办的学校也越来越多。

1880年，政府颁布了削弱宗教势力的第一个法令，禁止教士当选教育最高审议会成员，教会学校不得称大学，国家收回其考试和授予学位的权限。

进入20世纪以后，在法国，宗教思想和教会对教育的影响进一步削弱。1902年以后，50多个从事教育方面活动的教会组织被解散，3 000多所教会学校被封闭。1905年，法国政府明确宣布教会与国家分离，同时废止《法卢法案》。

第二次世界大战结束后，法国议会组建了一个新的教育改革委员会，由著名物理学家郎之万任主席，瓦隆为副主席。1946年11月，郎之万逝世后，瓦隆接任主席职务。该委员会于1947年正式向议会提交《教育改革方案》(又称《郎之万-瓦隆教育改革方案》)。方案提出战后法国教育改革的六条原则：社会公平原则；社会上的一切工作价值平等，任何学科的价值平等；人人都有接受完备教育的权利；在加强专门教育的同时，适当注意普通教育；各级教育免费；加强师资培养，提高教师地位。方案对各级各类学校的组织和制度，以及教育内容和方法等都提出了详细的改革意见，成为战后初期法国教育改革的依据，在整个法国教育史上也是一项重要的改革举措。

二、初等教育

(一) 17—18世纪法国初等教育

在17—18世纪，天主教会在法国政府的支持下，继续控制着法国的初等教育。如图8-4为17世纪法国的一所初等学校。18世纪法国国王曾发布命令，指出学校应受天主教僧侣的监督，儿童应当学习识字、教义问答和祈祷。各新教派别，如胡格诺派和詹森派等，也通过开办学校，传播各自的教义。詹森派学校不同于天主教学校，尤其不同于耶稣会的学校。它们重视数学、地理、历史的教学，强调学习本民族语言并用民族语言教学，注意采用实物教学和进行练习，着重发展学生的智力，要求教师以温和的态度对待学生。这在当时的法国是一种进步，可惜它只存在了20多年，到17世纪60年代就被耶稣会派封闭了。不久，法国天主教神甫拉萨尔创立基督教学校兄弟会，开办了许多免费的初等学校，目的是对抗新教的办学活动，维护天主教的势力。这类学校仍保留着严厉惩罚学生的方法，同时，顺应当时教育的发展趋势，采用了一些新的做法，如：识字教育从学习法语开始，然后再学拉丁文；按儿童能力分组，每组由教师在同一时间内用同一教材进行教学等。该会所办的学校在法国当时的初等教育方面占据统治地位。创办于1684年的训练初等学校教师的讲习所是欧洲最早出现的师范教育设施。

图8-4　17世纪法国的一所初等学校

(二) 19世纪法国初等教育的发展

拿破仑执政时期，小学由地方或教会办理，但受中央监督，学习读、写、算。拿破仑对初等教育不大感兴趣，而特别重视中等、高等教育。

七月王朝(1830—1848)是金融贵族集团窃取七月革命胜利果实而建立的金融资产阶级和大土地所有者的联合专政，实行君主立宪制。这一时期，工业革命迅速展开，资本主义工商业获得较大的发展，工人阶级的力量加强，并开始进行有组织的斗争，社会主义思潮开始流行。随着政治、经济形势的发展，初等教育受到重视。

1831年，著名学者、教育家库薪(Cousin)赴德国考察教育。同年6月他向教育部提交了一份《关于德国教育的考察报告》，论证了在法国实施初等教育法律法规和建立高等初级小学的必要性。1832年，著名学者基佐(Guizot)担任法国教育部部长，1833年6月，他依据库薪赴德调查的报告，颁布了国民教育法令，即《基佐教育法案》。该法案初步建立了法国国民教育制度，确立小学教育分为初级和高级两级。每一分区应普遍设初级小学一所，相邻的区亦可联合设立初级小学。各省省会及有居民6 000人以上的市镇设高级小学一所。除读、写、算、法语、道德等教育内容外，还增加了自然科学的学习科目。每省设师范学校一所。允许设立私立小学和教会学校，但国家有视察一切私立学校的职权，教会学校不得强制儿童接受其不乐意的宗教教育。每县设立教育委员会，由行政长官、牧师、治安法官、中等教育代表、初等教育代表各1人及当地绅士代表等组成，负责管理全县初等教育。每区设学校视察委员会，由当地行政长官、主教及居民代表组成。教育部部长可设立考试委员会负责教师鉴定。教师通过考试获得教师证书之后才能任教，以保证教师质量。规定初级小学教师最低年俸为200法郎，高级小学教师400法郎。贫寒学生可申请免费接受教育。公共教育经费分别由区、省和国家承担。

第二帝国时期继续施行《法卢法案》，除了教育直接受中央统制外，教会拥有举办和管理学校的特权，所以学校教育工作中充斥着宗教和君主制度的精神。初等学校全部掌握在教会手中，神学是主课。

1875—1900年，共和党执政以后，根据法国资产阶级政治、经济的需要，着手改革教育。教育部部长费里(Jules Francois Camille Ferry)在1881—1882年先后提出两项教育法案并获得通过，主要是对初等教育的改革作出安排。根据费里的法案，初等教育应是世俗的(废除《法卢法案》中给予教会监督公立学校的权力和教士任教的特权，以公民和道德课取代宗教课，但法国教育的宗教性仍很强)、免费的(免除了公立母亲学校和小学的学费)、普及的(此时规定6～13岁的儿童都应入小学接受7年的义务教育)，因此公立小学发展很快。费里的法案为以后近百年间法国国民教育的发展打下了基础。1886年以后，又在初等学校之上设立三年制的高等小学，学生毕业后升入职业学校或师范学校，这一学校系统主要是供劳动人民子女就读的。至此，法国双轨的学校制度已见轮廓。

另一学校轨道主要是供特权阶级子女就读的，他们一般先受家庭教育，然后进中学预备班，经过严格考试升入国立中学、市立中学或现代中学(原先那种具有实科性质的中学于1891年改称现代中学，它取消了古代语而改为学习两种现代外语，这种学校当时的社会地位较低)。学生中学毕业考试及格即获学士学位，可以升入大学。

(三) 20世纪的法国初等教育

法国的双轨学制在20世纪初继续存在。1925年以后，由于各方面进步社会力量坚持不懈的斗争，当局不得不作些改革，将初等教育改为统一学校，小学毕业经过严格考试可以升入中学。

1959年1月6日，法国政府颁布《教育改革法令》，在初等教育方面做了诸多改革。法令明确规定将义务教育期限由8年延长到10年(6～16岁)。6～12岁的儿童在普通小学接受教育，小学毕业后除极少数确属不能升入中学的学生以外，全部学生不用经过考试即可进入中学。

1975年，法国议会通过了《法国学校体制现代化建议》(又称《哈比改革》)。该建议对法国初等教育提出了一些改革措施，规定小学实施统一教育，并分为预备阶段(1年)、基础阶段(2年)和中级阶段(2年)。该建议对课程和教学内容也做了一些调整，加强了合科教育。

三、中等教育

(一) 17—18 世纪法国中等教育

中等教育学校主要有耶稣会中学和文科中学，它们以拉丁语及“七艺”科目为教学内容，经院主义气息十分浓厚。成立于1611年的耶稣基督圣乐会对中学的教学工作进行了若干改革，做出了一定的成绩。圣乐会虽然是一个属于旧教的宗教派别，但它比较接近资产阶级，圣乐会所办的许多中学显然就是适应资产阶级的需要而产生的，入学者都是贵族和资产阶级子弟。这种中学在前四年学习法语，不学拉丁文；高年级学习拉丁文，不学希腊文。拉丁文的教学不重文法而重阅读原著，注重历史教学，加强数学以训练思维，增加实科方面的内容，使物理、化学在课程中占有一定的地位。圣乐会的教育活动一直继续到法国资产阶级革命时期，对法国的中等教育有一定的影响。

法国大革命时期(1789—1794)，在中等教育方面，政府设立了中央学校(设在每郡首府)，培养工业方面的实干人才。

(二) 19 世纪法国中等教育

拿破仑执政时期，中央学校停办，存在国立中学、市立中学、私立中学、寄宿学校等类型的中学。国立中学主要教授古典语言、历史、修辞、逻辑、数学、物理学等的基本知识；市立中学主要教授古典语言基础、历史和其他科目的基本原理；私立学校的课程深度与市立中学相当；寄宿学校(私立)程度低于私立学校。中学一般修业6年，自然科学一般不受重视，中学与大学相衔接。这一时期中学发展很快，至1813年有国立中学46所，至1814年有市立中学500所。

七月王朝时期，初等教育受到极大的重视，这是因为工业革命的大规模展开需要训练工人。这一时期对初等教育的重视恰好与仅仅重视中、高等教育的拿破仑教育体制构成了一个较完整的学制体系的基础。

第二帝国时期，中学仍分国立中学与市立中学两种，修业8年，但教学内容上的古典主义逐渐有所改变。从1852年起实行文、实分科，到1865年又改办实科性质的中学，可是这种学校的地位低于文科中学。在教学方法上，无论中学、小学，均以死记硬背为主。

1875—1900年，近代法国除设立一些私立中学外，主要为上流社会子女开设显贵学校，其中包括中学预备班和7年制的国立中学与市立中学。后两类中学在课程设置上既注重科学知识教学，又给古典语文学科以重要地位，以培养资本主义工商业所需要的专业人才。

1880年和1902年法案的通过，改善了实科教育的地位。实科课程与文科几乎并驾齐驱。原来设立的带有实科性质的专科学校改成了现代中学，它的业士学位与古典的文科中学的学位具有相等的价值。女子中学从1880年开始向男子中学看齐，到1928年，在学制和课程设置等方面都与男子国立中学相同。由于中等教育收费高昂，一般劳动人民的子女无力就读，因此接受高等教育的道路被堵塞。

在中等职业教育方面，法国从 1881 年开始举办国立职工学校和工商实科学校，由教育部和工商部分别领导。1888 年设技术教育监督，1911 年设职业能力证书，统一此类教育的标准。1919 年，《阿斯蒂埃法案》规定对 14～18 岁青年工人实施义务职业教育。1920 年，设技术教育最高审议会和职业教育司，这类教育的领导权统归教育部。1925 年的法律规定，企业每年须交纳其工资额的 0.2%为艺徒税，作为补充技术教育的经费。

(三) 20 世纪法国中等教育

20 世纪前期，法国根据 1902 年法令建立了七年制中等学校。1933 年又决定中学免费。但是，此时大多数劳动人民的子弟由于家庭经济及文化背景等原因，仍很难通过中学、大学接受高深的教育，所以受教育机会实际上只有形式上的平等。1919 年 7 月，法国政府通过《阿斯蒂埃法案》，规定每一市镇必设职业学校一所，18 岁以下青年的职业教育为免费义务教育，雇主有让学徒上职业学校的义务，国家资助私立职业学校。

1959 年的《教育改革法令》中，中等教育是改革的重点。改革延续了战前即已出现的思路，把中等教育作为初等教育之上的自然阶梯，以统一学校取代过去的双轨制学校进行初中教育，学生以后的发展方向不是通过一两次考试，而是通过一定阶段的观察来决定。

1959 年改革虽然使法国在教育民主化的进程中迈出一大步，但中等教育阶段的平等目标还远未实现。进入 20 世纪 60 年代以后，法国社会对中等教育的需求进一步增加，政府又开始了以设立统一中等学校为基本目标的改革。

1975 年的哈比改革中，初中阶段取消了过去设置三类教学班的做法，建立一种完全统一的并向所有学生开放的综合性教育机构——中学。这是法国教育民主化进程中的重要一步。此后，法国的中学专指初中，高中另有专有名称。高中阶段同时实施普通教育和职业技术教育。

四、高等教育

(一) 17—18 世纪法国高等教育

19 世纪以前，法国高等教育的学术水平在西欧是很高的。法国的大学以巴黎大学为代表，大多产生于中世纪。在 16 世纪前后，巴黎大学已拥有许多个学院。与初等和中等教育一样，这一时期法国的高等教育也处于天主教会的管辖之下。大学在宗教改革运动之后一直排斥新教徒，从 1638 年起还停止向新教徒颁发学位，同时极力扼杀进步思想，法国资产阶级哲学家、科学家笛卡儿和启蒙思想家卢梭的著作都被巴黎大学列为禁书。在当时的大学里，只有新出现的个别讲座，如数学或自然科学讲座，反映了文化科学上的进步。

法国大革命时期高等教育受到重视，采用开设专门学校的办法培养专门人才。

1794 年创办的公共工程中心学校，即巴黎理工学校，不但在当时为法国培养了军工、交通、采矿、造船和测量等部门急需的技术人才，对法国资产阶级革命作出了贡献，而且在后来逐渐成为法国的一所重要科学教育机构。1795 年又创办了巴黎师范学校，这所学校拥有许多著名学者，重视基础知识教学，但由于它在政治上倾向雅各宾派，遂在雅各宾专政结束后被封闭。原有的大学由于长期受天主教会控制，宗教思想影响根深蒂固，因而这时予以停办。

(二) 19 世纪法国高等教育

拿破仑执政时期，大学设神学院、医学院、法学院来培养专门人才；设文学院、理学院，以授予学位(业士、学士)为主要职责，其课程是国立中学学业的继续和补充；原来的巴黎理工学校受到拿破仑的重视。

巴黎师范学校被恢复，并于 1808 年改组为培养国立中学教师的学校，实行寄宿制，只招收男生，是当时学术水平最高的教育机构。1845 年，巴黎师范学校改为巴黎高等师范学校，此后改称巴黎男子高等师范学校，另于 1881 年创立巴黎女子高等师范学校。

1875—1900 年，在高等教育方面，法国大革命冲击了古老的大学。高等院校一扫昔日偏重古典文科的经院习气，改变了旧大学不涉世务、独立于社会的形象，朝着适应资产阶级政治经济需要的方向发展。在这种形势之下，大学出现了综合化、大型化的趋势。巴黎大学发展成为包括许多独立学院、具有近代大学规模的一所综合性大学，并且重视开展科学研究工作，是法国高等文化科学教育的一个重要中心。1885 年至 1898 年进行高等教育改革。同一大学区的学院联合为一所大学，成立了大学审议会，赋予大学经费、教学、纪律等方面一定的自治权，以提高教学和科研的积极性，打破学院间的隔阂。至 1920 年，还规定大学可以附设专科学校，以便引入新学科，建立大学内外联系，促使大学为地方经济服务。

(三) 20 世纪法国高等教育

20 世纪前期，在具体的教育教学工作方面，法国教育也形成了它的特点。在教育方面，它重视培养学生的礼仪。在教学方面，法国高等教育十分注重对学生进行基本知识和技能的训练，尤其注意发展学生的思维能力。法国教育素有古典主义的传统，人文学科在课程中占很大比重，是为培养政府文职官员服务的。第一次世界大战后，为适应经济与科技发展的新要求，现代自然科学科目在课程中的地位不断提高。

1959 年的教育改革中，提出扩大大学招生人数，为未取得“中学毕业会考”合格证书的高中毕业生和非高中毕业生开辟大学院系；加强科学教育，发展职业技术教育；等等。1966 年，又规定建立短期技术大学，以减轻大学招生人数的负担和消除中等技术人员缺乏的现象。

1968 年，巴黎大学学生掀起了大规模示威运动，抗议法国教育制度陈旧、保守、管理过分集中，要求民主、自治和现代化。运动很快蔓延到其他大城市，被称为震惊世界的“五月风暴”。同年 11 月 12 日，法国议会通过《高等教育方向指导法案》(又称《富尔法案》)，提出了高等教育改革自治、民主参与、多科性结构三原则。在这些原则指导下，大学体制和结构进行了比较大的改革。取消了原来的大学院系建制，设置了教学与研究单位，使不同学科的教师、研究人员及学生有机地结合起来，促进了学科之间的交流与联系。20 世纪七八十年代，法国高等教育又在以往的基础上进一步改革，不断向教育民主化的方向迈进。

第三节　近现代德国教育发展

近现代德国教育的发展受到其政治经济发展的直接制约和影响。德国不同于英国和法国，是一个具有自己特点的国家。17 世纪中叶至 19 世纪初，英、法两国已经经历了资产阶级革命和工业革命，政治上分别建立了君主立宪制的国家和资产阶级共和国，经济迅速发展。然而，这时的德国仍是封建割据的状况，是一个由许多大小城邦组成的封建联邦式的农业国。因为有英国和法国政治革命和工业革命的经验可以借鉴，所以德国社会的变革虽然起步较晚，但却能后来居上。到了 19 世纪中期，德国已在各方面出现了一个迅速发展的新局面。至 1870 年，德国工业生产增长比英国、法国快两倍，在世界工业总产量中比重达 15.7%，仅次于美国，成为资本主义国家中的第二工业强国。

第二次世界大战中，德国战败投降，此后分别成立了德意志联邦共和国和德意志民主共和国。在美国的经济援助下，联邦德国的经济迅速恢复，并促进了教育事业的发展。战后联邦德国在教育方面的成就也极为可观。

一、教育行政

18 世纪各封建公国除了通过立法加强对学校的管理外，还设立必要的机构，直接把学校管理权掌握起来，1787 年普鲁士成立的高级学校委员会就是负责管理中等和高等学校的专门机构。从教会把持学校到公国管理学校应当说是历史上的一种进步，它反映了当时德国新兴资产阶级革命的愿望和资本主义生产力发展的需要。

1815 年，拿破仑“百日政变”失败，欧洲封建势力重新抬头，同年 9 月，俄、奥(奥地利)、普(普鲁士)三国结成神圣同盟，在神圣同盟的干预下，德国教育的发展出现了反复和倒退，宗教事务和国民教育部又取代了公共教育部。1819 年，政府命令学校监视学生的思想和行动，并专设特级教师完成此项任务。1824 年，政府又下令监视教师的行动。1848 年欧洲革命失败以后，文科中学的古典学科时数大增，自然学科被削减。政府认为自然学科是破坏了信仰的力量的危险学科，1856 年后干脆取消了自然学科。大学神学科目的地位被大大提高了，学术研究活动和中学讲授受到极大限制，哲学科学、学术中心几乎变成储存库。这一反复和倒退尽管推迟了德国教育改革的发展进程，却无法阻挡教育改革的历史潮流继续向前涌进。

德意志帝国时期(1871—1919)，1871 年的普法之战，法国战败，普鲁士最终统一德意志。这给德国资本主义的迅速发展创造了条件,是历史的进步。这一时期的德国教育充满着沙文主义、军国主义和僧侣主义。如德语、德国文学、德国历史和地理、宗教等教学,竭力宣扬德意志人是“世界上最优秀的民族”,是“占有主宰地位的民族”,向学生灌输民族沙文主义思想。宣扬黩武主义,强调以军事训练为主,试图把青年一代培养成为为侵略扩张服务的军人和臣民。

第二次世界大战以后,联邦德国教育管理方面发生了重大变化,废除了希特勒时期的中央集权制,实行地方分权的教育管理体制。联邦教育科学部是一个协调机关,它的作用主要是通过建议和拨款的方式影响各州教育事业。各州政府依据宪法和《学校法》对教育实行管理。州政府负责制定有关教育的方针、政策、课程、考试和教师的任命,承担教育事业的资金。州教育部是学校行政和管理的最高机关。

二、初等教育

(一) 17—18 世纪德国的初等教育

欧洲文艺复兴以后,德国的学校教育便与宗教改革不可分割地联系在一起。宗教改革中产生的新教派,包括路德派和后来的虔信派,为了发展新教的势力,十分重视教育。先是路德派建立并发展了初等学校(德意志学校的前身)、拉丁中学和文法中学(文科中学的前身),并按新教教义办大学。到了 18 世纪初叶,虔信派仅在普鲁士就开办了 2 000 多所学校,还办了许多贫民学校、拉丁语学校、初等学校、师范学校、孤儿院等。新教派的这些教育举措,主观上是为新教派揽民心、争地盘,扩大影响,客观上却起到了一个发展民族教育的作用。

1. 颁布强迫义务教育法

17 世纪初,各封建公国已经把初等教育由教会控制变为国家管理,并开始颁布自己的强迫义务教育法。然而,真正全面实现城邦分管教育还是在 18 世纪以后。最有代表性的是 18 世纪初,普鲁士两次颁布实施强迫教育法令。腓特烈二世颁布的学校教育法令很著名,它规定 5～12 岁的儿童必须到学校受教育,否则对家长实行罚款。普鲁士颁布的《民法》被称为世俗教育的“大宪章”,其中关于学校教育的条款明确规定:各级学校均系国家机构,教育青年是学校的职责,设立学校要经国家允许,所有公立学校都要接受政府的监督和视察。

2. 泛爱主义学校运动

在法国资产阶级启蒙思想运动影响下,德国在 18 世纪末、19 世纪初出现了代表新兴资产阶级意识形态的泛爱主义学校运动和新人文主义运动。泛爱主义学校运动是德国资产阶级反封建的启蒙教育运动,以学习、移植卢梭教育思想为宗旨。其代表人物有巴西多、康德等人,他们赞同卢梭的教育思想,反对压制儿童的封建式经院教育,主张热爱儿童,让儿童自由发展。巴西多创办了以户外活动和游戏为重要课程的泛爱学校,并推广到德国各地,形成了运动。巴西多还著书立说,传播资产阶级进步的人文主义教育思想。同时,德国的文学方面则出现了仿照《鲁滨逊漂流记》

写成的给青少年自读的《少年鲁滨逊》等儿部作品，成为重要读物。

（二）19世纪德国初等教育

作为德国新人文主义教育的代表人物，洪堡于1809年初担任普鲁士公共教育部部长，负责领导和管理全普鲁士各级学校的教育工作。他按照新人文主义精神，在短暂的一年半任职时间里进行了卓有成效的教育改革，使德国教育进入了一个繁荣时期，使国家在新的基础上建立起一套完整的教育制度。

洪堡首先注意提高基础教育的质量，加强小学师资的培训。他认为提高基础教育质量的关键在于提高教师的素质。他一上任就专门派遣了一批教师到瑞士去向裴斯泰洛齐学习，并特别要求学习裴斯泰洛齐热心办教育的精神和伟大人格。他还邀请裴斯泰洛齐的学生斯勒到普鲁士师范学校任教，传授经验。这一做法影响到德国的师范教育。到19世纪30年代，德国师范教育有了较大发展，出现了像第斯多惠那样在办师范教育方面有杰出贡献的教育家，也为德国中小学教育，特别是小学教育培养了大批质量较高的教师。

1872年，帝国当局发布普通学校法，规定6～14岁的8年初等教育为强迫义务教育阶段，并要求年龄不满18岁的在职青年接受职业补习教育。同时，将8年的国民学校分为4年的基础学校和4年的高等国民学校，并增设6年的中间学校供基础学校的毕业生就读。名义上中间学校的学生可以转入各类中学的相应年级，但实际上是有许多困难的。

（三）20世纪德国初等教育

1920年6月，魏玛政府在柏林召开的教育会议上讨论通过了初等教育法规，规定：废除原招收6岁儿童入学，肄业3年，以直升中学为目的的贵族化的预备学校，将4年制的基础学校定为统一的初等国民学校；基础学校的经费由地方政府负担，并由地方学校管理局直接管理；全国所有的学龄儿童，不论阶级出身，一律均须进基础学校学习；学校仍保留教派性质，师生均按其宗教信仰严格划分；义务教育定为8年；学生在基础学校毕业后，经考试，少数成绩优秀者升入各类中学，大多数进入4年制的高等国民学校继续学习，以完成8年义务教育。德国教育史上传统的双轨制，在学制形式上被废除。

第二次世界大战以后，联邦德国的教育又恢复了魏玛时期的名称，小学称为基础学校。根据1964年在汉堡签订的州与联邦之间关于统一学校制度的修正协议，所有年满6岁的儿童都必须进入国民初级学校。这个阶段为4年，属于义务教育的第一阶段。这一阶段结束后，进入中等教育阶段，即高级国民学校教育阶段，继续接受5年的义务教育。但是，按照1959年2月14日德国教育委员会提出的《改组和统一普通公立学校的总纲计划》的规定，儿童在升入中等教育阶段时，要经过两年观察期。通过观察，最后由教师和家长一起，确定学生应升入哪一种学校。

1970年7月2日，联邦德国文化部长会议发表了《对初级小学工作的建议》，对初级小学教改问题提出了七点纲领，包括：认为初小的改革不是一朝一夕可以完成的;教学内容、方法和组织形式不能分开,三者之间互为条件;对某些课程如数学、体育、性知识教育和社交教育制订出教学计划;等等。

三、中等教育

(一) 17—18 世纪德国中等教育

18 世纪,实科中学的兴办和骑士学校的衰亡是这一时期德国中等教育发展的重要特点。负责把贵族子弟训练成文武官职或外交人员的骑士学院,从 17 世纪中期开始到 18 世纪中叶,历时一个世纪就逐渐衰亡。从 18 世纪初开始,德国则出现了适应工商资产阶级活动所需要的实科中学,它比英国、法国的实科中学早建一个世纪。这是一种既具有普通教育性质,又具有职业教育性质的新型学校。最早的一所是 1708 年虔信派教徒席姆勒在哈勒创办的数学、力学、经济学实科中学。1747 年赫克在柏林又开办了一所经济学、数学实科中学,之后德国各个城市都兴办了这种学校。实科中学以教授数学、物理学、力学、自然等学科为主,并辅之以绘画、制图,后来又增设建筑、商品经济、贸易、经济等学科。教学内容均和实际生活、国民经济部门直接相联系,适应了德国发展重工业为主导的经济方针,为德国后来成为工业强国培养了大批经济管理人才。在这一点上,德国新兴资产阶级显得比英国、法国资产阶级更有远见。

(二) 19 世纪德国中等教育

洪堡在任职期间,注意对文科中学进行多方面的改革,重视中学师资的考核与选择。1810 年,新制订的中学教学计划削减了古典学科的内容,扩大了普通基础学科的教学,使文科中学更加接近实际生活。同时,德国还加强了中学师资的考核与选择。1810 年规定,中学教师需要通过国家考试,取得合格称号。考试由国家委托的大学办理,考试科目以大学训练中学教师开设的课程为依据和标准。这就改变了中学教师由神学家、牧师和未经考核的人员担任的现象,在一定程度上保证了中学教师的质量。

德意志帝国时期的德国中学由文科中学、实科学校和文实中学三种类型所构成,但文科中学仍为主要类型。文科中学的学生多为贵族和资产阶级的子弟,教学内容偏重于拉丁文和希腊文,而忽视一般学科,尤其是自然学科的学习。实科学校则比较重视自然科学和现代语文的讲授。后来,在许多普通中学里也出现了向实科教育发展的倾向,以满足新兴资产阶级发展工商业的需要。文实中学最初由一部分实科中学因增加神学和拉丁语课程而形成,古典语与实用知识的学习并重;帝国时期则成为德国普通中学的三种学校之一。一般设宗教、拉丁语、英语、德语、法语、历史、地理、数学、自然史、物理、化学、矿物学、图画、写字、唱歌、体育等课程。1896 年,文实中学的学生约占全部中学生总数的 23%。1901 年帝国政府正式确认其毕业生有权报考高等学校。这是对特权阶级子弟就学的教育轨道所进行的调整与改革。

（三）20世纪德国中等教育

德意志共和时期(1919—1934)，除九年制的文科中学、实科学校和文实中学继续存在外，还增设了德意志中学与建立(上层)中学。建立中学招收读完高等国民学校七年级的学生，学制6年，这种中学设在乡村小镇。德意志中学以德意志文化为主要教育教学内容，浸透着日耳曼民族沙文主义的精神，它与其他中学一样招收基础学校的毕业生。这一时期德国中等教育改革的意义主要在于，由于德意志中学和上层建筑学校的设立及它们与初等教育的衔接，教育的双轨制受到了一定的冲击，从而为教育机会的均等和教育的民主化开辟了广阔的前景。

第二次世界大战后，联邦德国的中等教育成绩巨大，这一点充分表现在中学生人数迅速增长方面。它标志着联邦德国青少年文化水平大踏步前进，其意义极为深远。在各类中学中，完全中学(即传统的文科中学)发展很快，改变了过去那种为贵族和上层阶级子弟所专有的状况。

1964年10月28日，联邦德国各州文化部长签署的协定规定，今后不再用高级中学、高级实科中学或人文中学的名称，而是把所有高级阶段的中等学校统称为文科中学。1974年，文化部长会议还为文科中学的毕业考试规定了统一要求和标准课本。学生在文科中学结业时，通过国家规定的专门考试(包括笔试和口试)后，可以获得毕业证书，这样他们也就同时获得了升入高校的资格。如果他们不愿升学(此种现象很少)，可以在工业、商业、银行业、联邦国防军或管理部门获得较高的位置。

四、高等教育

（一）17—18世纪德国高等教育

18世纪，德国的大学增加了人文学科(历史、哲学、法律等)。人文主义精神开始占据重要地位，改变了以宗教神学为主要学科的状况。学校教学用语不再限于拉丁语与希腊语，可以用德语授课。这不仅大大有利于发展德国的民族文化与精神，也利于提高教学质量和活跃学术研究。

（二）19世纪德国高等教育

洪堡还重视创建新型大学，主张把大学办成哲学、科学和学术研究的中心。他和哲学家费希特一起于1810年最先创建并领导了柏林大学。他们着眼于学术研讨和科学水平的提高，主办讲座，开展自由讨论，提倡师生研究，鼓励新的建树。他们聘任黑格尔讲授哲学；冯特讲授实验心理学；斯塔尔讲授法律；穆拉讲授病理解剖学；李沁讲授实验化学；等等，使当时著名的哲学家、科学家都荟萃于柏林大学。1811年建立的波恩大学等，均按此宗旨办校，从而开拓了学术研究的新风气，保证了大学教学的最优质量。

（三）20世纪德国高等教育

在高等教育方面，共和时期的德国大学又逐渐恢复了它作为讲授科学和研究学术的中心的地位，并且实行大学自治、教授治校，使德国的学术进步和文化提高相比其他各国更快。

在师范教育方面，共和时期的师范教育备受重视，教师的地位和对教师的要求也相应提高了。小学教师由通过严格考试选拔的中学毕业生进入大学的师范学院予以培养，学制为 4 年，其中后 2 年为实习年。中学教师则由大学直接培养，学制 4 年以上，毕业后试教 2 年，合格者为助理教员，经过国家正式任命，方能成为正式的中学教员。中小学教师均被视为国家官员。

第二次世界大战后，联邦德国的大学数量和大学生人数都有较大的发展。1976 年 1 月 26 日，联邦政府正式颁布了《高等学校总纲法》。这个法案成了第二次世界大战之后联邦德国第一个有权威的高等教育方面的法案。它对高校的修业年限、大学的任务、入学许可、学校内部人员机构构成、学校组织和管理等事宜作了规定。这个法案的精神实质是既保留传统大学民主自治的特色，又注重挖掘大学的潜力，以适应新的国际竞争的需要。1985 年 11 月，联邦德国又对该法案进行了修订，删去了高等教育机构统一模式的内容，仍坚持高等学校多层次、多样化办学原则。

第四节　近现代美国教育发展

美国是一个年轻的后起的资本主义发达国家。它最早是英国在北美洲的殖民地，后来经过独立战争(1775)、南北战争(1861)，终于成为近现代政治、经济兴旺发达的国家。随着其政治、经济的发展，美国的教育也得到较大发展。

一、教育行政

1776 年《独立宣言》宣称：人人是生而平等的，他们都被造物主赋予了某些不可转让的权利，其中包括生命权、自由权和追求幸福的权利，为了保障这些权利，人民建立了政府。1787 年《美国宪法》颁布，虽然该宪法没有提及教育，但把增进公共福利、保障公民享受自由和幸福作为联邦政府的职责，联邦政府可以在宪法许可的范围内干预各州的文化教育，来促进各州人民的公共福利事业。1791 年《宪法修正案》规定：凡是宪法未曾给予联邦而又未曾限制给予各州的权利，都是保留给各州或人民的。由此引申出兴办教育是地方政府和人民的权利。

地方学区是美国最早的教育管理单位。独立战争前，新英格兰地区已形成学区教育的管理制度。1768 年，马塞诸塞州颁布法律确认学区的合法地位，1789 年该州又以法令规定学区为办学单位，以后又准许学区征收地方教育税，授予学区具有签约、诉讼等权利。1827 年，马塞诸塞州进一步立法完善了学区对教育的法令权。法令规定，学区有权选举本学区教育官员，学区官员有权选择课本、雇佣和审核教师资格，以及提供维修校舍的经费等。至 1853 年，该州又率先采用镇学区制，以后随着学校规模的进一步扩大，又发展成县学区制。

直到 19 世纪初，随着公立学校运动的发展，各州开始创建州教育组织，逐渐加强了对学区的领导，州管理学校的职能不断加强。1802 年，俄亥俄州成为最早由州参与教育管理的地区。纽约州于 1812 年设立了美国第一个州教育厅，设置视导全部公立学校的教育监察长。1837 年，马塞诸塞州议会通过法令设立美国教育史上第一个州教育委员会，负责州教育行政事务。

20 世纪上半叶，美国教育表面上虽保持了各州地方分权的领导体制，实际上垄断资产阶级通过经济手段加强了对教育的控制。各大财团建立基金会给教育机构和对学校赠款，用这种办法对教育方针、学校学科、专业设置、教学内容、科研项目，甚至教师的聘请等进行实际领导。1900—1920 年美国共有 50 个教育基金会，到 1921—1940 年就增加到 200 个，这一时期，教育实际变成垄断资产阶级的国家工具。

第二次世界大战以后，美国的教育行政制度仍是地方分权制，但在资本主义各国普遍出现加强国家集中领导教育这一趋势的影响下，美国也逐步加强联邦政府在教育行政方面的领导作用。1979 年 10 月，美国建立了联邦教育部，联邦政府主要通过对地方划拨教育经费的途径对各州教育进行渗透。各州教育委员会实际掌握各州教育大权，在州以下还有地方教育行政机构。另外，美国还有一些大财团设立的教育基金会也通过对学校及各级教育的赠款实行对教育的影响和控制。

二、初等教育

（一）独立战争前教育殖民地化时期

这一时期的美国初等教育主要是仿照或移植英国的妇女学校、慈善性的贫民初等学校。妇女学校是由一个稍能读写的家庭妇女向家长收一点学费，聚集少数年幼的儿童在她的家里（通常在厨房）教学，故亦称厨学，亦称厨房学校（见图 8-5）。教字母、计算、祈祷和教义问答，并选读《圣经》的一些句子。贫民初等学校以新英格兰最为普遍。它的课程是阅读、书写、宗教，广泛用做儿童读本的是《新英格兰启蒙读本》。此外，还有私人建立的夜间学校和补习学校，都是专为平民子弟和贫苦儿童设立的。初等教育一般条件差，教学质量不高，不受重视。

图 8-5　美国殖民地时期的厨房学校

1642 年，马塞诸塞议会颁布法案，规定所有儿童均需学会识字读书。1647 年，马塞诸塞殖民地当局又颁布了《老骗子撒旦法案》，要求家长应对自己的孩子进行教育，并规定各乡镇居民点居民共同出资兴办初等和中等学校，为那些希望接受教育的儿童提供受教育的机会。该法案是北美殖民地第一个维护义务教育的法令，奠定了北美殖民地公立学校体系的法律基础。

（二）独立战争后民族教育的觉醒时期

独立战争爆发10年后，美国的普通教育向公立化、国有化方向发展，普遍建立的星期日学校，多达2 800所，收容贫苦儿童的中小学大部分改为公立学校。公立教育之父贺拉斯·曼(马塞诸塞州教育厅厅长)，曾前往德国考察教育，大力主张建立公立学校。随后，在美国各地掀起了一个声势浩大的公共教育运动。公共教育运动首先从新英格兰各州开始。各州采取的政策措施主要有以下几项。①设立州教育委员会等地方教育行政机构，加强对学校教育的领导管理，推动教育的改革和发展。②实行免费教育，包括购买教材和提供免费取暖等。③多方筹集资金，或从地方财政中划拨专款，支付办学经费。④制定并颁布有关义务教育的法令，强制实行。公立学校的建立成为美国普及义务教育运动的开端。1834年，宾夕法尼亚州建立了美国第一所公立小学。

（三）南北战争后国家教育制度的确立时期

南北战争结束后，黑人获得了解放，极大地促进了社会生产力的发展，使美国成为世界工业强国。此后，美国的初等教育也获得了快速发展。从马塞诸塞州第一个通过义务教育法，1918年、1919年，密西西比州和亚拉巴马州最后通过义务教育法，其间用了60多年时间，美国基本普及了6年到8年的义务教育，即小学初等教育，这个速度还是比较快的。

（四）20世纪现代教育发展时期

20世纪上半叶，美国继续改革学制，缩短年限，扩大受教育的范围，增加普及义务教育的年限。从1918年开始，各州相继颁布强迫教育法令，法令规定普及义务教育的年限增加至10～12年，相当于高中，到1918年为止，全国实现了初等教育的义务教育。为了普及中等教育，美国继续进行学制改革，到1918年基本实现由八四制改为六三三制的目标，仍保留了八四学制、六六学制、六二四学制。

第二次世界大战以后，1958年的《国防教育法》对美国的教育起到了重大而深刻的影响。其主要目的是提高各级学校的教育质量，初等教育也被包括在内。1965年，美国政府又公布了《初等教育法》，规定对贫困家庭子弟免收学费、书籍费、学习用具费和来往学校的交通费，并且免费供给午餐。小学教育有了较快的发展。1976年美国教育界兴起“回归基础”运动，要求小学应以阅读、书写、计算为重点。美国的小学按传统方式是实行分级制，即学年升级制。后来有些州开始试行不分级制，也称为无学年制，20世纪70年代得到普及。与此同时，有的小学还实行多级制，即保留年级制，但允许学生同时修几个年级的课程。

三、中等教育

（一）独立战争前教育殖民地化时期

这一时期的美国中等教育主要是仿照英国的拉丁文法学校和文实学校。拉丁文法学校的课程是古典的，学生要掌握希腊文和拉丁文，学习宗教教义。1635 年创建的波士顿拉丁文法学校是美洲新大陆的第一所中等学校。由于拉丁文法学校培养的学生缺乏谋生的技能，不适应社会的需要，因此，富兰克林于 1749 年提出了《宾夕法尼亚青年教育的建议》，倡议建立面向实际的新型中等学校，即文实中学。在富兰克林的努力下，1751 年费城开办了美国第一所文实学校，开设的课程主要有算术、会计、英文文法、簿记、公共演讲、书法、绘图、航海、科学、测量等。这类学校适应当时商业发展需要，很快就取代拉丁文法学校而成为美国主要的中等学校类型。但它基本上是私立收费的，因而入学人数有限。

（二）独立战争后民族教育的觉醒时期

独立战争后，随着公立学校运动的发展，文实中学也大量地发展起来。文实中学主要面向中产阶级子弟。文实中学的发展适应了日益壮大的资产阶级的需要和政治经济的发展，很受欢迎，因而受到政府的资助和重视。到 19 世纪中期，文实中学基本取代了拉丁文法学校而成为美国中等教育的主要形式。

（三）南北战争后国家教育制度的确立时期

这一时期，美国的中等学校朝着资产阶级民主化、现代化方向发展。拉丁文法学校、文实学校、私立中学是美国历史上中学的三种基本形式，其中，拉丁文法学校重视以升学为目标，文实学校与私立中学重视职业训练。

南北战争后，各州普遍重视开办公立中学，它是初等教育的延续，其主要任务是为学生进入社会做好职业方面的准备。1821 年创办的波士顿英文中学（见图 8-6）是美国第一所公立中学，学校经费由当地纳税支持，课程侧重应用学科。1872 年，密歇根州最高法院对卡拉马祖诉讼案的裁定，为美国公立中学发展提供了法律保障。法院判决允许以公众税收作为公立中学的经费来源。此后，各州纷纷创办公立中学，并逐渐取代了文实中学而在全国发展起来，成为与小学紧密衔接的公共教育体系的重要阶段。

图 8-6　创办于 1821 年的波士顿英文中学

（四）20 世纪上半叶中等教育的普及

由于经济发展，很多国民具备了接受中等教育的经济能力；随着移民的增多，更多适龄人口需要接受中等教育;而第一次世界大战中美国要征兵,统治者发现美国青年缺乏爱国热情,迫切需要加强教育,形成统一的民族精神。诸多原因的共同作用下,20世纪上半叶,美国中等教育迎来大发展时期。

据统计,1890年全国共有公立中学2 526所,到1938年增加为25 652所,全国私立中学则由1890年的1 632所增加到1938年的3 327所。1880—1930年,中学生的数量增加了40倍。中学类型多样化,有综合性中学、工艺中学、工科中学、农业中学、商业中学等,中小学学制有六三三制和八四制。

1918年《中等教育的基本原则》中提出了中等教育的七大目标,即保持身心健康、掌握基础知识、成为良好的家庭成员、具有准备就业能力、具备公民资格、善于运用闲暇时间、具有道德品质。报告建议中学里所教的每一科目都需要重新组织,中等教育应当在组织统一、包容所有课程的综合中学进行,使综合中学成为美国中学的标准模式,使中等教育面向所有适龄青少年。

1917年,美国颁布了《史密斯-休斯法案》,该法案的主要内容可概括为以下几点。①由联邦政府拨款补助各州大力发展大学程度以下的职业教育,开办提供农业、工业、商业和家政等教育的职业学校。②联邦政府要与州政府合作,提供农业、工业、商业和家政等方面科目的师资训练,对职业教育师资训练机构提供补助。③在公立学校中设立职业课,设置选修的职业课程,把传统的专为升学服务的中学改革成为兼具升学和就业双重目的的综合中学。④联邦政府应设立职业教育委员会。

该法案颁布后,美国形成了由中央到地方的全国性的职业教育系统,从此美国职业教育的发展不再是一种行业的自发行为,而是一种联邦与州合作、共建的政府行为。它第一次为中等程度的职业教育体制提供了牢固的财政基础,使得美国中等职业教育制度化,有力地推动了美国职业教育的发展。该法案使美国普通教育的内部结构和性质发生了变化,使得普通教育开始由传统的单一的升学目标,转向升学和就业的双重目标,促使在公立学校中开设职业课程,加强了普通教育与社会实际的联系,加强了普通教育的实用性。

(五)第二次世界大战后的中等教育

1958年出台的《国防教育法》要求加强"新三艺"(即自然科学、数学和现代外语)及其他重要科目的教学,对中学教学进行了一些改革,同时也增加了教育经费的投入。20世纪60年代,美国出现了中学(middle school),在20世纪七八十年代有了很大发展。同时,综合中学也有了迅速发展。

20世纪50年代末至60年代,美国出现课程改革运动,重点是中学课程的改革。根据美国教育家布鲁纳的结构主义教育理论,先是对自然科学和数学课程进行改革,然后又扩展到人文学科和社会学科课程。在教学手段和教学方法上,学校也加快了教学手段的现代化,并重视启发式教学和个别化教学。

1976年的"回归基础"教育运动提出:中学应着重于英语、自然科学、数学和历史；教师应在学校教育中起主导作用；应实行严格的纪律；升级和中学毕业应依据学习成绩；应从公立学校课程中取消各种虚饰课程和选修科目等。但美国教育界对该教育运动持有不同看法。

美国的中等教育一般分为初中、高中两阶段，原则上初中不划分类别，进行一般的文化基础知识教育；高中实行分科教育，如：为升学做准备的学术科、为就业做准备的职业科、为毕业当非熟练工人而设置的普通科，等等。美国中学的教学组织形式与方法多种多样，如开放教室、作业法、发现法、选修课制、学分制等。

四、高等教育

（一）独立战争前教育殖民地化时期

这一时期的美国高等教育是广泛建立宗教性的殖民地大学，仿照英国牛津大学、剑桥大学办学。1769 年，美国有 9 所这样的大学，是由教会举办的，其中最著名的有 1636 年办的哈佛学院（见图 8-7），1701 年成立的耶鲁学院和富兰克林学院，1754 年成立的皇家学院等。除了富兰克林学院以外，其他几所大学的教育目的是培养具有高深学问的传教士、教育工作者和虔信宗教的政府官吏。

图 8-7　美国哈佛大学校园

（二）独立战争后民族教育的觉醒时期

美国独立战争之后，西部和南部的开拓发展急需人才，政府不得不用公款办理高等院校，州立大学应运而生。弗吉尼亚州 1776 年的州宪法中就已经规定设置州立大学，虽然付诸实施稍晚，但影响较大。1795 年，北卡罗来纳州正式创立了州立大学，成为美国第一所州立大学。联邦政府也采取了鼓励建立州立大学的办法，到 19 世纪，州立大学纷纷建立起来。到美国南北战争前，全国 27 个州已有 25 个州建立州立大学。1860 年美国州立大学已达 66 所。但规模小，入学者少。1885 年学生人数在 250 人以上的大学仅 9 所。各州的教会也设立高等学校。高等学校普遍取消了神学讲座，增设了物理、天文、地质、气象等现代新学科，并且很受重视，形成了与欧洲当时的大学截然不同的学风。

（三）南北战争后国家教育制度的确立时期

1. 赠地学院的创办

1862 年，美国通过了《莫雷尔法案》，该法案规定：联邦政府在每州至少资助 1 所学院从事农业及工艺教育；依据 1860 年规定分配的名额，每州凡是国会议员 1 人可获赠 3 万英亩（1 英亩 = 4 046.8 平方米）的公地或相等的土地期票；出售公地所获资金的 10% 可用于校址用地，其余则设立捐赠基金，其利息不得低于 5%；出售公地所获得的捐赠基金如果在 5 年内未能使用，将全部退还给联邦政府。大多数州将赠地收入用来创办农工学院或在原有的大学内附设农工学院，这种学院被称为赠地学院。赠地学院是美国从本国实际出发所独创的高等教育机构，改变了高等教育重理论轻实际的传统，开创了高等教育为工农业生产服务的方向，也改变了美国私立高等院校占主导地位的局面。

2. 研究型大学的兴起

19 世纪，美国大批学者赴德国留学和考察。从 1815 年至 1915 年的 100 年时间里，大约有 1 万名美国学生和学者在德国学成毕业，其中不少人后来担任了美国一些重要大学的校长，成为将德国大学体制移植到美国的提倡者。1876 年，约翰·霍普金斯大学建立，它以学术性研究为主，强调教学和科研的统一，在全国首创研究生院。此后，哈佛大学、耶鲁大学、哥伦比亚大学等都以德国为榜样，向学术型方向发展。如图 8-8 为美国哥伦比亚大学授予学位典礼。

图 8-8　美国哥伦比亚大学授予学位典礼

（四）20世纪前期初级学院运动与高等教育的扩张

19世纪末，出于提高高等教育办学质量、完善高等学校的类型结构及层次结构的考虑，芝加哥大学校长哈珀(William R. Harper)等人提出改建或创办初级学院的构想。1892年，哈珀把芝加哥大学分为两级学院——基础学院和大学学院，后来名字分别改为初级学院和高级学院，首次使用初级学院这一概念。哈珀的设想是把传统的四年制大学课程划分为两部分，后两年更加接近于专业教育或研究生教育，前两年则更加类似于中等教育。1902年伊利诺伊州的乔利尔特教育委员会在乔利尔特中学附设了十三、十四年级，创办了全美第一所公立初级学院——乔利尔特初级学院。1900年全美共设立初级学院8所，在校生100名。1915—1916年，初级学院的数量增加到74所，1921—1922年达到207所。到1930年，全美初级学院的数量猛增到436所，在校生约7.5万人。这时还创办了一些两年制的大学，吸收部分劳动人民子女受高等教育。这是为了适应美国现代化生产发展的需要而设立的。

作为两年制高等教育机构的初级学院，其重要任务是扩展高等教育，使本地区希望进入学院和大学学习的青年在中学毕业后能有机会接受高等教育。在发展初期，初级学院的管理未能真正纳入高等教育范畴，被认为是高中教育的延伸，属于中等教育的范畴。20世纪20年代后期，初级学院协会把初级学院界定为一种提供严格的两年制学院水平教学的教育机构。另外，初级学院开始重视设置职业课程，把提供有关农业、工程技术、手艺等科目的终结性教育作为其办学宗旨之一，并把职业教育作为初级学院终结性教育的主要部分。这样，转学教育与职业教育就成为初级学院的两大主要职能。

（五）第二次世界大战后的高等教育

第二次世界大战以后，美国高等教育在形式上和职能上并没有很大的变化，但是学院和大学的数量及入学人数却有很大的增长。自1950年美国国家科学基金会成立后，学院和大学的数学、物理学、医学、生物学、工程学和其他专业得到进一步加强。《国防教育法》颁布后，对高等教育又采取了一系列措施，如要求加强理工科大学、确立全国重点大学、增加对大学的拨款资助、大力发展研究生教育等。为了增加对高等教育的资助，美国联邦政府先后颁布了一系列有关高等教育的法案，如：1965年的《高等教育法》，1972年的《高等教育法(修正案)》，1980年的《教育修正案》等。

自美国高等教育委员会1947年建议使用"社区学院"这一名称以后，公立的两年制学院一般改称社区学院。社区学院在第二次世界大战后有了更大的发展。自20世纪60年代以来，社区学院数已占美国学院和大学数的1/3，进入社区学院学习的学生数也有很大的增长。

为了适应现代科学技术的迅速发展，从20世纪60年代起，美国高等院校的课程内容进一步革新。在课程革新的过程中，学院和大学克服了基础学科少和专业学科过于分化的情况，开始重视普通的文化知识课程，并开展学科之间的合作，共同研究和探讨新的知识领域，建立新的专业门类。在教学方法上，学院和大学更加强调实验和讨论，允许本科高年级学生选修研究生的科目，还更加广泛地运用计算机、闭路电视、电影等现代化教学设备，提高教学效果。此外，美国高校的科研也得到了迅速的发展，不仅极大地提高了学院和大学在美国社会生活中的地位，使之成为国家基础科研的基地和培养高级科技人才的中心，而且也从国内外吸引大批卓越的学生和学者，进一步推动了大学本科和研究生教育。

第五节　近现代日本教育发展

以明治维新为界限，日本教育史分为古代教育史和近代教育史。明治维新是日本历史上的一次不彻底的资产阶级革命。从19世纪70年代起，明治政府进行了包括教育在内的一系列资产阶级性质的改革，使日本成为近代东方的第一个资本主义国家。近代日本的教育制度就是从这个时候起逐渐形成的。明治政府提出"富国强兵"、"殖产兴业"和"文明开化"三大政策，大刀阔斧地改革封建制度，如饥似渴地引进西方文化和科学技术。

德川时期日本逐渐形成的学校教育有幕府直辖学校、藩学、民众教育所三个等级。在德川时期的后半期，相当于中等教育和高等教育的私立学园(私塾)明显地繁荣起来，这种学校是不分等级向一切人开放的，讲学自由，有亲密的师生关系，学生可以自由转学听课，很像我国古代的书院。私立学园大多讲中国经书，也有不少是讲国学、西学的。德川时代的学术文化水平，主要靠私立学园保持下来。

教育作为文明开化的工具和实施殖产兴业、富国强兵的手段，被视为旺国兴邦的战略武器而受到高度重视。在这种思想的指导下，明治政府继承幕府末期的教育遗产并大力吸收欧美国家发展近代教育的经验，使日本教育很快步入了近代化轨道。

日本在第二次世界大战中以彻底失败而告终。战后，日本在以美国为首的盟军部队控制下宣布放弃军国主义政策，实施和平建设的基本国策。与此同时，日本实行一系列教育改革。1947年颁布的《教育基本法》和《学校教育法》是战后日本教育改革的开端。从此以后，日本的教育得到了较好的发展。

一、教育行政

1871年明治政府废藩置县，确保了对全国的直接控制，接着成立了文部省作为负责教育行政管理的中央机关。1872年8月，在参考欧美教育制度和对日本原来的教育制度进行调查的基础上，文部省颁布了以仿效法国教育制度而制定的《学制令》。《学制令》规定在文部省的统一管辖下，全国设立八大学区(1874年改为七大学区)，各设一所大学；各个大学区分为32个中学区，各设一所中学；每个中学区又分为210个小学区，各设一所小学。从这个学制来看，其教育行政管理的中央集权制和学区制的思想取自法国，而单轨制的设想则来自美国。这是明治政府成立后所颁布的第一个教育法令，在日本教育史上具有重要的意义。它的颁布被看成日本近代教育的黎明。

为了克服《学制令》中所存在的学区划分过于理想化，学制过于单一化和对各地办教育的积极性的限制等缺点，1879 年，明治政府又颁布《教育令》，废止了《学制令》，规定废除学区制，把教育管理权下放给地方。

到第二次世界大战前为止，日本教育进一步国家化，文部省统辖全日本的各级各类学校，并且从 19 世纪末起陆续设立了普通学务局、专门学务局、实业学务局、宗教局等机构。学校的经费由政府拨给，学校的课程和教科书都须经文部省审准，又于 1903 年确立了小学教科书的国定制，绝大部分小学教科书的著作权直属文部省。

第二次世界大战后，日本废除中央集权的教育领导体制，改为实行地方分权制，在中央仍设文部省，同时新设教育委员会作为各级地方教育行政的领导部门。依据新宪法和《学校教育法》，于 1948 年颁布了《教育委员会法》，次年颁布《文部省设置法》。文部省的权力和工作范围大为缩小。教育委员会的权力较大。在战后初期极其困难的条件下，得到公众支持的教育委员会，对于重建学校和进行教育改革发挥了积极的作用。进入 20 世纪 50 年代，日本的教育领导体制开始变动，到 1956 年颁布《地方教育行政组织与职能法》之后，教育委员会成为地方政府的一个部门，其成员改为任命制，权力被大大削弱。与此同时，文部省的权限却得到扩大与加强。1953 年 1 月，文部省设立中央教育审议会（简称“中教审”），主要任务是按照文部大臣的咨询，进行教育情况调查、研究，并提出相应的建议与措施。实际上，它的活动对于制定有关重大教育问题的决议和法令，起着举足轻重的作用。

二、初等教育

1872 年的《学制令》反映资产阶级采用先进科学技术以发展资本主义经济的需要，提出了全民教育即普及初等教育的目标，所以全国各学区除了在改造寺子屋的基础上广设小学外，还出现了女子小学（见图 8-9）、村落小学、贫民小学和私立小学等各种类型的小学。小学学制 8 年，按年级制组织课堂教学，考试十分严格。小学的课程多至二十几门，包括了现代西方科学的各门基础知识。但是，当时的日本要普

图 8-9　日本明治初期的小学

及8年的初等教育实际上有许多困难:政府和民众团体的经费很困难;人民贫困;从西方直接翻译过来的教材不太符合日本的需要和儿童的实际接受能力;能讲授西学的合格教师很少;等等。

1886年4月10日,日本政府颁布《小学校令》,规定小学分寻常小学和高等小学两级,修业年限均为4年。6～14岁为学龄期,学龄儿童必须接受4年义务教育。寻常小学开设的课程有修身、读书、作文和写字。

1900年,日本政府修改《小学校令》,确立了4年义务教育制度。1907年,正式将8年小学的前6年定为义务教育,同时决定废除一切私立学校,国民教育全部由国家举办。据1920年统计,当时日本的小学入学率超过99%,适龄儿童几乎全部入学。由于小学教育已经普及,初等教育改革的重点之一是延长义务教育年限。临时教育会议建议,从1924年起实行8年制义务教育,但因时机不成熟和所需经费过多,这项建议未被采纳。8年制义务教育直到1937年才正式通过,但由于战争爆发,实际未执行。

此时的日本小学,开设修身课(道德课)以灌输皇道思想和武士道精神。1900年以后,日本开始改变照搬西方课程和教材的做法,把各学科整理成一套基本的科目,以日语和算术为主。19世纪末20世纪初,日本盛行赫尔巴特的教学法。到20世纪二三十年代,杜威和国际上的新教育思想深深地影响着日本的教育界。虽然新教育的支持者未能改变当时日本教育的主流,但他们的一些意见受到人们的重视。当时更多地注意了儿童心理学,同日常生活联系更密切的教材被采用了,课本中的句子也更易为儿童所理解了。

1947年的《教育基本法》和《学校教育法》规定,采用六三三四制单轨学制,将义务教育年限由6年延长为9年。儿童6岁入学,男女儿童教育机会均等,一律实行男女同校制度。小学阶段培养儿童用科学的态度观察和处理日常生活中遇到的自然现象的能力,正确理解人类相互关系等。小学必须使用经文部大臣审定的教科书或以文部省名义著作的教科书,教科书要符合教育目标的精神。

1971年6月,日本中教审向文部大臣提交了一份《关于今后学校教育综合扩充、整顿的基本措施》咨询报告(简称《咨询报告》),该文件的许多精神被文部省采纳并实施,成为日本继明治初期和战后初期两次重大改革之后的所谓"第三次教育改革"的主要依据。《咨询报告》对日本的初等教育提出了一些改革设想,认为初等和中等教育目的是为每一个人终生成长与发展打下基础。因此,应采用新的教育方法,促使每一个人个性人格发展,还应更新教育内容,从人的连续发展过程的角度设计教育内容,并提出了具体的改革措施。

三、中等教育

明治初年,日本教育的发展重点在初等教育,因此中学较少。各地根据1872年《学制令》办起的主要是一些开设西方学科和学习外语的中学,此外,在原来学西方文化的私立学园的基础上,又出现了一些私立中学,如福泽谕吉和新岛襄创办的庆应义塾(后来的庆应女塾大学)和同志社英文学校(后来的同志社大学)等。当时日本各地还存在一些用日语作教学手段的男子中学,它们大多是简易类型的,官方不承认它们是正规中学。女子中学开始出现,但与男子相比,妇女受教育的机会少,程度也低,只有毕业于西方基督教会办的女子学校和私立学园的女子文化水平较高。从19世纪80年代初开始,日本对中学进行了整顿,规定了男子中学要达到的标准,不合格的不能称为中学,因此中学数量大大减少。1886年,日本政府颁布《中学校令》,规定中学分寻常中学和高等中学两级。前者修业5年,由各府县设置和管理;后者修业2年,属文部大臣管辖。高等中学和寻常中学性质不同,高等中学分科设置,属大学预科性质。中等技术和职业学校在这一时期已经出现,但其大发展是在20世纪之初。

19世纪末,日本在中学(男子中学)和女子中学进行的教育曾称为高等普通教育,其培养目标是双重的,既准备学生马上就业,又准备学生升入更高一级的学校。1894年,日本政府颁布《高等学校令》,取消高等中学名称,中学不再分为寻常中学和高等中学,改为5年一贯制的寻常中学。1899年修改《中学校令》,颁布《高等女学校令》和《实业学校令》,将寻常中学改成中学校,招收12岁以上、修完高等小学校第三年课程或有同等学力的男生。高等女学校是中学校的一种,修业4年,入学资格与男子中学校相同。实业中学也是中等教育机构的一种,其任务是进行职业教育。这些法令颁布之后,日本的中学数量明显增加,从1898年的186所、学生61 457人增加到1912年315所、学生128 973人。

职业学校实施职业训练,一般招收读完小学八年级的学生,再给予3～4年的训练。根据1899年日本政府的《职业学校令》,职业学校、农业学校、商业学校、商船学校和职业补习学校都包括在这个职业系统之内,徒工学校也被看做是一种技术学校。这样,技工和中等技术人员的培养再不是学徒制而是学校化了。

第二次世界大战以后,日本的中等教育以《教育基本法》和《学校教育法》为指导,开展了一系列改革。1958年,文部省提出"充实基础学力、提高科学技术教育"的教改方案,修订了中小学教学大纲,强调加强科学技术教育,增加数学、理科的教学时数,减少音乐、美术课的教学时数,并且加强了文部省对教学计划和教学大纲的统一管理。1971年的咨询报告也对中学教育提出了一些改革措施。

日本的高级中学在第二次世界大战之后迅速发展。但日本由于模仿美国的高中模式,强调开设综合高中,从而削弱了职业高中。1951年6月开始,日本文部省制定《产业教育振兴法》,采取了充实职业高中设备的措施。自1956年以后,逐步调整学科结构,增招工业高中学生。此外,普通高中也开设职业课程,供学生选修。1968年,文部省又提出"高中职业教育多样化"的方针,对职业学科内部结构进行调整。

四、高等教育

明治维新以后,日本逐渐形成这样一个认识:对国家最有用的不再是懂得儒教思想和日本经典著作的君子,而是具有西方新知识的科技人员。因此,高等教育被当做使日本现代化的首要条件之一加以发展。先前的开成所和医学所分别作为大学的南校和东校保留下来并加以扩展，讲授儒学的昌平坂学问所被废除了。1877年，大学南校与东校合并为东京大学(见图8-10)。除文部省外，政府各部都按照自己的需要建立起若干高教机构来培养科技人才，如工部省的工部大学，拓殖局的札幌农业学校，司法省的法律学校，不过后来它们几乎全部陆续被并入东京大学。1885年，东京大学已发展成为五个学院(文、法、理、工、医)组成的综合性大学，共有学生一千多名，日本当时的高级人才几乎皆出于此。1886年，东京大学改称帝国大学，它效法德国大学的经验，十分重视教学和研究两方面的工作。除了帝国大学(东京大学)外，庆应义塾到19世纪80年代也已发展成为包括文、法、财经三个部分的庆应大学。当时日本的政府和大学花了大量金钱聘请外籍教师，并派遣许多学生到先进国家去学习。日本大学致力于引进现代的学识、技术、文化及各种组织方法，从而为逐步建立日本高等教育和学术研究的独立体系奠定了基础。

图8-10　日本东京大学

19世纪末20世纪初，帝国大学(东京大学)改称东京帝国大学，另外又成立了京都、九州、北海道等几所帝国大学。同时，日本实际上存在许多公立或私立的专科学院。1903年，日本政府颁布《专门学校令》，规定：专门学校教授高等学术和技艺；修业3年；招收中学及高等学校毕业或具有同等学力者；在同一学校内可以并设预科和研究科；允许国立、公立，也允许私立。该令颁布后，原有专门学校按规定进行了整顿，同时，各地还成立了一批新的专门学校。

1917 年，日本政府颁布《大学令》，正式承认公立的县立大学和私立大学，并新建许多高等学校，如经济学院和商业学院，要求将专业学院重新命名为某某大学内的学院，尽量缩小不同学科间的障碍。由于地方政府和私人团体都能合法地设立高等学校和大学，日本的高等教育突飞猛进。当时日本大学中最著名的是几所帝国大学和庆应义塾、早稻田等优秀的私立大学。该法令还要求各帝国大学设立研究部，培养科学研究人员。20 世纪 20 年代以后，日本大学的教学和科研逐步形成一个较为完整的体制。

第二次世界大战后，日本的高等教育发展异常迅速。特别是从 20 世纪 60 年代开始，日本执行“国民经济倍增计划”，高等教育也因经济发展的需要而迅速发展。这个时期日本高等学校发展的特点是多样化、速度快，并且克服了长期存在的重文法(律)、轻理科的传统倾向。同时，学校组织的内部结构方面也有新的创造，形式多样化，不仅有 4 年制的本科，还有 2～3 年的短期大学和各种专修学校以及大学后的研究院。日本高等学校都实行学分制、课程选修制。20 世纪 70 年代以来，日本还出现了一些新型大学，筑波大学就是这方面的代表。该校在学校管理和课程设置方面迈出了新的步伐。它改变了传统的院系既管教学又管科研的制度，实行学群学类制，将教学和科研分为两个系统，便于学校接受国家和社会上委托的研究任务。新的学群制改变了过去将基础教育与专业教育分开的做法，而是将二者结合起来，实行综合化的课程。

教育启示录 4

日本在第二次世界大战之后实施义务教育的启示

以发动侵略战争而失败的日本在 1945 年 8 月 15 日宣布无条件投降，就在同一天晚上，当时的首相铃木贯太郎通过广播向全国宣称：日本今后除了努力振兴科学技术以外，别无他途。振兴科学技术的基础是教育，中曾根康弘在 1947 年所著的《教育论》中说：“我们虽然在痛苦的深渊，但是为了国家的百年，要嘶哑着咽喉疾呼：不能忘记教育！”在战后一片废墟和经济十分萧条的困境下，为重建日本，国家毅然决定实行 9 年制义务教育。当时，国民生活处在艰难之中，吃饭问题还没解决，就要实行比过去 6 年还多 3 年的 9 年制义务教育，学生要比过去增长将近一半，但是建设学校设施或设备的经费没有，加上全国原来的学校有 13%毁于战争，东京都 770 所国民学校有 270 所被战火烧毁。那时，只好在木棚里上学，实行二、三部制教学。蓝天教室(露天教室)、墨涂过的教科书(使用过去的教科书，经过检查被认为是不适当的内容，就用墨涂掉)被视为当时教育的特征。前文部大臣永井道雄回忆当时的情景：“就拿新制中学(义务教育阶段的初中 3 年)来说，因地方财政破产无力办学而引咎辞职的町村长，仅 1947 年就近 200 人，在山梨县、冈山县、香川县还相继出现自杀者。”

日本《综合教育技术》杂志1985年1月号“战后教育40周年和教育改革”特集介绍了实行9年制义务教育的一段血泪史，当时有4个村长因无力解决粮食和教室问题而引咎自杀。吉田茂在他的《激荡的百年史》中对此作出这样的评价：“终于断然实行了六三制(小学6年、初中3年的义务教育制度)。我认为有关人员的辛苦确实非同小可。我在一些问题上深切地感到：理想虽好，但负责把理想变为现实的人们都是很艰苦的。”

资料来源 节选自陈永明主编：《当代日本师范教育》，山西教育出版社1997年版，第215-216页，有改动。

复习思考题：

1. 名词解释：导生制 英国的公学 美国《莫雷尔法案》。

WAIGUO
JINXIANDAI JIAOYU SIXIANG

外国近现代教育思想

教育名言……

不能把小孩子的精神世界变成单纯学习知识。如果我们力求使儿童的全部精神力量都专注到功课上去，他的生活就会变得不堪忍受。他不仅应该是一个学生，而且首先应该是一个有多方面兴趣、要求和愿望的人。（苏霍姆林斯基）

你们自身的行为在教育上具有决定意义。不要以为只有你们在同孩子谈话，或教导孩子、命令孩子的时候，才是在教育孩子。在你们生活的每一瞬间，甚至当你们不在家的时候，都在教育孩子。你们怎样穿衣服，怎样跟别人谈话，怎样谈论其他的人，你们怎样表示欢欣和不快，怎样对待朋友和仇敌，怎样笑，怎样读报……所有这些对儿童都有很大的意义。（马卡连柯）

凡是教师缺乏爱的地方，无论品格还是智慧都不能充分地或自由地发展。（卢梭）

教学的艺术不在于传授知识和本领，而在于激励、唤醒、鼓舞。（第斯多惠）

我们所要求的是使儿童带着整个的身体和整个的心智来到学校，又带着更圆满发展的心智和更健康的身体离开学校。（杜威）

第九章 夸美纽斯的泛智教育理论

夸美纽斯(Johann Amos Comenius,1592—1670,见图9-1)是17世纪捷克的杰出教育家。他处于欧洲的历史交替时期,因而被后世称为欧洲封建社会最后一位教育家,同时也是新时期最初一位教育家。他总结了文艺复兴运动以来人文教育思想家的成果,并结合自己多年的教育实践经验,使之上升为理论。他于1632年发表的《大教学论》被称为世界教育史上第一部系统的教育学理论巨著,该书对有关教育的许多方面进行了系统的理论阐述。夸美纽斯的教育思想奠定了近代欧洲教育理论体系的基础,从而在世界教育史上占有特别重要的地位。

图9-1 夸美纽斯

第一节 夸美纽斯的生平及主要著作

1592年3月28日,夸美纽斯出生于波西米亚王国东部摩拉维亚的尼夫尼兹城一位捷克兄弟会成员的家庭里。12岁时,其父母先后病故,由于得到兄弟会的资助,才完成学业,后被选为兄弟会牧师,主持兄弟会学校工作。从此以后,他始终以极大的热情从事兄弟会争取民族独立的爱国活动,同时献身于教育事业。1618年,以天主教与新教的宗教战争为旗号的三十年战争(1618—1648)爆发。1620年捷克新教势力战败,捷克兄弟会受到残酷迫害。1627年7月31日,当时捷克统治者下令:以天主教为捷克的唯一合法宗教,所有捷克新教徒均须在6个月内公开皈依天主教,否则就要被驱逐出境。在此情况下,夸美纽斯与不愿改变宗教信仰的3万多捷克新教徒不得不在1628年2月离开世代居住的家园。[①] 在辗转流离于深山密林之中,夸美纽斯丧失了所有的藏书和手稿,并且还在一次瘟疫中失去了妻儿,境遇十分凄惨,最终定居于波兰的黎撒。在此处夸美纽斯主持了兄弟会办的一所古典中学,通过实际教学活动检验新的教育理论。并从此时开始,他系统地总结了前人、同时代人以及他自己的教育经验,先后撰写了《母育学校》(1632)、《大教学论》(1632)、《泛智论导言》(1639)等教育理论著作及教科书,提出了一套完整的教育理论体系,从而首次把教育学从哲学体系中独立出来,完成了教育理论史上的一次嬗变,奠定了近代西方

① 吴式颖、任钟印:《外国教育思想通史》(第五卷),湖南教育出版社2005年版,第232页。

教育学理论发展的基础。

1628至1630年之间,夸美纽斯写成《母育学校》,这是历史上第一部论述学前教育的专著。美国教育史学家鲍尔·孟禄指出:"夸美纽斯所写的《母育学校》一书是母亲教育启蒙期的儿童指南,但是在这本书中,人们找到的不仅是母亲教育儿童的指南,而且也是所有教师和一切担负着培养幼儿这一崇高神圣使命的人们的指南。"[①]实际上,夸美纽斯也是最先研究家庭教育的教育家和思想家之一。

1632年,夸美纽斯完成了其教育思想的代表作《大教学论》。《大教学论》是支持他伟大的教育构想——把所有事物教授给所有人的教学艺术。他的贡献主要表现为:首次提出系统的学校制度和普及初等教育的民主要求,建立了广泛的课程体系,并创立了一整套学校的工作制度,特别是实施集体教学的班级授课制度。

1639年,夸美纽斯在对《泛智论写作计划》加以修改和充实的基础上,发表了《泛智论导言》。此书的出版立即引起了当时学术界的广泛瞩目,不少社会名流及著名学者均对此书表示了浓厚兴趣。法国学者笛卡儿曾对该书写过评论,称夸美纽斯是"具有深湛的理智和博大的思想的人,而且对社会福利显示了高贵的热情"[②]。

第二节　泛智教育思想

夸美纽斯所处的年代恰逢近代自然科学蓬勃兴起,各种自然科学知识急剧增长,人们对知识的渴求也不断上升,他及时地提出泛智教育主张,其要旨是要求人应掌握一切有用的知识,把一切有用的知识教给一切人。这是一种包括知识结构与方法理论在内的庞大体系。

一、泛智教育的含义

17世纪30年代以后,夸美纽斯致力于泛智问题的研究,泛智教育思想是其教育思想的核心,也是他从事教育实践活动的思想基础。夸美纽斯试图建立一个百科全书式的泛智体系,包括关于上帝、自然和社会的普遍知识。"泛智"一词原意即广泛、全面的智慧、科学,也就是使所有人获得广泛的、全面的知识,并使智慧得到普遍发展的教育。用夸美纽斯自己的话来说,泛智的教育就是要"把一切事物教给一切人"[③]。

具体而言,夸美纽斯的泛智主张体现出两层意义。一是要求人们应该掌握现世生活所必需的、一切有用的知识,也就是教育内容的泛智化,主要包括智力、道德和宗教信仰,全部纳入教育内容之中。"我们应该借助科学研究接近对各种事物的普

① 任钟印:《夸美纽斯教育论著选》,人民教育出版社1991年版,第5页。

② 引自魏译馨:《傅任敢教育译著选集》,湖南教育出版社1983年,第595页。

③ 夸美纽斯:《大教学论》,人民教育出版社1984年版,第1页。

遍认识,接近泛智,接近包罗万象的而且各部分协调的完全的智慧。"[①]二是主张知识应该为所有的人所掌握,也就是教育对象普及化。夸美纽斯认为:"不仅有钱有势的人的子女应该进学校,而且一切城镇乡村的男女儿童,不分富贵贫贱,同样都应该进学校。"[②]其中,第一层意义是夸美纽斯针对科学革命所要求的学校教育内容扩充做出的反应,也是对此前人文实在论者和社会实在论者教育主张的综合和升华。第二层意义则体现出夸美纽斯教育思想的民主性。他把教育理论探讨的对象扩大到所有的人类,从而摆脱了人文实在论者和社会实在论者那种仅限于探讨贵族绅士教育的狭隘视野,这是夸美纽斯超越前人之处。显然,泛智思想集中体现了文艺复兴时期以后由于生产的发展、科学技术的进步和知识领域的扩展对教育内容提出的新要求。

二、泛智教育的目的

对教育的目的问题的探讨是每一个教育学家所不能回避的,从中可以反映出一个教育学家的立场及世界观。夸美纽斯尤其重视教育的作用,他寄希望于泛智教育革新传统的封建教育,从而达到改良社会的目的。

首先,夸美纽斯把泛智教育看做改良社会的手段。他高度评价了教育对于社会生活的作用,他希望通过教育改变社会道德普遍堕落的现象,从而减少黑暗与倾轧,得到光明与和平。他指出,教会与国家的改良在于青年得到合适的教导,认为教育好青年就是对国家最大的贡献。在《论天赋才能的培养》一文中,他从多方面对比了所谓有教养的民族和没有教养的民族之间的差别,以说明良好的教育所能产生的积极成果。其中特别指出,一个民族如果受到良好的教养,就会扫除愚昧贫困,身体健康,德行良好,生活得富足、幸福。显然,夸美纽斯的观点反映了他寄希望于教育使得国家复兴、繁荣的愿望。

其次,夸美纽斯认为泛智教育对人的发展有着重要的意义。他认为,只要通过教育,任何人的德行和才能都能得到发展。"假如要形成一个人,就必须由教育去形成","只有受过恰当教育之后,人才能成为一个人"。[③] 除此,他还认为:"世间的生活也只是永生的一种预备。"[④]教育就在于协助达到这一目的。鲍尔·孟禄指出:这一提法是夸美纽斯时代以前的教育家都会认可的,从表面上看和基督教会的教义及宣传一致;但若从实质上看,二者则不可同日而语。[⑤] 中世纪天主教会所主张的原罪论认为,人是带有原始的罪孽所玷污的存在,要准备来世的幸福生活就必须忽视现世的生活,实行禁欲主义,否认人的理性思维的能力。而夸美纽斯认为,教育的目的就

---

① 夸美纽斯:《大教学论》,人民教育出版社 1984 年版,第 52 页。
② 夸美纽斯:《大教学论》,人民教育出版社 1985 年版,第 52 页。
③ 夸美纽斯:《大教学论》,人民教育出版社 1985 年版,第 39 页。
④ 夸美纽斯:《大教学论》,人民教育出版社 1985 年版,第 21 页。
⑤ 吴式颖、任钟印:《外国教育思想通史》(第五卷),湖南教育出版社 2005 年版,第 242 页。

是通过接受知识，培养道德和信仰，使人所具备的知识、德行和虔诚的种子得到发展，从而为来世的永生做好准备。换言之，现世的人只有使自己的德智体诸方面得到和谐发展，才能为来世的永生做好准备。显然，夸美纽斯所提倡的观点与天主教会的思想有着根本的不同。

为了说明人人都可以接受教育、得到发展，夸美纽斯批驳了那种所谓有的儿童由于"智力迟钝"而不宜学习的论调，指出事实上智力极低的人犹如生来便没有手脚的人，是极其罕见的。他满怀信心地说："我们差不多找不出一块模糊的镜子模糊到完全照不出任何影像的田地，我们也差不多找不出一块粗糙的板子粗糙到完全不能刻上什么东西的地步。"而且，即使如此，镜子还可以擦干净，地板也可以先刨平。夸美纽斯告诫教师，不要对儿童的发展失去信心，更不要轻易武断地把儿童视为难于教育的孩子而放弃自己应有的努力。夸美纽斯深信泛智教育具有改造社会、促进个人发展的伟大力量和广泛的可能性，并做了详细的分析论证，这为他普及义务教育的思想提供了理论依据。

三、泛智教育的内容

作为一种知识结构，泛智教育思想贯穿在夸美纽斯倡导的教学内容和课程设置中，并提出了以下基本要求。

第一，课程内容必须对实现人们的实际目的，即实际生活有用。夸美纽斯说："对于每门学科，都要考虑它的实用问题，务使不学无用的东西"①，"凡是所教的都应该当做能在日常生活中应用并有一定用途的去教"②。在课程设置中，他主张扩大各级学校的教学内容，加强新兴的自然科学知识的教学。除此以外，夸美纽斯还要求改革语文教学。当时的学校以语文为学习的重点，儿童从入学伊始就得学习同国语毫无联系的拉丁文，而学习方式又是把精力集中在背诵文法上面，结果所获甚少。夸美纽斯根据儿童的特点和实际效果，提出语文教学应以本族语为基础，兼学外语，小学阶段尤应强调学习本族语及本族语言教学。

第二，课程内容必须是广博的。夸美纽斯说："人要成为一个理性的动物，就要唤出万物的名字并推考世间的一切事物"③，"学习一切可以使人变成有智慧、有德行、能虔信的科目"。④ 由此，他为各类学校设计了门类极为广泛的学科。在《母育学校》及《大教学论》中，夸美纽斯为6岁以下儿童的智育提出了一个广泛而详细的教学计划。在《大教学论》中，他拟订的国语学校课程除了当时流行的"四R"(读、写、算、宗教)和唱歌外，增加了自然、历史、地理。拉丁语学校除了传统沿用的神学和"七艺"，还增加了物理、地理、历史等学科。他认为大学的课程应该研究人类知识的所

① 夸美纽斯：《大教学论》，人民教育出版社1985年版，第131页。
② 夸美纽斯：《大教学论》，人民教育出版社1985年版，第160页。
③ 夸美纽斯：《大教学论》，人民教育出版社1985年版，第24页。
④ 夸美纽斯：《大教学论》，人民教育出版社1985年版，第64页。

有学科、所有领域，把学生培养成具有百科全书式知识的人。

第三，课程必须是少而精。夸美纽斯认为，人人应当力求博学，同时又指出，要求人人确切深刻地懂得一切艺术和科学是不可能的。他十分推崇古罗马学者辛尼加(Lucius Annaeus Seneca)的意见："执行教导要与撒布种子一样，不要重量，要重质。"[①]他反复强调："一个人的口袋里面与其有一百二十磅铅，当然不如有几块金子。"[②]他希望人人都去学习的是存在中的一切最重要的事物的原则、原因与用途，是掌握任何科目的要点。

夸美纽斯的上述课程改革主张不仅打破了中世纪早期"七艺"的局限性，也打破了宗教改革以来拉丁学校、文科中学课程偏重古典著作的局限，反映了当时新兴资产阶级要求发展近代科学文化，促进工商业发展的要求。为了改革教学内容，他亲自编写了许多教科书。《语言入门》、《物理学》、《世界图解》(见图9-2)等就是其中有影响力的代表作，对近代学校教科书的发展起到了先驱作用。

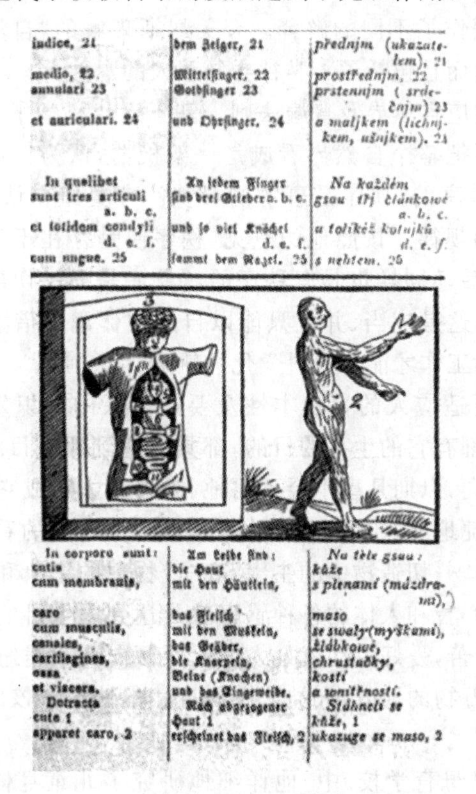

indice, 21	dem Zeiger, 21	přednjm (ukazatelem), 21
medio, 22	Mittelfinger, 22	prostřednjm, 22
annulari 23	Goldfinger 23	prstennjm (srdečnjm) 23
et auriculari. 24	und Ohrfinger. 24	a maljkem (lichnjkem, ušnjkem). 24
In quolibet sunt tres articuli a. b. c.	An jedem Finger sind drei Glieder a. b. c.	Na každém gsou třj článkowé a. b. c.
et totidem condyli d. e. f.	und so viel Knöchel d. e. f.	a tolikéž kotnjků d. e. f.
cum ungue. 25	sammt dem Nagel. 25	s nehtem. 25

In corpore sunt:	Am Leibe sind:	Na těle gsau:
cutis cum membranis,	die Haut mit den Häutlein,	kůže s plenami (mázdrami),
caro	das Fleisch	maso
cum musculis,	mit den Muskeln,	se swaly (myškami),
canales,	das Geäder,	žilbkowé,
cartilagines,	die Knorpeln,	chrustačky,
ossa	Beine (Knochen)	kosti
et viscera.	und das Eingeweide.	a wnitřnosti.
Detracta cute 1 apparet caro, 2	Nach abgezogener Haut 1 erscheinet das Fleisch, 2	Stáhneli se kůže, 1 ukazuge se maso, 2

图9-2　《世界图解》

① 夸美纽斯：《大教学论》，人民教育出版社1985年版，第148页。

② 夸美纽斯：《大教学论》，人民教育出版社1985年版，第148页。

第三节　教育适应自然及统一学制的思想

一、教育要适应自然

从泛智教育思想出发，夸美纽斯进一步主张要把教育工作建立在科学理论基础之上，努力“寻求并找出一种教学的方法，使教员因此可以少教，但是学生可以多学；使学校因此少些喧嚣、厌恶和无益的劳苦，多具闲暇、快乐和坚实的进步”[①]。夸美纽斯发现的基本规律就是教育要适应自然。

在西方教育史上，早在古代希腊，哲学家德谟克利特(Democritus)就谈到了自然和教育的相似之处；亚里士多德还明确提出了教育必须“效法自然”；古罗马时代的一些教育家也倡导这一思想。夸美纽斯显然受到前人的影响。但他根据时代的特征，对自然适应性原则作了不同的解释。夸美纽斯理解的“自然”一词，不仅包括了外部环境的大自然界，而且包括了人类社会乃至人的本性。

一方面，教育要适应自然界及普遍法则。基于近代科学革命中所确立起来的机械论世界观，夸美纽斯把整个自然界看成是一架机器，认为世界上的一切都是按照机械原则安排的，是有序的，秩序是事物的灵魂。夸美纽斯认为，应该研究宇宙万物、人的本性及其活动规律。按照他的意见，秩序便是存在于宇宙万物和人的活动中的普遍规律。教育活动同样也是有秩序的，“秩序是把一切事物教给一切人们的教学艺术的主导原则，这是应当、并且只能以自然的作用为借鉴的”[②]。只有通过借鉴自然运行秩序，教学工作才能步入科学化的轨道。

另一方面，教育要适应人的自然本性及要适应人的认识发展规律。夸美纽斯说：“一切生存的事物都有它的生存的目的，都具有达到那个目的的器官与工具。并且它还具有一定的倾向，以期凡事不会不愿地、勉强地去达成它的目的，而能凭借自然的本能……这样迅捷地、愉快地去做成。”[③]按照夸美纽斯的看法，人生的目的就是要成为“理性的动物”，“一切造物中的主宰”和“造物主的形象和爱物”。根据夸美纽斯的意见，人的头脑、心智和人体的各种感官就是达到人生目的的器官与工具，而求知的欲望，能够忍受劳苦，爱好劳动就是人的天然倾向。夸美纽斯认为，以上这些就是人区别于其他宇宙万物的地方，人类这样的自然本性就应该成为安排教育工作的出发点。

在《大教学论》和《母育学校》中，他详细地研究了儿童身体发育成长的过程及条件。夸美纽斯还提出了健康的精神取决于健康身体的思想。他指出：“身体不仅是作为推理的灵魂的住所，而且也是作为灵魂的工具，没有这个工具，灵魂便会

---

① 夸美纽斯：《大教学论》，人民教育出版社1985年版，第148页。

② 夸美纽斯：《大教学论》，人民教育出版社1985年版，第148页。

③ 夸美纽斯：《大教学论》，人民教育出版社1985年版，第80页。

听不见什么，看不见什么，说不出什么，做不成什么，甚至想都想不了什么。……人人都应该祈求自己具有存在于一个健康身体里面的一个健康的心灵。"[①]除此以外，夸美纽斯在论述教育适应自然的原则时，还提到教育应该符合儿童的年龄特征和个性差异的问题。他指出："自始至终，要按学生的年龄及其已有的知识循序渐进地进行教导。"[②]要注意学生的个性特点，"教师是自然的仆人，不是自然的主宰；他的责任在于培植，不在变换……假如他发现了某门科目对于某个学生的天性是不相合的，他就决不应该强迫他去学习"，要让每个人都"顺着他的天生的倾向去发展"。[③]

由此可见，包含在夸美纽斯这条组织教育工作的总原则中的思想是非常丰富的。夸美纽斯在论证自己这条原则时，虽然未能摆脱神学观点，但他依据的主要不是宗教信条，而是自己对自然、社会与人类认识活动的观察。他自觉总结教育经验，探求教育规律，试图找到人与自然发展的普遍法则。由于当时科学发展水平的限制，他没有找到真正的人与自然发展的普遍法则，也没有完全正确地认识人的本质和人的心理活动。当他采用与自然和社会现象类比的方法论述教育问题时，还出现了许多片面、机械和牵强附会的地方。但是，他努力探求教育规律的精神是十分可贵的。

二、教学原则

夸美纽斯不仅提出了广泛的教学内容，而且要求改革教学工作方法，以便使儿童能够学习得迅速、愉快而又彻底。这是他在《大教学论》卷首确定的学校工作的基本宗旨，也是他有关教学理论主张的基本精神。在此基础上，夸美纽斯总结出一套教学原则，如直观性原则、循序渐进性原则、巩固性原则等，这些原则后来成为近代学校工作的指南。

（一）直观性原则

夸美纽斯在感觉论的基础上论证了教学要直观的必要性，把通过感观所获得的对外界事物的感觉经验作为教学的基础。他指出只有依据感觉所提供的种种证据才能获得关于各种实际事物的可靠认识，并要求按照直观原则进行教学应从观察实际事物开始，在不能进行直观观察的时候，应利用图片或模型代替实物。在教育史上，夸美纽斯首次对直观教学进行了理论论证，同时详细说明运用直观原则进行教学的许多具体方法，对于实施科学知识教育具有重大意义。

（二）循序渐进性原则

夸美纽斯强调有计划、按顺序地进行教学，一门课程在讲授各部分细节之前要

---

① 夸美纽斯：《大教学论》，人民教育出版社 1985 年版，第 86 页。

② 夸美纽斯：《大教学论》，人民教育出版社 1985 年版，第 221 页。

③ 夸美纽斯：《大教学论》，人民教育出版社 1985 年版，第 80 页。

对该课程的目的、范围和内容结构进行概括说明。与此同时他还反对不考虑儿童的接受能力强制性教学,要求教学要适合儿童的年龄特征,不可教授不适合他们年龄、理解力的学习内容,应分阶段找到适应不同阶段儿童年龄特征的教材,做到循序渐进的一个教学原则。

(三)巩固性原则

夸美纽斯以巩固地掌握知识,并达到随时可以应用的程度,作为衡量教学是否彻底的标准,他主张多做练习和经常复习,认为这不仅可以磨练记忆力,巩固所学的知识,还有利于掌握更多的技能,他建议,将每个班级所用的一切书本内容都做成提要,挂在教室的墙上,使学生的感觉、记忆与理解力天天得到联合练习的机会,从而有助于巩固地掌握知识。

三、建立统一的学制系统

根据教育适应自然的原则和泛智思想,夸美纽斯提出了学习的时机问题和早期教育问题。他认为现世的人生是永生的准备,而为了准备现世的生活,需要二三十年。他说,从诞生到二十四五岁,是人的青春岁月,"是适合于教育之用"的时间。"在这方面,我们应当追随自然的领导。因为经验告诉我们,一个人的身体可以继续生长到25岁,过此以往,它便只长力量了。"①

依据这种考虑,他将24年学习时间区分为婴儿期、儿童期、少年期和青年期等四个发展阶段,各为6年,并提出与之相适应的母育学校、国语学校、拉丁语学校和大学等四级学制和有关的课程安排。

幼年期(从出生至6岁)的特征是身体的迅速成长和感觉器官的发展。夸美纽斯把这个时期为儿童设立的教育机构命名为母育学校。少年期(6岁至12岁)的特征是记忆力和想象力的发展,以及与此联系的语言和手的器官的发展。夸美纽斯为这个时期少年儿童设计了国语学校。青年期(12岁至18岁)的特征是在少年期所已具有的特征之外,思维能力(理解与判断)有了更高的发展。为这个时期的学生设计了拉丁语学校。成年期(18岁至24岁)的特征是意志的发展和保持和谐的能力。夸美纽斯为这个时期的学生设计了大学。

很明显,夸美纽斯拟订了人类教育史上第一部完整的单轨学制。这是对中世纪分散、孤立、不连贯、不统一的封建等级教育的有力冲击,使学校系统相互衔接,首尾一贯。且把有目的地系统地对学龄前儿童进行教育的特殊形式——学前教育(母育教育)纳入统一学制,更是伟大创见。

夸美纽斯的泛智教育思想是其在继承前人的教育思想,结合自身的教育观念和实践,通过三十几年的实践总结而来。虽然这个理论诞生于几百年前,但是他的思想却并没有随时间一起流逝。从泛智教育的理念到教育的内容,再到教育制

---

① 夸美纽斯:《大教学论》,人民教育出版社1985年版,第220页。

度，都是对旧的教育和旧的教育体制的一种否定和改革，完成了近代科学革命后教育领域内具有划时代意义的革命。从此，西方教育理论和实践沿着科学化的方向不断前进。

教育启示录5

米哈伊尔的故事

在某一个学校里，八年级学生米哈伊尔成了使全体教师感到担忧和头疼的人物。他是母亲的独生儿子，高高的、匀称的身材，长着一双蓝眼睛。他很好动，眼光里总是带着嘲笑的、乐观的意味……啊，就是这一双好奇的、故作天真的、不信任别人的、顽皮的眼睛，常常把教师们惹得大发雷霆。早在五年级的时候，这个男孩子就像俗话说的那样"大名在外"了，都说他是一个没法改正的、无可救药的而且是狡猾的、善于随机应变的懒汉和游手好闲者。他被勉强地"连拖带拉地"跟班升上来，但仍不免留过一次级。这孩子长成了少年，又长成了青年……

离八年级结业还剩下3个月，米哈伊尔跟母亲一起来找校长。米哈伊尔显得特别沮丧，一语不发，而母亲央求说："请准许他不要再继续上学了，我想给他随便找个什么工作去做……"

在此之前，米哈伊尔遇到的最大障碍是作文。小伙子跟语文老师尼娜·彼特罗芙娜之间发生了一场难解难分的冲突。在他看来，作文真是一种高不可攀的智慧的顶峰。语文教师在教室日志里一个接一个地给他打上"两分"。于是，米哈伊尔就不再交作文了。在尼娜·彼特罗芙娜的课堂上，他开始搞出各种各样的花招来……语文教师气得面孔发白，在课间休息时回到教员休息室，双手颤抖着。同事们都愤慨地说：这究竟要容忍到什么时候才算完结？当知道米哈伊尔要离校参加工作的消息后，同事们都向尼娜·彼特罗芙娜表示祝贺……

由于工作繁忙和要操心的事很多，尼娜·彼特罗芙娜也就没有时间再想到米哈伊尔了。有一天，尼娜·彼特罗芙娜的电视机出了毛病。她打电话给新近在区中心开设的电视机修理部，请他们派一位手艺高强的师傅来修理。她还再三叮咛说，不要随便派一个马马虎虎只能应付的修理匠，而要派真正顶用的老师傅，电视机已经修过三次了，还是不好用……修理部回答说：一定派一位真正顶用的师傅来，他是我们这儿有名的手艺高超的师傅。

尼娜·彼特罗芙娜刚从学校回到家里，就听见敲门声。站在她面前的正是米哈伊尔。他穿着一身朴素的但是非常好看的工作服，手里提一只小箱子。尼娜·彼特罗芙娜张皇失措了。

"你找我吗？"

"是的，找您，"米哈伊尔发窘地说，"是为了电视机的事儿，您不是给修理部打电话了吗？……"

"是的，请进来，"她邀请米哈伊尔走进室内，把摆在电视机上的花瓶拿下来，不由自主地掸了掸灰尘，虽然上面并没有什么灰……

我不再详细叙述当米哈伊尔在修理机子的时候，尼娜·彼特罗芙娜所经历的那非常难受的2个小时的情形了。米哈伊尔调好了电视机，演示了极好的清晰度和可听度，说："保用三年。"当他开好发票，说出应付的数目后，尼娜·彼特罗芙娜羞愧得脸上发烧，另外多给了三个卢布，米哈伊尔把钱退还给老师，低声地、然而带着一种激动的心情说："您这是为了什么呢？难道您是这样教育我的吗？我的作文写得不好，可是我毕竟学会了正确地生活。当时我也喜欢您的课……是的，比任何别的课都喜欢。这些课会一辈子留在我的心里。"

米哈伊尔匆忙地收起工具走了。

"而我手里捏着那三张卢布钞票，久久地坐着，哭着。"过后尼娜·彼特罗芙娜对教师们说，"当他在修理电视机的时候，我惊奇地看着他，心里想：这完全不是当时在我的课堂上的那个人啊。他那眼睛，他对我的态度，都和那时候不一样了。一个思想折磨着我：我们作教师的人，怎么会没有发觉，在我们认为的无可救药的懒汉和毫无希望的'两分生'身上，在他们的心灵和双手里，还蕴藏着天才呢……不，这不仅是蕴藏着一个巧匠的天才，而且是蕴藏着一个我们没有看到的大写的'人'。是的，亲爱的同事们，我们没有在学生身上看到这个大写的'人'，我们的主要过失就在这里……"

为什么我们常常看到，一个儿童跨进学校大门以后，只过了两三年，他就不想学习了？为什么对许多少年来说，就像一位母亲在信里所说的，学习简直是活活地受罪？为什么不愿意学习这件事，不但给少年在校内的全部精神生活打上了深深的烙印，而且使他遭受挫折，和别人发生冲突，逼使他跟马路上的坏人结交起来，使得教师简直无法工作？为什么现在我国正开始向普及中等教育过渡的时候，每年却有成百上千的少年中途退学？所有这些现象的根子究竟藏在什么秘密的地方？

资料来源 节选自瓦·阿·苏霍姆林斯基著：《给教师的建议》(上册)，杜殿坤编译，教育科学出版社1980年版，第141-144页，有改动。

复习思考题：

1. 名词解释：夸美纽斯《大教学论》。
2. 试述夸美纽斯的泛智教育思想。

第十章 洛克的绅士教育理论

第一节 洛克的生平及著作

约翰·洛克(John Locke,1632—1704,见图 10-1)是17 世纪英国著名的哲学家、政治家和教育思想家。他出生在英格兰西南部萨摩赛特郡灵顿小镇的一个清教徒家庭,从小受到严格的教育,其父亲是一位乡村教师。1646 年,洛克进入伦敦威斯敏斯特公学接受古典主义教育。1652 年,他进入牛津大学基督教会学院学习,主要学习哲学和政治学,并获得硕士学位。毕业以后,他留校担任希腊语和哲学教师。1666 年,洛克结识了辉格党创始人莎夫茨伯里伯爵,并在以后多年担任伯爵的私人医生、家庭教师和秘书。1682 年,莎夫茨伯里伯爵因反对约克公爵(即詹姆士二世)继承王位的活动失败而被捕并被关进了伦敦塔,洛克也因此被迫逃到荷兰避难,直至 1689 年英国革命结束后才回国。1700 年退休后,洛克隐居于阿兹。1704 年 1 月去世,享年 73 岁。

图 10-1 洛克

在哲学方面,洛克被看成是认识论中经验主义的奠基者,同样也是哲学上的自由主义的始祖。其哲学上的代表作《人类理智论》(1689),引起了人们在理解人类自身方面的一场革命。在政治理论上,洛克代表了统治阶级的利益,为当时英国的君主立宪政体提出理论上的论证,其代表作《政府契约论》(1690)对引发美国大革命和法国大革命的政治思想的发展产生了深远的影响。基于他的哲学观和社会政治观,洛克非常重视教育问题,其教育思想代表着西欧中世纪的宗教教育发展到近代为现实生活服务的世俗教育的中间环节。他的代表作《教育漫话》(1693),反映着他的绅士教育理论,并奠定了英国近代教育的思想基础。

第二节 绅士教育思想

绅士教育是代表着近代欧洲新兴资产阶级利益的一种教育观,作为绅士教育的积极倡导者,洛克受到绅士文化的深刻影响,同时又赋予了其新的内涵,将新观念与旧传统融于一体,更恰当地表达了当时英国新兴资产阶级和新贵族的教育要求。

绅士教育虽然在某些方面与中世纪骑士教育的理想相联系,但是它真正发端于文艺复兴初期的意大利，弗吉里奥曾写了《论绅士风度与自由学科》，全面概括了人文教育的目的和方法，这些思想已经预示出以后绅士教育的基本倾向性。文艺复兴晚期是西方绅士教育理论形成的重要阶段，对世俗教育的要求，以及培根派教育家的主张和改革活动，都是促进绅士教育理论发展的重要因素。最后绅士教育理论系统化于17世纪的英国，而最终被认为是具有英国特色的一种教育观或教育思潮。

一、对英国封建教育的批判

(一) 反对体罚制度

在洛克所处的年代，封建的教会学校纪律严酷，体罚盛行。对此，洛克指出，教师对儿童进行体罚，特别是靠教鞭来折磨儿童的肉体，是与人类的本性相违背的，进行奴隶式的管制，只能养成儿童的奴性，这与英国培养绅士的教育目的相违背。因此，洛克提出："我们想使儿童变成聪明、贤良、磊落的人，用鞭挞以及别种奴隶性的体罚去管教他们是不合适的。"[①]因为体罚他们只能使他们养成执拗和怯弱的性格。同时，有的儿童为避免受罚而规规矩矩，这只能养成虚伪的心理而不能养成良好的德行。在他看来，青年绅士应该是一个勇敢的男子汉，那种驯服顺从的人是不会有出息的。

(二) 反对经院哲学的神学教育

在资产阶级反对封建的斗争中，把矛头指向作为封建统治的精神支柱的基督教会是必然的。洛克在这一斗争中坚持反对盲目迷信，也反对当时英国各教派之间为了自己的政治与经济利益互相争斗与迫害。洛克于1689年发表的《论宗教宽容的书信》，主张公民信仰哪种宗教应让他们自己去选择。在教育上，他反对让儿童具有神灵的观念，指出儿童幼稚的心灵不可使它具有神灵鬼怪的印象，因为这种印象会使儿童心理总是觉得恐怖、畏惧、脆弱与迷信，对儿童精神的健康发展是很不好的。可是，他还主张让儿童习于祷告上帝，读《圣经》，熟记教义，以形成儿童的宗教观。洛克在宗教观上虽然宣传"自然神教"的思想，但是明显地表现出他的妥协性与软弱性。

(三) 反对学校教育中的古典主义倾向

洛克早年在伦敦威斯敏斯特公学和牛津大学基督教会学院求学时就对古典主义的教育，尤其是经院哲学深感厌恶。他说："现在欧洲一般学校时兴的学问和教育上的照例文章，对一个绅士来说，大部分是不必要的，不要它对于他自己固然没有任何重大的贬损，对于他的事业也没有妨碍。""我们的学习，不是为了生活，而是为了辩论；我们受了教育，结果只会停留在学校里面，不能跳到人世间去。"[②]因为当时学校教育的内容严重脱离了实际社会生活，因此洛克提出，绅士应该学习"在世上最需要、最常用的事物"，因为"绅士需要的是事业家的知识"。

---

① 洛克:《教育漫话》,傅任敢译,人民教育出版社1999年版,第30页。

② 赵祥麟:《外国教育家评传》(第一卷),上海教育出版社1992年版,第542页。

总而言之，洛克对封建教育的内容和方法都进行了批判，其目的在于为创建新的教育提供思想准备。但是，当时英国的学校仍然掌握在教会手中，所以洛克对英国的学校是抱否定态度的。他认为培养绅士应该通过家庭教育，洛克认为当时学校并不能充分发挥教育的正面作用，因此他建议凡是家里请得起导师的人，最好是请家庭教师教育儿童。因为“导师较之学校里的任何人必定更能使他的儿子举止优雅、思想高尚，同时又能知道什么是有价值的，什么是合适的，而且学习也更容易，成熟也更迅速”。[①] 他认为公共的学校集合了一群教养恶劣、成分复杂和染有各式各样的恶习的儿童，他们的言行对上层社会的子女有不良的影响。所以只有在家庭中聘用优良的教师，才能避免“恶习熏染”，并得到适合儿童个性的个别指导，因为每一个儿童的天性是不同的。洛克对待公共学校的态度，也反映出他的阶级烙印。

二、绅士教育的目的与作用

（一）论绅士教育的目的

洛克在《教育漫话》中明确地提出：教育的目的在于培养绅士。绅士是善于处理自己的事务的“有德行、有用、能干的人才”。在他看来，“最应注意的还是绅士的职业。因为一旦绅士受到教育，走上正轨，其他的人自然很快就都能走上正轨了”。[②]洛克所要培养的绅士不是教士，不是学究，也不是朝臣，而是事业家。《教育漫话》通篇都是围绕这个基本点来展开讨论的。为达到这个目的，年轻的绅士应具有强健的身体、德行、智慧、礼仪和学问这几种品质。

洛克所说的德行，主要是指青少年在具有健康身体的基础上，精神和品德必须能够健全发展。他说：“我认为在一个人或者一个绅士的各种品性之中，德行是第一位的，是最不可缺少的。他要被人看重，被人喜爱，要使自己也感到喜悦，或者也还过得去，德行是绝对不可缺少的。如果没有德行，我觉得他在今生来世就都得不到幸福。”[③]他要求重视以理性为指导的道德教育，要求儿童和青少年能够克制自己的欲望，并且养成知耻、重名誉和谦虚谨慎的心理，防止喜好虚荣与焦躁的脾气。

洛克指出绅士的第二种品德是具有良好的礼仪。他说：“美德是精神上的一种宝藏，但是使它们生出光彩的则是良好的礼仪。”[④]洛克强调儿童和青少年的首要的任务就是懂礼节、讲礼貌、有风度。因此，家长和教师就要教会儿童言谈举止得体，与人交往合礼仪。礼仪有助于形成好的人际关系，这样儿童的朋友会更多，门路就可更宽，成就会更大。

洛克所说的智慧和学问，主要是指他从一个政治思想家对儿童和青年智育发展和知识培养方面的见解。洛克把智慧解释为具有精明地处理事务的才干，能很好处

---

① 洛克：《教育漫话》，人民教育出版社 1985 年版，第 46 页。

② 洛克：《教育漫话》，人民教育出版社 1985 年版，第 223 页。

③ 洛克：《教育漫话》，人民教育出版社 1985 年版，第 114 页。

④ 洛克：《教育漫话》，人民教育出版社 1985 年版，第 68 页。

理自己的事务,并有远见;而学问主要指绅士需要的是事业家的知识,他应该具有广博的学识。为此他主张学习有用的、能获得个人幸福的知识。

从洛克对绅士教育的阐释中,我们可以看到,洛克所说理想的青年绅士是身体健康、彬彬有礼、精明能干、熟悉社会生活和人情世故、积极向上、富于开拓精神的人。这与旧的教育培养的只知道模仿西塞罗文体,只知读《圣经》祈祷的迂腐之徒相比较,这是时代所要求的新人。

(二) 绅士教育的作用

洛克从唯物主义经验论的立场出发,充分而明确地肯定了教育的作用,尤其重视教育在人的社会化过程中的作用。他在《教育漫话》中指出:"我们日常所见的人中,他们之所以或好或坏,或有用或无用,十分之九都是他们的教育所决定的。人类之所以千差万别,便是由于教育之故。"①洛克的这一论断是从唯物主义观点出发,不同于把人看做是遗传的产物,也不同于天赋观念等唯心主义的教育主张,对当时英国教育的迅猛发展起了极大的推动作用。但是,洛克受"白板说"的局限,尚不能完全合理地解释教育在人的发展中的作用。

洛克思想的个人主义和自由主义特征,使他更多地从教育对于个人的发展的角度去论证教育的作用,但他并非不重视教育的社会作用。在他看来,使儿童受到良好的教育不只是父母的责任和他们应当关心的事,因为国家的幸福与繁荣也靠儿童具有良好的教育。他认为教育可以培养出足以维持与巩固英国国际地位的人,培养出善于发展各种经济事业并能开拓国内外商品市场的人。总而言之,洛克强调了教育对于英国保持世界领先地位的重要性。

三、论绅士教育的体系

洛克在《教育漫话》中提出了一个包括体育、德育、智育在内的绅士教育体系,这个体系是在概括并总结了自文艺复兴以来在英国业已形成的绅士教育实践的基础上提出来的,体现出鲜明的实用性特征,同时也反映科学技术进步的时代潮流对教育的迫切要求。

(一) 论体育

洛克继承了后期人文主义教育家重视体育的传统,把健康的身体看做绅士事业成功、生活幸福的首要条件。在西方教育思想史上,洛克是第一个提出并制订健康教育计划的教育家。《教育漫话》中把体育作为第一个问题加以论述。《教育漫话》的第一句话就是:"健康之精神寓于健康之身体,这是对于人世幸福的一种简短而充分的描绘。"一个绅士要使自己的事业获得成功,达到个人幸福的目的,就必须先有健康。洛克在很大程度上继承并发展了人文主义者关于体育的思想,并根据自己的医学知识对年轻绅士的健康问题提出了许多切实可行的建议。第一,他提出身体的

① 洛克:《教育漫话》,人民教育出版社 1985 年版,第 71 页。

锻炼要从幼儿开始,反对娇生惯养。第二,他建议对儿童建立起合理的生活制度和多样的体育活动。儿童的睡眠、休息、学习、体育都要定时。更重要的是要通过各种体育活动来锻炼儿童的身体。第三,要预防疾病,保持儿童的健康。

洛克关于体育的具体意见更多的是针对当时贵族家庭对于子女的过度娇养风气,强调生活各方面的"忍耐劳苦",诸如饮食简单、衣履单薄、睡硬板床、少用药物等,他认为身体强健的主要标准是能忍耐劳苦,而学会忍耐劳苦的原则是要从小逐步养成习惯,不要间断。洛克关于健康教育的理论内容丰富,在当时是一个崭新的理论,在西方教育史上没有先例。他所制定的儿童保健制度,不仅对英国的健康教育具有指导作用,而且对西方体育理论的形成与发展有重大的贡献。

(二) 论德育

在绅士教育中,德育居于第一位。洛克说:"我认为在一个人或者一个绅士的各种品性之中,德行是第一位的。"[①]在《教育漫话》中,洛克以经验主义、功利主义和自由主义为理论依据讨论了年轻的绅士所应具有的品德。洛克提到的绅士所应该具有的品德大致可归纳为有远虑、富有同情心或仁爱之心及有良好的教养或礼仪。洛克德育的目标就是要造就能按这些道德规范行事的有绅士风度的人。

洛克谈及道德问题,指出人的利己本性及目光易短浅的弱点。在他看来,道德教育必须首先通过教育使人成为有理性的生物,只有理性能够为人达到最大的快乐提供正确的方法和手段,只有理性能帮助人们权衡利弊得失。为此,洛克提出了"人有远虑就是有德"的命题,认为人应当以长远利益为人生指南,只顾当前利益而不考虑长远利益就是失德。从这个观点出发,洛克指出要使儿童具有"顺从理性"的品质,就必须从小加以培养。培养儿童良好德行的方法是形成儿童发自内心的羞耻心和对荣誉的崇尚之情。

在对个人利益与社会公共利益关系的研究中,洛克要求人们在追求私利的同时,不要去损害他人和公共的利益。因为从长远来说,这对个人是有好处的。为此,洛克在绅士的道德教育中强调培养儿童的同情心或仁爱之心。洛克要求人们教育儿童时,要教导他们不去摧残或毁灭任何生物,除非是为了保存其他更高贵的事物,或者是为了它们自身的利益。他要求年轻的绅士养成仁爱之心,礼遇下人,对于地位较低、财产较少的同胞更要有同情心,更要温和。[②]

洛克十分重视绅士良好礼仪的养成,称之为绅士的第二美德。他说:"美德是精神上的一种宝藏,但是使他们生出光彩的则是良好的礼仪。"[③]良好的礼仪主要表现为尊重别人、懂礼节、讲礼貌、有风度。礼仪的形成要注意榜样和示范的作用,要多与品行高尚的人交往。礼仪有助于形成良好的人际关系,这对绅士事业的成功具有

---

① 洛克:《教育漫话》,人民教育出版社 1985 年版,第 114 页。

② 吴式颖、任钟印:《外国教育思想通史》(第五卷),湖南教育出版社 2005 年版,第 330 页。

③ 洛克:《教育漫话》,人民教育出版社 1985 年版,第 68 页。

十分重要的作用。14世纪以后，随着市民阶层的崛起，原本封建宫廷中形成的属于上层社会中的行为方式，逐渐成为在包括市民阶层在内的其他阶层中广为流行的行为准则和戒律。洛克关于绅士礼仪问题的探讨反映出当时时代的要求。

总之，洛克强调绅士应有远虑、有仁爱和有礼仪等品德，是以使绅士获得个人的幸福为目的的，其核心是资产阶级的个人主义。洛克的德育论，实际上是资产阶级道德观的理论体现。

（三）论智育

洛克认为，教育必须使人适应生活，适应世界，而不只是适应学校，因而反对把掌握一两种语言当做教育的全部任务。在他看来，对于英国绅士来说，“学问是应该有的，但是它应该居于第二位，只能作为辅助更重要的品质之用”。[①]也就是说，学问和知识应当有助于发展理性，有助于增长人们的智慧和处理事务的能力。因为绅士是一个善于处理事务并使自己的事业成功的人，而不是一个学者，所以洛克更多的是从绅士获得个人的利益与幸福的角度来看待智力教育的。尽管如此，他在《教育漫话》、《论学习》等著作中，关于儿童的智力教育还是提出了许多值得我们思考的问题。

1. 对知识进行分类

洛克的知识观是以其经验论原则为基础的。他根据人类对于各种事物的认识程度与方式的不同，把知识分为三种。第一种是直觉的知识。所谓直觉的知识，是指单凭直觉的方式，不必插入其他观念，而直接觉察到两个观念之间存在的一致或不一致的关系所获得的一种知识。在教学中，通过让学生进行实际观察而掌握的知识，就是属于这种知识。洛克认为这种知识是人类一切知识的基础。第二种是论证的知识。所谓论证的知识，是指以直觉知识为基础，根据事物的内在联系进行推理而获得的知识。比如数学、几何就是属于论证性的知识。洛克认为这种知识对于发展儿童的心智有着重大的意义。第三种是感觉的知识。所谓感觉的知识，是指一种对外界特殊事物的知识。洛克认为，这种知识是不能超越我们感官所感知到的事物的存在的，主要是指除数学之外的包括物理学和其他自然科学方面的知识。这个观点表现出他对当时不发达的自然科学抱有的怀疑态度。

2. 提出了内容广泛的绅士学习计划

洛克以功利主义的思想为指导在《教育漫话》和《漫谈绅士的阅读与学习》中，提出了内容广泛的学习计划，集中体现了新观念与旧传统同时并存的特点，反映了当时英国新贵族和新兴资产阶级对教育的实际需要。他主张学科的设置要把现代实用科目与古典科目结合起来，兼顾装饰与实用。

3. 重视本民族语言的教学

洛克十分重视语言学习。他认为，正确地写作与正确地说话，可以使人显得优

---

① 洛克:《教育漫话》，人民教育出版社1985年版，第127页。

雅,可以使自己要说的话被人注意。但洛克不主张学希腊文。他说:“一个绅士如果要研究任何文字,他就应该研究他本国的文字,以便对于自己常用的文字得到一种绝对正确的了解。”[①]洛克呼吁年轻绅士应该天天练习英语,以期在本国语的表达上达到熟练、明白和优雅的境地。

洛克的绅士教育体系,是当时先进的大资产阶级的教育经验的概括,它较之宗教色彩十分浓厚的夸美纽斯的教育理论更富有现世性和实际意义,因而在近代教育史上有着深远的影响,成为资产阶级教育思想发展的一个新起点。洛克根据发展资本主义的实际需要,确定教育目的在于培养绅士,即培养善于处理现实事务的资产阶级事业家,这不仅比培养僧侣的中世纪的宗教教育进步,而且较之夸美纽斯的教育目的论也前进了一大步。

从培养绅士的目的出发,洛克讨论了范围广泛的教育问题,第一次较为明确地提出了一个包含德、智、体三育的教育体系。当然,洛克作为英国资产阶级革命终结时期阶级妥协的产儿,其教育思想中也有保守的一面。如洛克一方面为资产阶级提出了一个培养实干家的绅士教育体系;另一方面又为劳动人民子弟拟订了一个与绅士教育体系完全不同的教育计划——《贫穷儿童劳动学校计划》。但在教育史上,洛克仍然不愧是一位卓有建树的教育家,他的教育思想中的许多进步因素,都直接影响到17世纪以后的英国教育思想的发展。

复习思考题:

1. 简述洛克绅士教育的目的和作用。

---

① 洛克:《教育漫话》,人民教育出版社1985年版,第140页。

第十一章 卢梭的自然主义教育理论

图 11-1 卢梭

让-雅克·卢梭(Jean-Jacques Rousseau,1712—1778,见图 11-1)是 18 世纪法国启蒙思想运动中著名的思想家和教育家。他反对封建专制统治,主张建立“主权在民”的国家。在教育上,他主张教育目的在培养自然人;反对封建教育戕害、轻视儿童,要求提高儿童在教育中的地位;主张改革教育内容和方法,顺应儿童的本性,让他们的身心自由发展,反映了资产阶级和广大劳动人民从封建专制主义下解放出来的要求。其代表作主要包括《论人类不平等的起源和基础》、《新爱洛绮丝》、《社会契约论》及《爱弥儿》等。

第一节 卢梭的生平及著作

1712 年,卢梭出生在瑞士的一个钟表匠家庭,出生后不久母亲去世,由父亲把他养大。10 岁时,卢梭的父亲因与一军官发生冲突而为当局所不容,被迫离家出走。从此卢梭失去了家庭,跟随舅父一起生活。舅父把他送至波塞学习了两三年的拉丁文、数学和绘画,这是他一生中唯一的一次正规学校的学习。但卢梭并不认同这种教育,他将这次教育经历形容为“学习拉丁语与所有冠以教育名义的一派胡言”。

16 岁时,卢梭独自一人离开了日内瓦,到外面闯荡世界。在法国,他开始受到第一位雇主华伦夫人的影响,努力学习哲学和音乐方面的知识。1742 年,卢梭首次来到巴黎。一年后,接受法国驻威尼斯公使的秘书职务,前往意大利。这期间,他阅读了大量古典的、近代学者的著作,开始关心社会政治问题。1745 年,卢梭返回巴黎,结识了狄德罗等进步人士,并成为百科全书派的成员,为《百科全书》撰写音乐方面的条目。1749 年在第戎学院的题为“论科学和艺术的进步是否有助于道德的进化”的征文活动中,获得一等奖。1755 年,卢梭离开巴黎,前往附近的蒙特摩朗西。他在这里相继出版了《新爱洛漪丝》、《社会契约论》、《爱弥儿》等惊世骇俗之作。正是这些具有进步思想的著作,尤其是《爱弥儿》的出版,极大地触碰了教会势力的神经,教会才动员各地的势力向卢梭进攻。巴黎大主教更是亲自出面,宣布焚烧《爱弥儿》,随后高等法院也下令通缉卢梭。卢梭在友人的帮助下逃离了法国,开始了 8 年的逃亡生活,先后逃亡于瑞士、普鲁士及英国等地。1770 年,他得到特赦,回到了法国。

卢梭的晚年贫病交迫，但他仍然用那支战斗的笔，同封建政权进行毫不妥协的斗争，并完成了自传性著作《忏悔录》。1778 年 2 月 2 日卢梭去世。

第二节　自然主义的教育思想

自然主义的教育理论是卢梭教育思想的主体。1762 年出版的《爱弥儿》集中论述了这一思想的具体内容。卢梭教育思想的核心是归于自然。要理解卢梭的“归于自然”的教育所依据的理论基础，就要理解他的天性哲学。

一、自然教育的理论基础

（一）性善论

卢梭是坚定的性善论者。他认为，人类由于上帝的恩赐，生而禀赋着自由、理性和良心，自由、理性和良心便构成善良的天性。他指出：“出自造物主之手的东西，都是好的，而一到了人的手里，就全变坏了。”[①]在他看来，儿童“本性的最初的冲动始终是正确的，因为在人的心灵中根本没有什么生来就有的邪恶，任何邪恶我们都能说出它是怎样和从什么地方进入人心的”[②]。因此，儿童之所以乖张任性，不是自然造成的，而是教育的不良导致的。教育的任务应该使儿童归于自然，弃恶扬善，恢复其天性。也就是说，教育要“以天性为师，而不以人为师”，人要成为“天性所造成的人，而不是人所造成的人”。

因此，人的自然本性是善的，只是社会把人变坏了。为了改变这种状态，就必须彻底推翻专制制度，建立理性王国，同时还要“在社会秩序中把自然的情感保持在第一位”，要培养社会条件中的自然人，这便是教育的责任。

（二）感觉论

卢梭是一个唯物主义感觉论者。他认为感性比理性可靠，感觉经验是认识真理之路，只有通过感觉才能获得对于周围世界的正确概念。同时，卢梭与其他启蒙学者一样，承认感觉是知识的来源。他说，所有一切都是通过人的感官而进入人的头脑的。所有人的最初的理解是一种感性的理解，正是有了这种感性的理解做基础，理性的理解才得以形成。感觉是人的知识的原料。[③]

该理论反映在其教育学说上就是非常注重培养学生的感觉能力。他在教育史上首次详细论述了如何训练儿童感官的问题，主张儿童通过对日常生活的观察和在日常活动中来获得直接经验。

---

① 卢梭：《爱弥儿》，商务印书馆 1996 年版，第 5 页。

② 卢梭：《爱弥儿》，人民教育出版社 1985 年版，第 94-95 页。

③ 吴式颖：《外国教育史教程》，人民教育出版社 1999 年版，第 265 页。

二、自然教育的基本内容

(一) 自然教育的核心

卢梭教育思想的核心是归于自然。归于自然,不仅是卢梭政治哲学思想的基础,也是他教育思想的基础。正因为如此,卢梭认为,爱弥儿"不是人培养出来的人,他是大自然培养出来的人"。在他看来,教育"或是受之于自然,或是受之于人,或是受之于事物。我们的才能和器官的内在的发展,是自然的教育;别人教我们如何利用这种发展,是人的教育;我们对影响我们的事物获得良好的经验,是事物的教育"[①]。每个人所受的教育都是自然教育、人的教育和事物的教育的统一,这三种教育的完美结合才能达到教育的目的。但是,"在这三种不同的教育中,自然的教育完全是不能由我们决定的,事物的教育只是在有些方面才能够由我们决定。只有人的教育才是我们能够真正地加以控制的"。[②] 因此,人的教育与事物的教育必须服从自然教育的指导。卢梭要求教育内容、方法及儿童生活和学习的环境,都必须适合儿童自然发展的进程,教师应当成为自然的有理性的助手,为儿童自然发展创造条件。

(二) 自然教育的目的

自然教育的目的是培养自然人。卢梭反对封建主义教育把天真善良的儿童培养成为高踞于人民头上的帝王、朝臣、豪绅等封建权贵,和依附于封建权贵、效忠封建政权的法官、律师、教士、骑士等专业人员。因此,卢梭大声疾呼要培养自然人,即一个真正的人。

卢梭所说的自然人,并不是原始社会的野蛮人,而是身心和谐发展的人。他体魄健康,心智发达,道德高尚,处事干练。他完全可以适应发展变化的客观环境,不必固定于某一特定的地位、阶级或职业。他绝不是寄生坐食而行为邪恶的暴君和歹徒,而是一个消除传统偏见,能够从事生产劳动而自食其力的人。他劳作时像个农民,而思考时则如思想家。总之,他是一个全新的人,一个资产阶级社会的新士绅。

(三) 教育要适应受教育者的身心发育

由归于自然的理论出发,卢梭主张教育要适应受教育者的年龄特征。他说:"在万物的秩序中,人类有它的地位;在人生的秩序中,童年有它的地位:应当把成人看做成人,把孩子看做孩子。"[③]他批评封建教育不顾儿童的特点施教,硬把成人的教育强加于儿童。根据儿童的发育情况,卢梭把受教育者划分为四个阶段,并指出了各个阶段的身心特征和教育任务。

1. 第一个阶段(婴儿期,出生至2岁)

卢梭认为,这个时期婴儿身体方面的特点是软弱无能,但柔韧性好,善于活动,

---

① 卢梭:《爱弥儿》,人民教育出版社1985年版,第7页。
② 卢梭:《爱弥儿》,人民教育出版社1985年版,第7页。
③ 卢梭:《爱弥儿》,人民教育出版社1985年版,第74页。

能够接受锻炼。在心理方面，“他没有任何心情，没有任何思想，几乎连感觉也是没有的；他甚至觉察不到他本身的存在”[①]。这就是说，既无感情，又无思考，甚至感觉也极微弱。根据这些特点，卢梭认为教育的基本任务是身体的保健和养护，使身体健康发展。卢梭接受洛克“健全精神寓于健康身体”的思想，高度评价健康身体的重大意义。对这一阶段的婴儿主要进行家庭教育，教育的主要任务是发展儿童的体质。

2. 第二个阶段（儿童期，2～12岁）

卢梭认为，孩子在这个时期理智还处于睡眠状态，即“理性睡眠时期”，他们“不能接受观念，而只能接受形象”，即他们只能接受关于事物的声音、形状和感觉，而不能接受关于事物的观念。因此，本时期教育最重要的任务，是发展儿童的外部感觉器官，使其获得丰富的感觉经验。另外，还要继续进行体育锻炼，使提供感官的身体健康强壮。

卢梭极为重视感觉教育，认为感觉是知识的门户，是理性发展的工具。要学习思考，必须首先训练感觉和身体器官，以便为理性活动打好基础。基于上述观点，卢梭反对儿童在12岁以前学习书本知识，强调通过活动积累对周围事物的感觉经验。儿童在观察、接触周围事物的活动中，可以获得很多直接知识。

3. 第三个阶段（少年期，12～15岁）

爱弥儿经过前两个阶段的教育，身体已变得强壮有力，感官也发展良好，并且有了强烈的好奇心。卢梭认为，好奇心是儿童求知的动力，因此从这时开始，应该学习知识。但是时间太短，不可能也不需要教给爱弥儿关于一切事物的知识。所以，对所学知识必须进行严格选择。卢梭关于知识教育的观点，主要归结为两方面：反对古典主义，主张学以致用；反对教条主义，主张行以求知。

为了完成上述任务，卢梭提出至今看来仍有积极意义的教学方法。第一，卢梭重视直观，把直观当做教学的基础。卢梭从感觉经验是理性发展的凭借的唯物主义观点出发，强调教学必须给学生提供丰富的感性材料。他认为，直观性教学对于培养儿童敏锐的观察力、丰富的想象力和准确的判断力具有重要意义。卢梭所说的直观主要是实物观察、实验和实践。他指出，除非把实物指给儿童看，否则永远不要以符号代替实在的事物。第二，卢梭要求教学必须符合儿童心理发展水平。儿童时期有儿童自己的观察、思考和感觉的方法，企图以成人的方法代替儿童的方法，那是最愚笨的。强调按儿童年龄的不同采取不同的方法。第三，教学必须启发学生思考，引导他们自觉地去获取知识。他要求教师要引导学生去观察、分析、比较和概括。教师要少讲，学生要多问。

4. 第四个阶段（青年期，15～20岁）

卢梭认为，这个时期的青年有两个特点：第一，它是情欲发动的时期，暴风雨和热情的时期；第二，它是人们开始意识到社会关系的时期。这两个特征决定了青春

---

① 卢梭：《爱弥儿》，人民教育出版社1985年版，第68页。

期应施以道德教育和宗教教育,学会做一个城市社会中的自然人。在卢梭看来,自然人不仅要能像农民那样劳动,能像哲学家那样思考,而且还要有正确的道德观和良好的道德习惯。卢梭认为,道德教育应该从人的自爱、自利开始,进而培养人的善良的情感、道德判断能力及坚强的道德意志。同时,卢梭还提出了这个时期进行爱情教育和性教育的问题,并把它们作为道德教育的一部分。

在世界教育史上,卢梭是划时代的教育思想家,他对封建专制的极端憎恨,对传统教育的猛烈批判,发出了时代最强音。他的自然主义教育思想要求深入研究儿童的身心特点,遵循自然而施教,成为近代儿童研究的先行者及内发论的宗师。他的思想直接影响了之后的裴斯泰洛齐、赫尔巴特、福禄培尔、杜威等一批大教育家的教育思想,并成为一种教育思潮,影响了各国初等教育的实践。自然主义教育思想转变了人们的教育观念,儿童正式成为教育的中心。卢梭的自然主义教育亦是当前儿童本位教育理念的思想渊源。当然,卢梭教育思想也有其局限性,如过分强调儿童的需要、兴趣及个人生活经验的价值;强调家庭教育,忽视学校教育;要求离群索居,脱离社会的影响来培养自然人,12 岁以前不让儿童接触书本等。这些反映了他的思想偏激的一面,或者说是反社会的一面。

教育启示录 6

皮尔·保罗校长的故事

"我一看你修长的小指就知道,将来你一定会是纽约州的州长。"一句普通的话,改变了一个学生的人生。此话出自美国纽约大沙头诺必塔小学校长皮尔·保罗之口,话语中的"你"是指当时一名调皮捣蛋的学生——罗杰·罗尔斯。小罗尔斯出生于美国纽约声名狼藉的大沙头贫民窟,那里环境肮脏,充满暴力,是偷渡者和流浪汉的聚集地。因此,他从小就受到了不良影响,读小学时经常逃学、打架、偷窃。一天,当他又从窗台上跳下,伸着小手走向讲台时,校长皮尔·保罗将他逮个正着。出乎意料的是,校长不但没有批评他,反而诚恳地说了上面的那句话并给予语重心长的引导和鼓励。

当时的罗尔斯大吃一惊,因为在他不长的人生经历中只有奶奶让他振奋过一次,说他可以成为五吨重的小船的船长。他记下了校长的话并坚信这是真实的。从那天起,"纽约州州长"就像一面旗帜在他心里高高飘扬。罗尔斯的衣服不再沾满泥土,罗尔斯的语言不再肮脏难听,罗尔斯的行动不再拖沓和漫无目的。在此后的 40 多年间,他没有一天不按州长的身份要求自己。51 岁那年,他终于成了纽约州的州长。

资料来源 选自 http://www.17xing.com/class/diary/detail.html? diaryid=932595&id=294732,有改动。

复习思考题:

1. 名词解释:卢梭。
2. 试述卢梭自然主义教育的基本内容及其影响。

第十二章 裴斯泰洛齐的平民教育思想

约翰·海因里希·裴斯泰洛齐(Johann Heinrich Pestalozzi,1746—1827,见图 12-1)是 19 世纪瑞士著名的民主主义教育家和教育改革家,教育史上小学各科教学法的奠基人,第一个提出初等教育的概念,第一个提出教育心理学化理论。其教育思想在 19 世纪产生了国际性的影响,形成了 19 世纪欧洲的裴斯泰洛齐运动。他是欧洲由传统社会向工业社会转型时期的"近代教育理论和近代义务教育的奠基之父"。

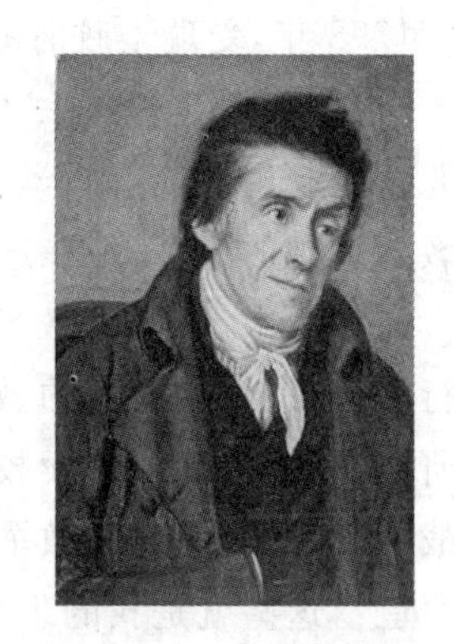

图 12-1　裴斯泰洛齐

第一节　裴斯泰洛齐的生平及其教育实践活动

1746 年 1 月 12 日,裴斯泰洛齐出生于瑞士苏黎世的一个医生家庭。5 岁时丧父,由母亲和女仆巴蓓丽带大。他从小生活于一个女性的、充满爱的环境中,这对于他今后的成长有着很大的影响。童年时,他常与其当牧师的祖父去探望穷人。富家儿童与穷苦人之间的巨大差距,使他对穷人抱有深切的同情。从此,拯救沉沦中的穷苦人,使他们恢复人的尊严,就成了裴斯泰洛齐一生所为之奋斗的目标。

1767 年,裴斯泰洛齐进入苏黎世大学学习。他在求学期间,深受法国启蒙学派的影响,反复探讨了卢梭的《爱弥儿》、《社会契约论》等著作。在卢梭的直接影响下,他受到"回到自然"口号和重农主义思想的影响,放弃了学习转而寻求"拯救农村,教育救民"的道路,开始了他长达 60 余年艰难的教育生涯。

1768 年,在朋友的资助下,回到家乡的裴斯泰洛齐买下了一个小庄园,取名新庄(Neuhof)。此后一直到 1773 年,他都在这里进行社会实验工作。实验的目的是通过这个模范农场教给当地农民农业生产的技术,以提高他们的生活水平。但是由于经营不善,实验没有成功。然而这一失败却激发了裴斯泰洛齐直接投身于教育实践,谋求通过教育革新来实现其社会理想的愿望。

1774 年,裴斯泰洛齐收容了 50 多名流浪儿,利用新庄这个地方,办了一个"贫儿之家"。他和儿童们同吃、同住、同劳动,除了教纺纱织布、种地,还教学生读、写、算。贫儿之家由手工业工人任职手工艺教师。裴斯泰洛齐注意将教学与手工业生产劳动结合,这在当时是很有进步意义的,对改革瑞士的农村经济与教育都是有益的。

1780 年,由于经费困难,“贫儿之家”停办了。1781 年,他以所熟悉的乡村教育生活为素材,写下了他的第一部教育小说《林哈德与葛笃德》。全书从改良主义和人道主义出发,提出人类进步的根源在于通过教育发展人的内在力量,通过立法改善人们的生活条件。这部著作问世后,引起了较大的反响,裴斯泰洛齐的教育思想受到人们的重视。

1798 年,受瑞士政府的委托,裴斯泰洛齐在斯坦茨建立了一所孤儿院,收留了 80 个 5～10 岁的儿童。在一位女仆的帮助下,他日夜操劳,负责儿童的生活和教育。他与儿童一起生活、劳动、学习,建立了父子般的感情。裴斯泰洛齐深信这正是他实践其教育理想的机会,他在这里开始了第二次教育实验。

在教育中,裴斯泰洛齐注意对儿童进行家庭化的爱的教育,并根据儿童的特点进行智力、道德和体力的教育。在教育中,裴斯泰洛齐还进行了初等简化教育方法的研究和实验,以改进学校教育教学工作。尽管在斯坦茨的努力取得了成功,但由于战争,孤儿院被迫改做军医院,裴斯泰洛齐的工作又中断了。对此,他曾深为遗憾地写道:“这些就是我的理想;但是正当这些理想似乎可以实现的时候,我不得不离开斯坦茨。”[①]

1799 年,裴斯泰洛齐在布格多夫的幼儿学校任教,继续进行教学方法的研究。第二年,他又担任布格多夫学院的领导工作。在这里,裴斯泰洛齐在一些助手的协助下,开展了他第三次教育实验。如何在初等学校根据人性的发展规律,组织合适的教学内容,运用简化的教学方法对儿童进行全面的和谐发展教育,成了这次教育实验的中心。在这期间,他写下了《葛笃德怎样教育子女》一书,试图研究出一种简便的方法,不仅使每一位家庭的主妇都能掌握,而且还能改进初等学校的教学工作,这些思想构成了“要素教育论”的基础。裴斯泰洛齐在布格多夫成功的教育革新,也引起了国内外的极大注意,不少人士纷纷前来参观学习。

到 1805 年,由于政府要收回布格多夫学校的校址,裴斯泰洛齐不得不带领部分师生迁到伊佛东城,重新建立了伊佛东学校。在这里的近二十年期间,裴斯泰洛齐继续更系统地开展他的教育革新实验和教育理论探索。伊佛东学校的规模逐渐扩大,设有小学、中学和师范部。裴斯泰洛齐在布格多夫初步形成的新型教育和教育原则与方法体系在伊佛东学校得到了更广泛的应用,并在理论和实践两方面都取得了重大的成就和新的发展。伊佛东学校建校后的前十年成绩最为突出,一时成了当时欧洲的“教育圣地”。许多国家派送青年学生来此学习,一些政治家、教育家也前来参观请教。

1827 年,裴斯泰洛齐留下最后两部著作《天鹅之歌》和《生活命运》后辞世。

---

① 张焕庭:《西方资产阶级教育论著选》,人民教育出版社 1979 年版,第 206 页。

第二节　裴斯泰洛齐的主要教育思想

与其他教育家相比，裴斯泰洛齐的教育理论是不够系统的，但是他的所有的教育实践都贯穿着一种基本思想，即民主的思想。他主张穷苦人同样有受教育的权利，主张人的全面发展，主张依照儿童的天性来实施教育，等等。同时，他对于儿童第一阶段的教育的研究，即要素教育法和各科教学法，更是对后世教育理论产生了深远的影响。

一、论教育目的

裴斯泰洛齐认为教育的目的在于全面和谐地发展人的一切天赋力量。在《林哈德与葛笃德》一书中，他借毕立夫斯基伯爵之口说："为人在世，可贵者在于发展，在于发展各人天赋的内在力量，使其经过锻炼，使人能尽其才，能在社会上达到他应有的地位。这就是教育的最终目的。"[①]为了实现这一教育目的，裴斯泰洛齐提出以下观点。

（一）教育应遵循自然法则

裴斯泰洛齐受卢梭的影响，认为教育者对儿童所产生的影响必须跟儿童的本性一致，要遵循自然，了解儿童的天性，不能压抑他们的自然发展，同时要消除一切阻碍自然发展的障碍，如同培育幼苗一样。为此，要了解儿童身心本性发展的规律。但必须要让这种自然发展与教育目的一致起来，因为任其自由发展，就不能使他的能力达到和谐发展的程度，而这种和谐发展是他作为一个社会成员所必须具备的。

但他不像卢梭那样，把儿童的本性加以理想化。他认为遵循自然的教育，必须使儿童各方面的能力或力量都得到均衡和谐的发展。他说，如果人的各种能力的发展只是依赖本性的力量，无其他帮助，那么使人从动物的感性特征中解放出来的过程将是缓慢的。

（二）教育要与社会需要相结合

裴斯泰洛齐也不赞成卢梭单纯根据儿童的本性，依照自然，使儿童自由发展，成为一个自然的完人的观点。他认为，在这种情况下，教育充其量只能使儿童成为一个自然的完人，而人是社会性的动物，人的各种天赋能力的发展既是天性的要求，也是"人类的普遍需要"。他认为要发展人的内在力量，就要求个人与社会相结合，最终实现社会和个人的需要。这是裴斯泰洛齐思想高于卢梭的一面，他认识到了教育的社会功能。

（三）教育应具有民主性

裴斯泰洛齐受法国启蒙学派康多塞、雷佩尔提等人，特别是卢梭的影响，对封建

① 张焕庭：《西方资产阶级教育论著选》，人民教育出版社 1979 年版，第 173 页。

性的等级教育给予了尖锐的批评。他希望改善贫苦人民的生活处境,主张把教育普及到一切儿童。他说:"就我所知,这种教学像一座大厦,大厦的上层宽敞明亮,显示了高超的技艺,但为少数人居住。中层住的人就多得多,但没有登上顶层的合乎人道的阶梯……最后,大厦的底层居住着无数的平民百姓,本来他们与最上层的人们有享受阳光和新鲜空气的同等权利,但是,他们住在没有星光的小屋里,不仅不能摆脱令人难受的黑暗,而且视线受阻,双眼变盲,使他们甚至都不能仰望大厦的上层。"[①]在这里,裴斯泰洛齐形象地揭示了当时教育权利不平等,他呼吁人人都应受教育。社会应当使教育成为所有人的财富,成为改造社会的重要杠杆。他的这些主张是正确和进步的,代表了时代的潮流和方向。但是他没有认识到当时社会的不平等和人民贫困的根本原因是社会的政治经济制度,而非教育和文化的缺乏。

二、爱的教育与家庭教育

德国哲学家费希特给了裴斯泰洛齐这样的评价:裴斯泰洛齐生活的灵魂就是爱。裴斯泰洛齐是外国教育史上提倡与实施爱的教育的最早代表,是实施爱的教育的典范。他关心儿童,热爱教育事业,把满腔的热情都倾注到儿童身上。用他自己的话讲:"我除了对我国人民的满腔热情和爱以外,没有其他力量。"[②]用这样无尽的爱关心儿童、教育儿童,教育史学家称之为"裴斯泰洛齐精神",这个精神的实质就是爱。

裴斯泰洛齐的爱的教育集中体现在他的教育实验当中,不管是在诺伊霍夫的新庄、斯坦茨、布格多夫,还是在伊佛东,他都用亲身实践告诉人们:要尊重儿童,热爱儿童,关心儿童。在总结爱的教育的思想中发现,家庭式的学校教育是爱的教育实施以来的重要成果;贯彻以爱为主线的道德教育堪称裴斯泰洛齐爱的教育思想的特色及精华之所在。

裴斯泰洛齐爱的教育思想就是教育工作者在长期艰苦的教育实践中,对受教育者所产生的自觉、无私、持久、公平的科学的爱。爱的教育包括两个方面:一是教师对学生的爱;二是教师要培养学生具备爱心。裴斯泰洛齐曾说:"如果要使情感与理想保持和谐,爱是所有的其他感情均应从属的核心力量。"有了这种爱,教师就会生发出无穷无尽的智慧,就会创造教育的奇迹。

裴斯泰洛齐十分重视家庭教育。他把家庭教育看做自然教育的原型、社会教育的榜样,认为家庭教育是教育的基础。他在《天鹅之歌》中写道:"我要用实验来证明,如果公共教育要有任何真正价值的话,必须模仿家庭教育的优点。"他主持的斯坦茨孤儿院和布格多夫学校,始终体现了家庭精神。

一方面,他主张在家庭教育中实施爱的教育,实现家庭教育情感化。裴斯泰洛齐由自己的家庭生活体验,深深地觉得,爱在教育中的重要性。在他看来,"家庭是

---

① 裴斯泰洛齐:《裴斯泰洛齐教育论著选》,人民教育出版社 1992 年版,第 75 页。

② 张焕庭:《西方资产阶级教育论著选》,人民教育出版社 1979 年版,第 208 页。

教育的起点”，成功的教育就是建立在理想的家庭生活及父母之爱的基础上的。他认为在儿童的发展过程中，家庭教育作为整个一体化教育的第一阶段是至关重要的。爱的教育应该从家庭开始，从母亲抚育幼儿开始，培养儿童形成最自然、最基本的情感，使儿童在充满爱的氛围中健康茁壮地成长。母亲对儿童的爱是发自内心的、最真挚的爱。因此，“母爱是教育的基本动力”，它是人类情感中最纯洁的情感，是唤醒孩子身上的人性的重要因素；同时，它又是引起道德情感的自然开端。他认为，家庭教育中母爱的影响力是任何力量所取代不了的。

另一方面，他主张学校教育中贯彻爱的教育，实现学校教育家庭化。学校教育是促进儿童发展的第一阶段，是家庭教育的继续，是对儿童一生影响最普遍、最深刻的阶段。裴斯泰洛齐认为，教师在学校教育中起着关键的作用，而一个好的教师必须能够像父母那样去关心和呵护儿童，用爱的精神教育儿童，使学校教育和家庭教育保持连续和统一。当时的旧教育中的教育者只注重传授知识，忽视对儿童进行爱的教育，忽视儿童主体性的存在。教育者和教育对象之间存在着严重的隔阂和对立，教育过程充满着不和谐和紧张的气氛。针对这种状况，裴斯泰洛齐主张学校教育家庭化，学校教育必须以爱为根基，必须以家庭教育中的精神为动力，推动学校教育的健康发展。教师履行着“替代父母”的职责，关爱学生，努力为学生创设家庭式的人文环境，让学校充满家庭般的信任和兄弟般的友爱气氛，这是裴斯泰洛齐所极力倡导的。

三、论农村教育

在人类历史上，自从城市与乡村分离，文化知识的教育便成为贫苦农民的禁果。西方教育史上的教育家，将目光投向农村和农民者，则寥寥无几。裴斯泰洛齐首开风气之先，怀着对贫苦农民的深切同情，深入农村，与农民共尝艰辛，立志为农民教育献身。

裴斯泰洛齐提出将教育、科学与农业产业结合起来，使之一体化，以实现农村的经济繁荣和农民文化的提高；将学习与手工劳动相结合，并在历史上第一次实践了这一主张。他主张学校与工场联系、学习与手工劳动合一、做事与读书并进，从而在数千年学校教育与生产劳动脱节的顽石上打开了一个缺口，使初等教育更加接近生活，更加有益于劳动群众。

裴斯泰洛齐的农村教育思想是在特定的历史条件下的产物。它的出现不是偶然的，并且在当今仍有教益。

四、论教育心理学化

在西方教育史上，裴斯泰洛齐第一个提出教育心理学化，并在教育实践中探索以心理学为基础来发展人的能力的方法。

从历史的继承性来看，裴斯泰洛齐的教育心理学化显然是从卢梭的自然教育思想中引申发展出来的。裴斯泰洛齐在新的历史条件下，更加全面发展了自然适应性原则,使其更为丰富。裴斯泰洛齐的突出贡献是把卢梭的教育适应人的本性的思想发展为教育适应儿童心理的思想,提出了教育心理学化的主张,使卢梭提出的教育适应人的本性的思想有了坚实的基础,开拓了西方教育心理学化运动的先河。

从教育心理学化的观点出发,裴斯泰洛齐通过教育实验,在《葛笃德怎样教育她的子女》一书中提出了新的教学原则,奠定了他的教学理论,为小学各科教学法作出了重要贡献。

第一,教育适应儿童的心理发展。裴斯泰洛齐在长期的教育教学实践中对儿童进行的大量观察和分析后指出,人的自然发展是有一定规律可循的,不能让儿童任意发展。教育适应人的本性体现在教学上主要是适应人的心理,而在教育中要对人性中不良的成分加以改造。

第二,儿童心理的发展是一个连续不断的过程。裴斯泰洛齐认为,教育儿童应依据他们的天赋能力(包括体力和智力),加以培养,使其逐步发展成熟。其过程就像一棵树的成长一样,种子埋在土里,然后发芽、生枝、开花、结果,直到长成一棵大树。这是一个连续不断、逐步发展的过程,而其根本则存在于种子和树根里面,而作为促进人的发展的教育应与植物生长的模式类似,要有一个适合人类本性的、心理的、循序渐进的方法。

虽然裴斯泰洛齐对儿童的心理及其发展还没有做出真正科学的解释,但是,他已深刻地认识到教育科学应该起源于并建立在对人的心理探索的基础上。他的教育心理学化思想显然比夸美纽斯的"教育要适应自然"和卢梭的"教育要顺应自然"的思想前进了一步。

五、论要素和谐教育理论

裴斯泰洛齐的教育学体系的重心是关于和谐发展的要素教育的理论。而这一理论又体现在他的初等教育理论和实践方面。他在《葛笃德怎样教育她的子女》中阐明了这些观点,并在斯坦茨和布格多夫的教育实验中进行了大胆实践。

他的基本思想是,教育的各方面必须从最小的基本因素出发并在相互作用中进行。他认为在各种教育教学过程中,在各门学科中,都存在着一些最简单的要素,教育教学过程必须从这些简单的因素开始,逐渐转移到复杂的因素,因为只有这样才能保证人的和谐发展。

裴斯泰洛齐的要素教育论根源于他承认教育的自然适应性。他认为儿童身上生来就潜藏着具有要求发展倾向的天赋能力和力量。儿童能力的发展是由简单到复杂的,教育就应该从最简单的要素开始,逐步转到更为复杂的方面。他指出了各种教育的最简单的要素,这些要素是作为儿童天赋能力的表现形式存在于儿童身上的,它们是进行各种教育的依据。

基于此,裴斯泰洛齐提出了德智体全面教育的基本要素。在他看来,德育的最简单要素是儿童对母亲的爱。母亲在孩子出生后给予孩子满足和安宁,孩子对母亲的信任感就萌芽了,道德力量也就得到了刺激和发展。以后推演为对家庭的爱和信任，最终发展为对人类的关爱。体育的最简单要素是各种关节的运动，即通过击打、投掷、推拉等项目来训练儿童。这些既是儿童体力发展的基础，也是进行体力活动和体育运动的基础。智育的最基本要素为数目、形状和语言。数目指具体实物的数量、性质、计算等；形状指具体实物的外表、轮廓、比例等；语言首先指的是母语，包括字母、字、词、句子和文章等内容。

和谐发展的要素教育理论是裴斯泰洛齐对初等教育新方法的研究和实验所取得的主要成果。他晚年在《天鹅之歌》中写道："要素方法论的问题，就是如何使人的才能和能力的培养与大自然的顺序一致。我多多少少觉察到了这一问题的全部重要性，已花费后半生的很大一部分精力努力解决它。"

六、论初等学校各科教学

裴斯泰洛齐根据其教学心理学化和要素教育的理论，具体地研究了初等学校各科教学法，并通过他在教育实践中的实验，对当时的初等学校各科教学提出许多革新意见的同时，还为科学地建立初等学校各科教学法奠定了基础。

裴斯泰洛齐说："教学艺术首先要用来培养基本的计算能力、测量能力和说话能力，这些能力是一切精确认识物体意义的基础。"因此，他对初等学校的语言教学、算术教学和测量教学尤为重视。

关于语言教学，裴斯泰洛齐认为，从儿童说话能力发展的心理规律看，在语言教学中，词的学习是最基本的要素，语音又是词的最简单要素。因此，裴斯泰洛齐把语言教学分为三个阶段，即语言教学要从发音教学开始，然后进行单词教学，最后是严格意义上的语言教学。还设计了语言教学的各种练习形式，如先列出某种事物的名称，然后描述它的显著特征等。

关于算术教学，裴斯泰洛齐认为数字"1"是数目的最简单要素，而计数是算术能力的要素。算术教学应首先通过具体实物或教具使儿童产生"1"这个数字的概念，并从"1"开始，用个位数进行运算。然后了解和运算十位数、百位数……在形成整数概念的基础上再进行整数四则运算，其教学程序是先加法、乘法、除法，然后减法。

关于测量教学，裴斯泰洛齐也将测量教学称为形状教学，其目的是发展儿童对事物形状的认识能力。他认为，数与形式密不可分，因而形状测量与数的关系是可以互为基础的。直线是构成各种形状的最简单的要素，因此，测量教学应从直线开始，之后学习由直线组成的四边形、三角形及各种多边形。在此基础上，再学习曲线、圆形和椭圆形等。裴斯泰洛齐还将测量教学和图画教学等联系起来，认为直线等形状要素也是绘画、写字教学的简单要素。

除了上述关于语言教学、算术教学和测量教学外，裴斯泰洛齐还论述了地理教学法。

裴斯泰洛齐是伟大的资产阶级民主主义教育实践家和教育理论家。他把自己的一生贡献给了教育事业。他由教育实践所总结出来的教育理论，具有重要的意义。裴斯泰洛齐根据教育适应自然的原则和要素教育理论，研究了小学各科教学法。其涉及范围,几乎囊括了现今小学所有教学科目,从而奠定了小学各科教学法的基础。裴斯泰洛齐由此而赢得了教育史上小学各科教学法奠基人的称号。裴斯泰洛齐第一个提出了初等教育的概念,并确定了初等学校的目的和教育的意义,也扩充了初等学校的教学内容,这对初等教育的理论和实践都是积极的贡献。裴斯泰洛齐教育改革的精神及其理论,在19世纪产生了国际性的影响。当时的瑞士本土及德国、法国、英国、俄国、西班牙等地,纷纷以裴斯泰洛齐的学校与著作为蓝本,设立裴斯泰洛齐式的学校,在学校中运用裴斯泰洛齐的方法,在德国甚至有"普鲁士裴斯泰洛齐学校制度"之称。这一切构成了19世纪欧洲的裴斯泰洛齐运动。裴斯泰洛齐的理论在19世纪初,由瑞士及英、法、德等国输入美国,以后渐渐兴盛,对当时美国的教育也产生了重要影响。

复习思考题:

1. 名词解释:裴斯泰洛齐。
2. 简述裴斯泰洛齐的教育目的论。
3. 试论述裴斯泰洛齐爱的教育与家庭教育思想。
4. 简述裴斯泰洛齐"教育心理学化"的主张。
5. 简述裴斯泰洛齐的要素教育思想。

第十三章 赫尔巴特的科学教育学理论

约翰·弗里德里希·赫尔巴特(Johann Friederich Herbart,1776—1841,见图 13-1)是德国 19 世纪著名的哲学家、教育家,也是欧洲教育心理学化运动的重要代表之一。他将教育理论建立在哲学和心理学基础之上,试图揭示教育、教学的规律,深化了教育学研究的内容。他主张教育学应当成为科学的思想和“教育性教学”的思想受到人们的广泛重视。在西方,他是第一个提出比较完整的教育理论体系的人,被称为“教育学之父”和“科学教育学的创始人”。

图 13-1 赫尔巴特

第一节 赫尔巴特的生平与教育实践活动

1776 年,赫尔巴特诞生于德国统一前普鲁士奥尔登堡的一个法官家庭,从小家教严格。13 岁进入奥尔登堡文科中学,接受古典式的学校教育,学习成绩优异。14 岁写了一篇题为《人类的自由》的文章,在这篇文章中,他对封建思想的桎梏进行了抨击,向往资产阶级民主自由。18 岁中学毕业后进入当时的哲学中心——耶拿大学,开始研究哲学和人文学科的知识,受康德的不可知论和莱布尼茨的单子论的影响较深。此时,赫尔巴特的学术活动的重心是放在哲学的研究上,尤其是研究了费希特和理想主义者的哲学。

从不同时期赫尔巴特学术活动重心的变化来看,赫尔巴特教育思想形成和发展的整个过程,大致经历了以下三个主要阶段。

第一阶段:伯尔尼-布莱梅时期(1797—1802)。

1797 年,赫尔巴特大学毕业后,赴瑞士担任贵族斯泰格三个儿子的家庭教师。在这里,他根据心理学原理对三个年龄不同、性格各异的儿童进行教育,使教育更符合他们的实际。赫尔巴特认为,这个时期他虽然只是三个儿童的家庭教师,但已创造了“自己的学校”,取得了教育经验,从此,他开始研究教育学上的心理学问题。

1799 年,赫尔巴特辞去家庭教师的职务,回到德国继续深造,研究哲学和教育学。同年,他去瑞士的布格多夫拜访已负盛名的教育家裴斯塔洛齐。他通过听课、交谈和参观,对裴斯泰洛齐在"教育心理化"的实验中所取得的巨大成绩极为敬佩,对之进行了分析研究,明确心理学是教育科学的起点,立志建立科学教育学。

第二阶段:哥廷根时期(1802—1809)。

在此期间,赫尔巴特任哥廷根大学教授,讲授哲学、伦理学、教育学、心理学等多种课程,与此同时,还积极从事研究和著述。1802 年,他出版了《裴斯泰洛齐直观教学 ABC》。1804 年,当此书再版时,他还写了《对裴斯泰洛齐教学方法的评价》。1806 年,他的最主要的教育代表作《普通教育学》出版。1808 年,他完成了《实践哲学概论》。这个时期是赫尔巴特在教育理论创建上最富有成就的时期。

第三阶段:哥尼斯堡时期(1809—1833)。

1809 年,法军入侵德国,哥廷根大学蒙受影响,赫尔巴特应哥尼斯堡大学之聘,接任康德继任者的席位,担任哲学和教育学讲座,直至 1833 年。为了使教育理论与实践携手并进,他设立了一个实验学校,并首创教育科学研究所。赫尔巴特亲自为几个经过挑选的儿童上课,示范他的学生,然后他的学生又运用他的教学原则和方法讲课,用理论指导实践,又以实践为理论提供根据,并发展理论。在此期间,赫尔巴特又撰写了大量心理学著作,如《心理学体系》、《心理学教科书》、《科学心理学》、《关于心理学应用于教育学的几封信》等。这个时期是赫尔巴特从事教育科学事业的鼎盛时期。

1833 年,赫尔巴特辞去哥尼斯堡大学教授的职务,又回到哥廷根大学讲授哲学和教育学。1835 年出版了《教育学讲授纲要》,进一步发展了《普通教育学》中的思想,完善了他的教育学体系。

1840 年,他写成了《心理学研究》。1841 年,编撰了《哲学辞典》,同年 8 月 14 日,突然逝世,享年 65 岁。

赫尔巴特一生中的大部分时间在德国大学中任哲学、教育学的教学工作,并以哲学、心理学为基础致力于建立科学教育学,他为教育科学事业的建设,整整奋斗了 44 年,为教育学的发展建立了不可磨灭的功勋。

第二节　赫尔巴特的主要教育思想

赫尔巴特认为,教育学只有建立在科学理论基础之上才能成为一门科学。在他看来,实践哲学即伦理学和心理学应是教育学的基础。他说:"教育作为一种科学,是以实践哲学与心理学为基础的,前者指明目的,后者指明途径、手段以及对教育成就的阻碍。"①

① 赵祥麟:《外国教育家评传》(第二卷),上海教育出版社 1992 版,第 98 页。

一、教育目的

关于教育的目的问题，赫尔巴特认为，“教育的唯一工作与全部工作可以总结在一个概念之中——道德”，“道德普遍地被认为是人类的最高目的，因此也是教育的最高目的”。[①] 赫尔巴特认为，教育的目的是十分重要的，因此，教师必须关心学生将来作为成年人本身所要确立的目的，为使他们顺利地达到这些目的而事先使其做好内心的准备。

由于人的追求是多方面的，因此，教育的目的也应当是多方面的。具体来讲，教育目的可以分为两种，即可能的目的（或称选择的目的）和必要的目的（或称道德的目的）。所谓可能的目的，指与一个学生将来所要选择的职业活动有关的目的。这也可以称为多方面兴趣。为了保证实现这种教育，教师必须发展学生多方面的兴趣和多方面的感受性。所谓必要的目的，指一个学生不管将来从事什么职业活动都必须达到的目的，也就是必须具备的完善的道德品格。赫尔巴特认为后者更加重要，并且全部教育都应该围绕学生的道德教育来进行。

教育目的必须通过一定的手段来实现。赫尔巴特认为他的教育目的由教学和性格训练实现。正像他自己所说：“教学形成思想内容，而教育则形成性格，没有前者，后者是做不到的，这当中包含我的全部教育学的思想。”[②]

二、教育心理学化的思想

虽然裴斯泰洛齐首先提出了教育心理学化的口号，但他并没有将其丰富的实践经验上升到系统的理论高度。但是他的设想对赫尔巴特产生了巨大影响。赫尔巴特认为，教育学作为一门科学必须以心理学为基础。

（一）教学过程应以统觉原理为基础

在近代西方教育史上，赫尔巴特是第一位把心理学作为一门独立学科进行研究的教育家，因为他认为教育学领域中的大部分缺陷乃是缺乏心理学的结果。因此，从教育心理学化出发，赫尔巴特强调指出，教育学必须以心理学为基础。在观察和实验的基础上，他提出了统觉论，即观念心理学。

在赫尔巴特看来，观念是人的心理活动的最简单和最基本的要素，是人的全部心理活动的基础。人的心理活动就是观念的聚集和分散的活动，因此，心理学就是研究观念的形成及其运动的科学。在观念的运动中，一个观念由意识状态转为下意识状态或由下意识状态转为意识状态必须跨过一道界限，那就是意识阈。

在存在强弱差别的观念中，一些观念由于力量和强度较小而受到抑制，因而沉降于意识阈之下；另一些观念由于力量和强度较大而被抑制，因而呈现于意识阈之

① 张焕庭：《西方资产阶级教育论著选》，人民教育出版社 1979 年版，第 260 页。

② 赫尔巴特：《教育学讲授纲要》，浙江教育出版社 2002 年版，第 93 页。

上。那些处在意识阈之下的观念，被称为“下意识”；那些处在意识阈之上的观念，被称为“意识”。其关键就在于观念的强弱。例如，在人的心理活动中，遗忘就是原来呈现于意识阈之上的那些观念受到抑制而沉降于意识阈之下，而回忆则是曾经受到抑制而处在意识阈之下的那些观念重新呈现在意识阈之上。

由此，赫尔巴特断定，只有与意识中的观念有联系的事物、资料或知识才容易进入人的意识之中，并为意识所融化。并且强调当我们学习一个新知识时，只有与意识中原有的观念比较之后才能获得。人类经验中一切新的东西都是根据过去的经验而得到补充了解和说明的。由此，他认为，统觉的过程就是利用已有的观念吸收新的观念并构成统觉团的过程。

人们所形成的统觉团越丰富、越系统化，就越能吸收新知识。由此出发，他认为教学过程就是教师利用学生原有的旧观念，引起学生的兴趣与注意，从而获得新观念的过程。因而他强调，教师必须首先弄清楚所教的知识与学生原有知识之间的联系，然后才能使学生获得新的知识。

(二) 设置广泛课程，培养儿童多方面的兴趣

赫尔巴特认为多方面兴趣是教学的主要依据。在教学过程中，学生有了兴趣，教师所提供的事物便对他的心理有一种特殊的吸引力；相反，学生缺乏兴趣，教学必然空洞乏味，令人厌烦，甚至会影响教育目标的实现。然而，一个人的兴趣必须是多方面的。因为单一的兴趣在实际生活中不能产生什么作用，只有多方面的兴趣才是人们获得广泛而又完善的观念的强大动力，人的兴趣愈全面，他接受的新知识、形成的新观念就愈丰富。所以，赫尔巴特既把多方面兴趣看成是教学的基础，同时又把它看成是教学的直接目的。

赫尔巴特把兴趣分为六种：①经验的兴趣，即认识自然界周围环境个别现象；②思辨的兴趣，即对事物进行思考；③审美的兴趣，即对现象的美丑善恶的艺术评价；④同情的兴趣，即关于人类交际的知识；⑤社会的兴趣，即对社会、本民族和全人类的同情，它是同情的兴趣的扩展；⑥宗教的兴趣，即虔信上帝，服从社会。赫尔巴特又将这六种兴趣归结为两类：经验的、思辨的和审美的兴趣属于认识周围自然现实的，是知识的兴趣；同情的、社会的和宗教的兴趣属于认识社会生活的，是同情的兴趣。

赫尔巴特建议设置广泛的课程来培养儿童多方面的兴趣。通过学习自然科学、物理、化学、地理学科培养经验的兴趣；通过学习数学、逻辑学、文法培养思辨的兴趣；通过学习文学、唱歌、图画培养审美兴趣；通过学习外国语和本国语培养同情的兴趣；通过学习历史、政治、法律培养社会兴趣；通过学习神学培养宗教兴趣。

赫尔巴特以多方面兴趣为基础建立广泛的课程体系具有重大意义。文艺复兴时期形成以古希腊-古罗马文化为主体的古典人文主义课程，历经几个世纪，直到赫尔巴特提出了比较广泛的课程体系之后，各国才形成了比较适应工业化需要的普通教育课程体系。当代世界各国历经多次改革之后的现行普通教育的课程体系，它的

基本类型，都还是赫尔巴特当年提出来的，可见影响深远。

（三）教学应遵循儿童心理发展规律

在赫尔巴特的教学思想中有一个重要的思想，即教学形式阶段的理论。这一理论要求对教学做出适当的安排，根据儿童心理活动规律，建立一种合适的教学程序，由教师有计划、有步骤地去进行教学。

第一阶段是清楚地感知新教材。赫尔巴特把这一阶段称为“明了”。这一阶段的教学为提示教学和分析教学，主要是把新教材分解为各个构成部分，并和意识中相关的观念，即已经掌握的知识进行比较。

赫尔巴特指出事物能否被感知，首先取决于学生过去的经验，教师应事先充分了解学生的“思想仓库”，然后才能决定应该提供什么新观念。当新的观念被提出之后，就要着重地分析和比较它们。为此可采用直观法或叙述法，也可以采用谈话法。赫尔巴特认为，这个阶段，各种教学方法都要采用，“经常习惯于一种方法，而排斥其他方法，是不必要的”。

第二阶段是巧妙地进行新旧知识的联系。当学生获得许多个别的，但又彼此联系的观念之后，教学便进入第二步“联合”。赫尔巴特把这一阶段的教学称为综合教学。因为统觉最主要的表现为观念的联合，把许多个别的观念联合为一般的概念（统觉团）。这一阶段教学的最佳方式是师生之间无拘束的对话。因为这样，学生就“有机会试验他的思想的各种偶然的联合，并由此找到哪一种联合是最容易和最自然的”。

第三阶段是系统地形成普遍性的概念体系。各种新旧观念的联合，只是观念形成的开始，只有当教学进入第三阶段时，新旧观念的联合才真正上升到普遍领域，形成普遍性的概念。

因此，这一阶段的教学，主要是使初步联合起来的各种观念进一步与课程的整个内容和目的联合起来，加以系统化。教师可采用“更有联系的表述方法”和“抽出要点的方法”，反复分析所学习的材料，激发学生的想象与思维，使他们从中发现更多的联合因素，从而把知识组织得有条不紊，最后做出概括和结论。

第四阶段是巩固地应用所形成的观念。当某一种或某一部分的观念被系统化之后，必须加以巩固，教学就进入第四阶段——“方法”阶段。赫尔巴特赋予“方法”一词的基本意思是，学生通过习题解答、书面作业或按教师要求改正作业上的错误等活动，把普遍领域的概念运用到个别情况中去，检查学生对中心意思的理解是否正确，能否在与中心意思的联系中识别它们，能否运用这些思想。

这样通过实际练习，使已经获得的知识得以运用，变得更为熟练和巩固，能在各种条件下重新加以组合，从而解决各种实际问题。

赫尔巴特的教学形式阶段理论，后来为他的学生齐勒尔、维尔曼、赖因等人所广泛宣传。赖因把四个阶段中的第一阶段分解为预备、提示两个阶段，即教师在讲授新知识前，应首先有意识地唤起学生大脑中的原有观念，使他愿意接受新的教材。

这样，预备、提示两个阶段，连同联合、系统、应用一起，称为五段教学法。

三、教育性教学的思想

赫尔巴特在西方教学史上第一次提出了“教育性教学”的概念，把道德教育与学科知识教育统一在同一个教学过程中。在他看来，形成学生观念体系的整个学校教育工作，不可能分为两个孤立的过程，即通过情感和意志的训练进行道德陶冶的过程与通过知识的传授进行智慧启发的过程。他说：“教学可以产生思想，而教育则形成品格，教育不能脱离教学，这就是我的教育的全部。”“我得立刻承认，不存在‘无教学的教育’这个概念，正如反过来，我不承认有任何‘无教育的教学’一样。”[①]这清楚地表明，教学和教育是相互联系的同一过程的两个方面。

赫尔巴特把教学和教育的关系看成是目的和手段的关系。他强调指出：“教学如果没有进行道德教育，只是一种没有目的的手段，道德教育(或者品格教育)如果没有教学，就是一种失去了手段的目的。”在他看来，教学必须具有教育作用，教师在进行教学时，不能只限于如何使学生获得某种实际的知识技能，而应着眼于培养学生的良好人格和五种道德观念。与此相反，道德和人格的培养又必须通过教学来实现，没有教学就没有教育。

赫尔巴特还认为，教学与教育，即知识的传授与道德的培养之间虽有密切的联系，但并非一切教学自然而然地具有教育性。例如，“为了收益，为了生计或出于业余爱好而学习，这时将不关心通过这种学习一个人会变好还是会变坏”，诸如此类的教学便与教育性问题无关。因而他认为，决定教学具有教育性的主要因素在于强化教学工作中的教育目的性，它要求教师必须严格按照一定的教育目的来组织教学过程，以使教学真正成为造就社会所需要的人的有效途径。

赫尔巴特之所以强调教学具有教育性这一原理，首先与他保守的政治立场有关，他力图通过教育把忠君、安分守己、信神等资产阶级落后意识灌输给年青一代，培养忠于普鲁士容克阶级的人。其次，这也与他的观念心理学有密切联系。他曾经这样说过：“对于教育性教学来说，一切都取决于其所引起的智力活动。”这一点，反映了教学过程的基本规律，使人们对教学过程的认识深化。

从赫尔巴特的经历、理论及其思想影响来看，赫尔巴特不愧是一个努力把教育学建立在心理学基础上，使教育学真正成为一门科学的倡导者，他是近代教育科学的开拓者，近代教育心理学化的最重要的代表人物。赫尔巴特的教育理论，集中反映了18世纪末和19世纪初教育心理学趋势所取得的成就，反映了资本主义确立时期教育理论发展的水平。

尽管赫尔巴特的心理学和教育学理论，在我们今天看来，并不都是科学的，然而比起其先辈们的理论，无疑在科学化的道路上大大向前发展了。19世纪70年代以

---

① 赵祥麟：《外国教育家评传》(第二卷)，上海教育出版社1992版，第103页。

后，赫尔巴特和赫尔巴特学派的教育思想曾在一个相当长的时期里，对世界许多国家的学校教育改革起过支配作用。在近一个世纪的世界教育科学发展的过程中，赫尔巴特的教育学说，始终作为一个教育思潮的主要流派之一相继地出现着，对各国教育科学的发展起着积极的作用。

教育启示录 7

尤拉的故事

一年级有一个活泼好动的男孩子尤拉。女教师发现他在课堂上总是坐不安稳，随便讲话，有时候拿纸折成一个飞机，趁教师回转身的时候放出去，惹得哄堂大笑，简直没法上课。女教师想了一个简单的办法：到家里去找尤拉的母亲告状。怎么办呢？女教师和孩子的母亲约定，每天把尤拉的不良行为记在学生手册里，由母亲采取措施。注定命运的一天终于来到了：母亲看到手册里的纪事，大发雷霆，狠狠地打了儿子几巴掌，还用皮带抽他一顿。这个从小没有挨过打的孩子惊呆了，他从来没有受过这样的痛楚和屈辱。尤拉变了。他常常阴郁地、悲愤地坐在窗前，好像对一切都无动于衷了。三天以后，尤拉说他把学生手册弄丢了。母亲又使用了她的皮带。原来那个活泼的、精力旺盛的孩子，现在显得沉闷而且孤僻。尤拉变得很少抬起头，避免和教师的眼光相遇，而当这种相遇无法避免的时候，女教师在他的眼睛里看到的是愤怒和绝望。从前，尤拉是一个诚实、正直、坦率的孩子。现在居然玩起说谎的花招来了。女教师偏偏要整一下他这种怪脾气。她提高了警惕，密切注视尤拉的一举一动，更加起劲地在学生手册里写下尤拉的一切过错。而尤拉又一连“弄丢”了好几本学生手册。女教师就重新给他弄来一本新的，并且幸灾乐祸地说：“学校小卖部里，有的是学生手册！”尤拉呢，他决心把小卖部里的那一捆学生手册给消灭掉。有一次放学时，尤拉躲在教室的凳子底下，等到晚上，从窗户里爬出去，撬开小卖部，拿走了那一捆学生手册，在学校花园里刨个坑，把这些可恨的学生手册埋了。这一次，感到幸灾乐祸的不是教师，而是尤拉了。现在尤拉已经是有意捣蛋了，当他说“学生手册吗，我弄丢了”的时候，女教师就派值日生去小卖部再拿一本来，可是值日生回来说，小卖部失窃，学生手册不见了。女教师不肯罢休，就用普通的笔记本重新裁装一个临时的学生手册。正当把这个学生手册递给尤拉的时候，生物教师来了，他说在带领学生劳动的时候，挖出了一捆沾满泥土的本子。于是，许多人说尤拉是小偷，要送民警局，而尤拉坚决不肯承认。事情闹大了。为了怕学校丢丑，决定不送民警局，而是把尤拉的母亲喊来，叫她狠狠地揍他一顿。母亲一边打孩子，一边暗自流泪。尤拉变得更凶狠了。现在他处心积虑地跟女教师捣蛋。有一次他发现，同学里有人咳嗽的时候，女教师就要皱起眉头。于是他在每一节课上都咳嗽，有时竟一连咳嗽好几分钟。女教师又准备把这种过错写进学生手册里，就说：“把学生手册给我！”尤拉终于无法忍耐了，他从口袋里掏出那本揉皱的小本子，把它撕得粉碎，摔在桌子上，喊道：“去你的吧，该死的东西！……”惊呆了的女教师最后一次看见了尤拉的眼睛，那里面燃烧着不像一个孩子会有的怒火。这里说“最后一次”，是因为母亲实在没有办法了，让孩子转学了。后来尤拉在别的学校上二年级，表现很好，跟所有的好学生一样。一个缺乏教育素养的教师，由于不明智的吹毛求疵的做法而伤害了儿童的心灵。而像尤拉这种被激怒了的、变凶狠了的学生，还有多少啊！

资料来源 节选自瓦·阿·苏霍姆林斯基著，杜殿坤编译：《给教师的建议》(上)，教育科学出版社1980年版，第247-248页，有改动。

复习思考题：

1. 名词解释：赫尔巴特。
2. 简述赫尔巴特的教育目的思想。
3. 简述赫尔巴特的教育性教学思想。

第十四章 福禄培尔的学前教育理论

弗里德里希·威廉·奥古斯特·福禄培尔(Friedrich Wilhelm August Fröbel,1782—1852,见图 14-1)是德国著名的教育理论家和教育实践家,近代学前教育理论的奠基人。他创立了一种新型的学前教育机构,并以“幼儿园”命名,从这一意义上说,他是幼儿园的首创者。同时,由于福禄培尔创办的幼儿园体现了西方教育工作者从儿童中心的理论立场出发,实施一种能反映幼儿学习特征的教育计划的最先尝试,所以,于 1837 年在德国出现的幼儿园被看做幼儿教育的开端,福禄培尔被誉为“幼儿教育之父”。

图 14-1 福禄培尔

第一节 福禄培尔的生平与教育实践活动

1782 年 4 月 21 日,福禄培尔出生于德国中部图林根地区奥博维斯巴赫村一个牧师家庭,从小深受宗教思想的影响。9 个月时丧母,后常遭继母虐待。童年在凄风苦雨中度过,性格内向、孤僻,同时富于反抗精神。10 岁时被舅父送到教区学校受教育。

1799 年进耶拿大学学习,受到费希特哲学的影响。1805 年在法兰克福结识了裴斯泰洛齐的信徒格鲁纳(Anton Gruner)。格鲁纳认为福禄培尔很有教育天赋,便邀请他到法兰克福模范学校任教,从此福禄培尔开始了教师生涯。福禄培尔在格鲁纳的指导下研究裴斯泰洛齐的教育著作,并前往裴斯泰洛齐的伊弗东学校参观学习。

1808 年,福禄培尔第二次拜访裴斯泰洛齐,并花了两年的时间在那里致力于儿童游戏、音乐及母亲教育等学科的学习,这使他对裴斯泰洛齐的教育思想有了深入的了解。为了进一步充实自己,福禄培尔先后入哥廷根大学和柏林大学学习。

1816 年,福禄培尔在他的家乡格利斯海姆建立了一所学校,命名为“德国普通教养院”,开始实验自己的教育理想。其教育方法注重引导儿童的自我活动、自由发展和社会参与。在实践的基础上,他开始撰写一系列教育论文,并创办《教育家庭》周刊。

1834年到1836年间,福禄培尔受伯尔尼邦的委托,到布格多夫孤儿院接替裴斯泰洛齐担任院长。随着工作经验的积累,他日益深切地感到最需要改革的是儿童早年的教育。

1836年,福禄培尔返回德国图林根,开始设计一套他心目中符合儿童认识规律的游戏材料。1837年,他在勃兰根堡创办了一所发展幼儿活动本能和自发活动的机构,招收工人和手工业者的孩子入学。在这里,他把自己设计的幼儿游戏材料“恩物”拿到游戏小组中实验。

1840年,福禄培尔把这所机构命名为“幼儿园”(Kindergarten),并拟定了幼儿园游戏和作业的内容与方法。随着有关报刊对其学前教育思想的广泛宣传,福禄培尔的幼儿园遂引起世人的注意,前往参观的教师络绎不绝。但由于负债累累,1844年,他的幼儿园被迫停办。福禄培尔并未因首创的幼儿园停办而气馁。1849年,福禄培尔开办了幼儿教师训练所。幼儿园运动一度在德国得到发展。

但在1851年,由于政治原因,普鲁士教育部部长下令禁设福禄培尔式的幼儿园。福禄培尔曾打算去美国继续从事其幼儿教育事业,终因年迈多病,未能遂愿。于是他就努力地通过讲演和著述宣传其教育理论。福禄培尔于1852年6月去世。1860年,福禄培尔去世后8年,普鲁士政府才解除对幼儿园的禁令。1861年,他的生前好友替他出版了幼儿教育著作《幼儿园教育学》。

第二节　福禄培尔的主要教育思想

福禄培尔的教育思想的形成受到多方面的影响,但是对他影响最深的还是卢梭、裴斯泰洛齐等教育家的教育思想。福禄培尔在一定程度上继承并发展了他们的教育遵循自然的思想,并将教育顺应自然视为最主要的教育原则。

一、教育要适应自然

在《人的教育》一书中,福禄培尔第一次明确表达了教育要适应自然的思想。福禄培尔所谓的自然主要包括两层含义:一方面是指大自然;另一方面是指儿童的天性,即生理和心理特点。前一层含义是指人的教育必须遵循自然万物普遍有效的法则;而后一层含义是指人本身具有特性,而教育必须遵循人的这些特性。

(一)顺应与干预

在福禄培尔看来,教育应当顺应自然的发展,人应当像自然那样按照其本性自由健康发展。他以园丁修剪葡萄藤为例,指出在葡萄藤确实应当修剪时,如果园丁在修剪时不是十分耐心地、小心地顺应葡萄树本性的话,不管园丁出自多么良好的意图,葡萄树就可能由于修剪而被彻底毁灭,至少它的肥力和结果的能力被破坏。他认为教育应当顺应儿童的活动本能和兴趣需要,这并不意味着放任儿童、任其发展,而是指教师、父母和其他成员应为儿童提供发展的条件和空间,运用正确而行之有效的手段，顺应儿童的自然性向，促使儿童健康、茁壮地成长。

福禄培尔对教育中违背自然、对儿童妄加干预的现象表示强烈的不满，认为“一切专断的、指示性的、绝对的和干预的训练、教育和教学必然起着毁灭的、阻碍的、破坏的作用”。在福禄培尔看来，“人身上的缺点的一切表现，归根结底，根据在于他的善良的品性和良好的追求遭到了压制或扭曲，被误解或往错误方向引导，因此，克服和消除一切缺点、恶习和不良现象的唯一切实的方法在于努力寻找和发现人的本来就有的善良的源泉，即人的本质方面（而缺点产生的原因，正是由于人的这个本质方面受到了压制、干扰或错误引导），然后加以培养、保护、树立起来，加以正确引导”①。

（二）儿童自动发展思想

所谓自动发展，是指个体利用自我能动的力量，使内部表现于外部和使外部表现于内部的过程。福禄培尔认为，儿童生来就有发展的可能性，即本能。他把人的本能划分为活动的本能、认识的本能、艺术的本能和宗教的本能。因此，教育就是促进儿童的自我活动，发展儿童的创造性、艺术能力和信仰上帝的品质。在这四种本能中，福禄培尔尤为重视活动的本能，他提出教育的任务就是在于促进儿童的自我活动和内在本质力量的发展，挖掘儿童内在生命的潜力。福禄培尔认为教育者应该及早地培养儿童活动的本能，充分满足儿童创作、工作、劳动中的种种渴望。

关于儿童发展的观点，福禄培尔不仅提出了儿童自动发展思想，而且还就人的发展及其连续性、阶段性进行了相关的论述。他认为，儿童的身心发展是个循序渐进的过程。在发展的过程中，后阶段总是以前阶段为发展的基础。

（三）儿童的身心发展的连续性和阶段性

福禄培尔批判静止地看待儿童的观点，他认为儿童的身体和心理发展是一个连续不断的过程。他指出：“人和人身上的人性都应当被看做外表的现象，不能看做一种已经充分发展的、完全形成的，一种已固定、静止的东西，而应当看做一种经久不断地成长着、发展着的，永远是活生生的东西，永远朝着以无限性和永恒性为基础的目标，从发展和训练的一个阶段向另一个阶段前进的东西。”②为此，福禄培尔把儿童的发展过程划分为四个阶段，即婴儿期、幼儿期、少年期和学生期。在他看来，每一阶段并不是由年龄限度而定的，而是由某些显著的特征决定的，这四个阶段相互联系，不断前进。

二、幼儿园教育制度

（一）幼儿园工作的意义和任务

福禄培尔认为，家庭和母亲在幼儿教育中具有很重要的地位。但他也指出，有许多母亲没有充分的时间来教育自己的子女，而且也没有受过相应的教育训练。因

① 福禄培尔：《人的教育》，人民教育出版社 2001 年版，第 87 页。

② 福禄培尔：《人的教育》，人民教育出版社 2001 年版，第 16 页。

此,建立公共幼儿机构成为必要。

同时,他又认识到,幼儿园教育和家庭教育的一致,是完善的教育的首要的和不可缺少的条件。家庭生活在儿童生长的每一个时期,甚至在人的整个一生中都是无比重要的。“假如儿童在这一年龄阶段遭到损害,假如存在于他身上的他的未来生命之树的胚芽遭到损害,那么他必须付出最大的艰辛和最大的努力才能成长为强健的人。”①

福禄培尔把幼儿园的目的和任务归结为三个方面。①幼儿园不仅应当帮助那些无力照顾孩子的家庭解决照管孩子的困难,更重要的是培养学龄前儿童参加与其本质相适应的活动。为此,幼儿园的主要任务在于组织儿童进行各种适当的活动,特别是游戏活动,发展他们各方面的力量,为儿童进入初等学校和未来的生活做好准备。②幼儿园应在正确引导孩子从事各种活动中,为母亲们训练照管孩子的助手,为其他幼儿机构训练幼儿教育工作者。③幼儿园应推广幼儿教育经验,介绍合适的儿童游戏以及合适的游戏手段,包括玩具、适合儿童天性发展的游戏内容和游戏方法。

(二) 幼儿园的教育方法

福禄培尔教育方法的基本原理是自我活动。他认为,万物都在神性的统一中存在其根源。自我活动是一切生命的最基本的特性。个体由此而认识自然,认识自我,最终认识神性的统一。

如果说直观的方法是从客观事物出发而形成主观的认识,那么自我活动则是从主观方面表现其对外在世界的认识。自我活动能表现出儿童的发展程度,激发他们对新知识的兴趣和注意,鼓励自信和自尊,引导儿童了解各种知识的关系,使学习成为一种自然而令人愉快的活动,并激励儿童去创造。总之,自我活动是人类生长之基本法则及教育活动之基础。

根据自我活动的教育原理,福禄倍尔提出以下重要教学原则。

1. 实物教学原则

福禄培尔指出,他的教育方法致力于从开始就为学生提供从事物中积累自己的经验的机会,要让儿童用自己的眼睛去观察,使其学会从亲身经验、从事物与事物之间的关系、从人类社会的真正生活中去认识世界。

但是,自然界的事物是凌乱不堪、错综复杂的。如果在教学时以片断零碎的事物单独地摆在儿童的心灵面前,则儿童无法获得正确的观念,甚至使健全的心灵变得混乱。因此,要求教育工作者要有意识地把那些有关联的事物呈现在儿童面前,使儿童能容易而正确地知觉这些事物,并由此形成关于这些事物的正确观念。

2. 游戏教学原则

福禄培尔的游戏教学原则以自我活动为基础,以对儿童游戏活动的观察为依

---

① 福禄培尔:《人的教育》,人民教育出版社 1991 年版,第 40 页。

据。福禄培尔认识到,游戏活动和儿童心理有密切的关系,游戏给儿童以自由和欢乐,所以任何儿童都对游戏很感兴趣。

儿童的自我活动的表现以游戏最为显著。儿童借游戏以表现其内在历程于外部行为上。如果顺其自然,以游戏为教育的主要方式,以引导儿童的自我活动、自我发展和社会参与,就易于提高教育工作的效率。

（三）幼儿园的课程

根据自动和创造的教育原理,福禄培尔重视幼儿的活动和游戏,但他并不认为所有的活动和游戏都具有教育的价值。福禄培尔指出,若要使儿童的游戏具有教育意义,就不能漫无目的,对游戏的材料必须加以确定,并多加指导,以保证儿童所从事的游戏活动及在游戏活动中流露出来的情感都有秩序、并适度。为达此目的,福禄培尔将其后半生的主要精力放在幼儿园课程的发展上。

福禄培尔把幼儿园的训练分为三种方式:唱歌、动作及姿势、建造。与这几种活动相关的是儿童语言的发展。这三方面并不是分离的,而是可以有机结合的。比如,讲(或念)故事时,用唱歌来表演,用动作、姿势或图画来表现有关情节等。他认为用这种以实物代替观念的方法,可以激起想象和思考,并训练眼手协调、手脑并用。在此思想指导下,福禄培尔建立起以活动和游戏为主要内容的幼儿园课程体系。这个体系主要包括以下内容。

1. 歌谣

福禄培尔曾出版了一本题名为《慈母曲及唱歌游戏集》的小册子。在此书里,有一套精选的歌谣及其图画的方法和游戏方式的说明。

2. 恩物

福禄培尔创制出一套幼儿园里供儿童使用的玩具和材料,因为福禄培尔认为这是上帝给儿童的恩赐物,因此称其为“恩物”。这是福禄培尔对于幼儿教育工作的具体贡献。

福禄培尔指出,恩物的教育价值在于,它是帮助儿童认识自然及其内在规律的重要工具。在他看来,自然界的万物统一于神性之中,但在发展过程中又显出外在的差异性,构成了自然界的多样性。儿童的心灵能力在此时尚未发展健全,面对复杂多变的大千世界,一时间竟茫然不知所措,无法清楚地认识事物内在的联系和统一性。恩物的作用恰恰在于它能帮助儿童克服这种困难。恩物是自然的象征,如:球体是整个世界的象征;圆形体表示动物的形体;方形表示矿物的形体;圆柱体表示植物的形体;等等。

儿童通过这些恩物,由简及繁,由易到难,循序渐进地认识自然,进而洞察神性。所以,恩物是福禄培尔帮助儿童认识自然及其内在规律的工具。

3. 作业

作业是福禄培尔为幼儿园确定的另一种教育活动形式及课程。他倡导的作业种类很多,有纸工、绘画、拼图、泥塑等,并且制定了一套详细的幼儿园作业大纲,要求幼儿的作业活动严格遵循从简单到复杂的原则。福禄培尔的作业和恩物关系十分密切,作业的进行主要是将恩物的知识运用于实践。

福禄培尔是近代影响最大的幼儿教育家。他首创了幼儿教育的重要形式之一——幼儿园,并广泛组织了训练幼儿园教师的工作,客观上顺应了19世纪以来,在工业革命不断发展的历史条件下,要求发展幼儿教育的历史趋势。他在借鉴前人经验的基础上,详细论述了幼儿园工作的体系、内容和方法,其中包括发明了恩物,确定了游戏与作业为幼儿教育的重要活动方式等,大大推动了学前教育学的发展,并为使其成为教育理论领域中的一个独立部门方面,作出了卓越贡献。福禄培尔的儿童教育观,包括反对强制性教育,重视儿童积极主动的活动,以及内发论的思想,都对后世产生了重要影响,成为19世纪末之后儿童中心主义教育思潮的思想渊源之一。

应该指出,福禄培尔幼儿教育理论的基础是唯心的理想主义,并有着浓厚的神秘主义色彩。究其原因,除受到德国古典唯心主义哲学的影响之外,也受到当时心理学发展水平的限制,福禄培尔遂采用内省的方法去研究儿童,对于自己观察到的儿童的发展特点无法做出科学解释。

复习思考题:

1. 名词解释:恩物。
2. 试述福禄培尔的幼儿园教育制度理论。

第十五章 蒙台梭利的教育思想

玛丽亚·蒙台梭利(Maria Montessori,1870—1952,见图 15-1)是自福禄培尔以来最伟大的幼儿教育家。蒙台梭利最初研究智力缺陷儿童的心理和教育问题,后来致力于正常儿童的教育实验,创办了举世闻名的“儿童之家”。她所创建的幼儿教育方法风行 100 多年,成为具有世界性影响的学前教育思想。

图 15-1　蒙台梭利

第一节　蒙台梭利的生平与主要教育活动

蒙台梭利是意大利教育家,1870 年 8 月 31 日出生于意大利安科纳省。作为独生女的蒙台梭利,深得父母的宠爱,受到良好的家庭教育,从小养成自立、自强的独立个性,以及热忱助人的博爱胸怀。

蒙台梭利在高等技术学院毕业前夕对医学发生了兴趣,并凭着不屈不挠的努力,获准进入罗马大学医学院就读。1896 年秋,蒙台梭利以优异的成绩毕业于罗马大学医学院,成为罗马大学和意大利历史上的第一位女医学博士。毕业后,她担任了罗马大学附属医院精神病临床助理医生,从事智障儿童的治疗工作,并由此开始对智障儿童教育产生兴趣。此后的五年时间,她主要从事对智力障碍儿童的教育和研究工作。为了打好自己的理论基础,蒙台梭利还在 1901 年辞去国立特殊儿童学校校长一职,重返罗马大学,进修哲学、普通教育学、实验心理学和教育人类学等课程。

1907 年 1 月,蒙台梭利在罗马贫民区创办了一所新型的儿童教育机构,并将之命名为“儿童之家”,招收 3～6 岁儿童来此学习。在蒙台梭利的努力下,“儿童之家”的教育实验取得了巨大成功,来自各国的参观者络绎不绝。为了总结“儿童之家”的实验和理论,蒙台梭利于 1909 年出版《蒙台梭利方法》(原名《适用于“儿童之家”的幼儿教育的科学方法》)一书。此书出版后风靡一时,被译成 20 多种文字在世界各地流传,成为当时最为畅销的非小说类书籍之一。

为了进一步传播自己的教育理论和方法,蒙台梭利在国内外开设训练班并亲自授课，其方法被100多个国家引进，欧美还出现了蒙台梭利运动。[1] 1929年，“国际蒙台梭利学会”成立，由蒙台梭利本人担任主席一直到1952年去世为止。

蒙台梭利的著作除《蒙台梭利方法》外，还有《教育人类学》(1908)、《蒙台梭利手册》(1914)、《高级蒙台梭利方法》(1917)、《童年的秘密》(1936)、《新世界的教育》(1946)、《儿童的发现》(1948)、《有吸收力的心理》(1949)等。

第二节　儿童发展观

从发展的观点出发，蒙台梭利强调指出，幼儿时期是人的一生中最重要的时期。她认为，儿童的“生长，是由于内在的生命潜力的发展，使生命力显现出来，儿童的生命就是根据遗传确定的生物学的规律发展起来的”[2]。儿童身上这一自然产生的神奇力量赋予他们积极的生命力，促使他们不断发展。教育的任务是激发和促进儿童的“内在潜力”的发现，并按其自身规律获得自然的和自由的发展。教育就在于对儿童身心的正常发展给予积极的帮助。

蒙台梭利还根据生命发展的表现形式不同，把儿童的发展过程分为三个阶段。第一阶段从出生到6岁，是各种功能形成和发展时期，也是人的个性形成的重要的时期，称为创造期。第二阶段从6岁到12岁，是较平稳发展的时期。第三阶段从12岁到18岁，是儿童身心发展逐步走向成熟的时期。

蒙台梭利指出，在幼儿的心理发展过程中会出现各种敏感期。例如，秩序的敏感期、手的敏感期、行走的敏感期、语言的敏感期等。幼儿在不同发展阶段会表现出对于某种事物或活动的特别敏感，当它们出现时，学习也特别容易而迅速，是教育的最好时机。蒙台梭利指出：“正是这种敏感性，使儿童用一种特有的强烈程度去接触外部世界。”[3]一旦忽视了敏感期的训练，会造成难以弥补的损失。

与此同时，蒙台梭利认为，儿童的发展不仅取决于他的内在的力量，也取决于环境。儿童的发展是有机体与“有准备的环境”相互作用的结果。她指出，为了启动儿童身上的“潜在生命力”，成人必须为儿童提供“有准备的环境”，并用自己的爱作为润滑剂来滋润儿童，使他们大量吸收其中的有益成分，使儿童自己利用周围“有准备的环境”塑造自己、完善自己。在蒙台梭利看来，“儿童之家”就是为儿童设置的一个“有准备的环境”。在那里，教师把儿童安置在一个自由、有序和愉快的环境里，这里的一切都适合儿童身心的发展。如整洁的教室、新的小桌椅、阳光照耀下的草坪、供儿童绘画和手工制作的各种材料、启发儿童智力的各种教具和一位沉静、慈爱和谦虚的教师。而儿童则根据自己的需要和爱好，自由地选择教具和操作。在这样的环境里，儿童的身心能得到自然的发展，有助于他们创造自我和自我实现。

---

① 杨汉麟：《外国教育名家思想》，华中师范大学出版社2010年版，第150页。

② M. Mentessori. The Mentessori Method, New York: Schocken Books, 1964:106.

③ 蒙台梭利：《童年的秘密》，人民教育出版社1990年版，第49页。

第三节　蒙台梭利教学法

蒙台梭利教学法包含肌肉训练、感觉训练、初步的知识学习、实际生活练习四大重要内容。

一、肌肉训练

作为一名医生出身的教育家，蒙台梭利非常重视儿童的身心健康教育。在“儿童之家”的办学实践中，她不仅重视儿童的身体发育，定期对儿童进行身体检查，重视儿童的营养问题，而且非常重视儿童的体格训练，强调肌肉训练的重要意义。

为了帮助儿童进行肌肉训练，蒙台梭利专门设计了一些器械和设施，例如，平行木栅、摇椅、球摆、螺旋梯、绳梯、跳板、攀爬架等。以绳梯为例，由于幼儿攀爬用麻绳做成的带有横木棍的梯子上下，就可以锻炼上下肢、手的抓握及身体的平衡等。蒙台梭利还设计了有音乐伴奏的走步、跑步和跳跃练习，既使幼儿感到有乐趣，又锻炼了幼儿肌肉的力量，还发展了幼儿的节奏感。此外，蒙台梭利还让幼儿利用球、铁环、棍棒、手推车等开展自由的活动游戏，以此丰富幼儿的肌肉训练。

蒙台梭利强调指出，肌肉训练不仅有助于幼儿的身体发育和健康，而且有助于幼儿动作的灵活、协调和准确，还可以起到锻炼幼儿意志和发展幼儿合作精神的多种作用。

二、感觉训练

感觉训练在蒙台梭利教育理论体系中占有重要的地位，并成为其教育方法中最有特色的部分。蒙台梭利指出，感官教育符合儿童心理发展的需要，对儿童智力发展至关重要。如图15-2为蒙台梭利在指导儿童进行感官训练。通过感官教育，可以在早期发现某些影响儿童智力发展的感官缺陷，以便及时采取措施使其得到改善和矫正。基于上述认识，蒙台梭利极为重视感官教育。她根据儿童对不同的感官刺激存在不同敏感期的原理，将感官训练细分为触觉、视觉、听觉、嗅觉和味觉的训练。在她看来，触觉训练是感官训练中最主要的。她认为，每种感觉又可以按照性质和形式分别进行训练，并精心设计了适合儿童感觉训练的独创性系列教具。

图 15-2　蒙台梭利在指导儿童

蒙台梭利还提出了感官教育的两个原则。第一，自我教育的原则。蒙台梭利认为，感官教育要给儿童以活动的自由，成人尽量不予干涉。她提倡让儿童根据自己的意愿和能力进行自我选择（按等级顺序排列的）教材、教具，并自行操作，试着把握自己和环境。只有这样，才能激发儿童的内在动机,使教具与儿童的敏感期相配合,达到最好的学习效果。这种自我教育是感官训练的一个十分重要的原则。蒙台梭利一再强调:“人之所以成人,不是因为教师的教,而是因为他自己的做。”①第二,循序渐进原则。蒙台梭利强调,在对儿童实施感官教育时,应遵守循序渐进的原则,因为感官教育主要针对儿童的敏感期而定。儿童敏感期的出现是服从个体发展节律的,因此感官教育的实施应从儿童的身心发展特点出发,并结合儿童所处敏感期及个体差异,采取与之相适应的步骤和方法训练教育儿童。

三、初步的知识学习

蒙台梭利认为,3～6岁的儿童已具备学习文化知识的能力,这种能力是与儿童具有吸收力的心理特点一致的。教育者应当利用这种能力,为儿童准备适当的教材、教具,并提供正确的学习途径。

在“儿童之家”里,蒙台梭利就尝试对幼儿进行初步的知识教育,包括书写、阅读和计算。

在阅读和书写方面,蒙台梭利打破常规,将写字的练习先于阅读练习。在她看来,文字的书写关键在于握笔,即肌肉的控制能力,因此,主要通过触觉的训练循序渐进地过渡到书写练习。

儿童掌握了文字书写的技能以后,再转入阅读学习。蒙台梭利提倡对儿童进行早期的语言教育,强调为儿童提供丰富的语言教育环境。她主张在孩子一出生时,父母就应该为孩子提供一个充满语言与文字的环境,让儿童自然地由感觉到、领悟到周围的一切。蒙台梭利认识到,要循序渐进地去培养孩子的学习与领悟的能力。她提出大人要在为孩子安排的环境中,预备许多不同内容的书籍、图片,让孩子去接触、去翻阅,逐渐丰富他们的常识,使儿童的语言发展在学前期达到较高的水平。

在对儿童进行读、写教育的基础上,蒙台梭利主张对他们进行数学方面的教育。她把读、写、算(3R)组成的学习看做一个整体,儿童在学习读、写的同时,也要学习数学。蒙台梭利强调把环境与儿童学习结合起来,遵循由简单到复杂的程序,以感觉教育为基础,通过对教具的操作培养儿童配对、序列、分类的能力。幼儿在没有数学压力的情境下,慢慢接触数学,由浅入深,由简到繁,幼儿快乐地享受着数学的乐趣。以感觉教育为基础,借助感官教具与数学教具学习,可以说是蒙台梭利教育中的经典。在实践中,蒙台梭利发明并采用了100多种算术教学教具,200多种不同的操作方法,用以培养儿童对逻辑及量的思考。

蒙台梭利经过实验,证明所有的儿童都具有学习读、写、算的能力。在“儿童之家”,这些孩子发音清晰,写字流利,动作优雅。他们在美感中长大,有最真挚的人性,他们还是周围环境当中最富有智慧和最有耐心的观察者。蒙台梭利认为遗憾的

---

① M. Mentessori. The Mentessori Method, New York: Schocken Books, 1964:172.

是，人们并未认识到6岁前的儿童其实已进入学习的敏感期，相反却否认儿童有学习的可能，由此严重地影响了儿童的正常发展。

四、实际生活练习

注重实际生活练习是蒙台梭利教育法的重要内容，其目的是让儿童参与生活实践，通过日常生活的体验获得一些实际生活技能。蒙台梭利认为，日常生活技能练习不仅可以培养儿童自我料理的能力，从而有助于儿童独立性的形成，而且可以促使儿童自我完善起来。因为这种练习是一种要求神经系统与肌肉高度协调的综合性运动，对儿童的发展不无裨益。

"儿童之家"的实际生活技能练习主要分为三类。第一类是与幼儿自己有关的，主要是自我服务性练习，包括穿脱衣服、梳头、洗脸、刷牙、洗手、洗手帕等。第二类是与环境有关的，主要是家务方面的练习，包括收卷小毯子、扫地、擦桌子、端菜、洗盘子、整理房间等。第三类是园艺活动，例如松土、下种、浇水、整理花木、饲养小动物等。在蒙台梭利看来，进行园艺活动对儿童发展益处有四：可使儿童脱离人为生活的束缚；符合儿童兴趣，有益于儿童的健康；能练习动作的协调；可发展儿童的智力。此外，专门的手工作业也包括在实际生活练习之中。

在"儿童之家"里，为了训练幼儿脱穿衣服的能力，蒙台梭利特意为他们设计了扣纽扣、系带子等一系列与日常生活能力训练有关的教具，很受孩子们的欢迎。蒙台梭利为了训练儿童感官能力和肌肉活动两者之间的协调，也设计了专门的器具，如：攀登架、绳梯、跳板、摇椅等，来对儿童进行肌肉练习；设计了有音乐伴奏的走步、跑步和跳跃练习以及徒手操，来锻炼儿童的肌肉力量，发展儿童的节奏感。此外，蒙台梭利还通过儿童的自由游戏，让儿童在玩球、铁环、棍棒、手推车等过程中得到肌肉的锻炼。

第四节　论自由、纪律与工作

蒙台梭利重视自由对儿童发展的重要意义。她认为，真正的科学的教育学的基本原则是给学生自由，"我们必须采用以自由为基础的教育方法去帮助儿童赢得自由。换句话说，对儿童的训练应帮助儿童把控制他们活动的社会束缚尽可能地减到最少"[①]。因此，蒙台梭利提出应该给予儿童自由活动的权利，允许儿童按照其本性自由地表现。蒙台梭利指出："任何一种教育活动要成为有效益的，它必须帮助这种生命力的充分显露。而且，这种帮助必须严格地避免阻碍儿童自然的活动。"[②]学校应该允许儿童自由地、自然地表现自己，给儿童以完全的自由。

---

① 蒙台梭利：《蒙台梭利幼儿教育科学方法》，人民教育出版社1993年版，第114页。

② W. Kilpatrick. The Montessori System Examined. Boston: Houghon Mifflin Company, 1914:9.

为使教育达到预期目标，蒙台梭利在“儿童之家”精心布置了一个“有准备的环境”，即为幼儿提供一个不受约束的、适合年龄特征的环境，让儿童在自由活动中发展其感觉。为此，蒙台梭利按照前述所谓有准备的环境，精心设计布置了这样一个给儿童以充分自由、便利的活动场所。在蒙台梭利看来，允许儿童自由活动是实施新教育的第一步。在自由活动中，儿童体验到自己的力量，从而最大限度地激发他们发展的动力。

从尊重自由出发，蒙台梭利强调个性化的纪律，认为个性化的纪律是独立自主精神的重要体现。蒙台梭利批评传统教育理论把纪律仅仅看做是维持教育和教学的外部秩序的手段，指出：“这种奖励和惩罚——请允许我如此措词——简直是灵魂的‘板凳’，是奴役精神的工具，它们不是用来减少畸形，而是用来制造畸形，用奖励和惩罚所激起的努力是被迫的，而不是自然的，可以肯定地说，这决不会给孩子带来自然发展。”[①]他认为传统教育理论会使儿童在精神方面遭受种种折磨，而且在智力和道德上也会受到损害，从而只能造就一大批反应迟钝、智力低下、奴性十足的人。因此，蒙台梭利主张把自由权利交还给学生，使学生在自由选择的基础上进行自我教育。在“儿童之家”里，儿童的自由活动必须遵守两条原则：一是儿童的自由应以集体利益为限度，不允许干扰和侵犯他人；二是儿童必须按照规定的程序使用教具。因此，儿童的自由实际上是一种有纪律的自由。对蒙台梭利来说，纪律和自由是一件事物不可分离的两部分，犹如一枚铜币的两面。

蒙台梭利强调在工作——即身心并用的活动中促进儿童发展，形成儿童的纪律意识。她认为真正能形成纪律意识的第一道曙光来自工作。在蒙台梭利看来，儿童身心的发展，良好纪律的形成必须通过工作而不是游戏来完成。在她看来，只有工作才是儿童最主要和最喜爱的活动，而且只有工作才能培养儿童多方面的能力并促进儿童心理的全面发展及儿童良好纪律的形成。

蒙台梭利所说的工作是儿童在有准备的环境中，与环境相互作用的活动，是一种自由、自主、自助的活动，是满足儿童内在活动需要的活动，是儿童喜欢并乐在其中的活动，是一种手脑结合、身心协调的活动。

通过工作，“儿童之家”将传统教学中根本对立的两个概念——自由和纪律有机地联系和统一起来。换言之，工作可促进非压迫、非强制的纪律的形成。蒙台梭利还具体分析了工作能促使纪律形成的原因。①从生理的角度讲，工作有助于儿童肌肉的协调和控制，从而具有正确支配自己行动的能力。②从心理的角度讲，工作有助于培养意志力，这是儿童遵守纪律的先决条件。③工作有助于培养独立性。蒙台梭利所谓的独立性主要是一个生物学的概念，即能自我支配，依靠自己的器官满足自己的欲望和要求。因此在蒙台梭利学校里，儿童普遍采用自己选择的个体工作方式。蒙台梭利发现，儿童通过自由选择，使自己沉浸于工作，学会了依靠自己，从工

① 蒙台梭利：《蒙台梭利幼儿教育科学方法》，人民教育出版社 1993 年版，第 63 页。

作中获得乐趣,满足自己的欲望;儿童以个体工作方式自发地工作,在工作中学会了尊重他人的工作权利并懂得善和良好的规范,其结果是人人专注于自己的工作,儿童之间没有妒忌,没有争吵。独立工作方式培养了绝对平静的气氛,良好的纪律就体现出来了。

蒙台梭利是20世纪享誉全球的幼儿教育家,也是赢得世界承认的最伟大的教育家之一。由于蒙台梭利是研究和倡导用科学的方法来提升正常儿童智力最有成效的科学家和教育家,所以她被誉为"幼儿教育之母"。人们还称她为"儿童世纪的代表",是"在幼儿教育史上,自福禄培尔以来影响最大的一个人"[①],"是20世纪赢得欧洲和世界承认的最伟大的、科学的和进步的教育家之一"[②],是"进步幼儿教育的先驱"。

蒙台梭利的幼儿教育思想自20世纪初产生并传播以来,对世界各国幼儿教育产生了广泛的影响。其教育理论和实践方法受到广泛的欢迎和赞扬。蒙台梭利教师国际培训班的建立更使她的思想在世界范围内传播开来,形成影响世界的"蒙台梭利运动",蒙台梭利教育思想对现代儿童教育的改革和发展产生了深刻的影响。

蒙台梭利的幼儿教育思想和方法在传播过程中也引起过教育学界和心理学界的争议,甚至遭到批判。美国著名进步主义教育家克伯屈曾经批评蒙台梭利学说的内容"主要是属于19世纪的中期,是落后现代教育理论发展约50年的学说"[③]。由于克伯屈及其他人对蒙台梭利学说体系的责难、批评,美国的蒙台梭利热一度降温。但时过境迁之后,20世纪下半期,蒙台梭利的教育思想及主张又得到人们的青睐。有些过去遭到批评的观点现在被许多人认为是正确的。总体看来,蒙台梭利方法简单明了、学习材料精确、目的单一明确及成果显著,具有一定的科学性和极大的实用性,在当代各国仍保持勃勃生机及巨大影响力。

教育启示录8

过去不等于未来

故事大概发生在20世纪80年代,在美国新泽西州市郊一座小镇,一个由26个孩子组成的班级。他们中所有的人都有过不光彩的历史,有人吸过毒,有人进过少年管教所,有一个女孩子甚至在一年之内堕过三次胎。家长拿他们没有办法,老师和学校也几乎放弃了他们。就在这个时候,一个叫菲拉的女教师接了这个班。新学年开始的第一天,菲拉没有像以前的老师那样整顿纪律,先给孩子们一个下马威,而是出了一道选择题。

---

① W. F. Connell. A History of Education in the Twentieth Century World, New York: Columbia Univ., 1980:138.

② James Bowen. A History of Western Education, Vol. 3, London: Methuen & Co. Ltd., 1981:394.

③ 吴式颖、任钟印:《外国教育思想通史》(第九卷),湖南教育出版社2002年版,第201页。

有三个候选人,他们分别是:A笃信巫医,有两个情妇,有多年的吸烟史,而且嗜酒如命;B曾经两次被赶出办公室,每天要到中午才起床,每晚都要喝大量的白兰地,而且曾经有过吸食鸦片的记录;C曾是国家的战斗英雄,一直保持素食的习惯,不吸烟,偶尔喝点酒,但大都只是喝一点啤酒,年轻时从未做过违法的事。

菲拉要求大家从中选出一位在后来能够造福于人类的人。毋庸置疑,孩子们都选择了C。然而菲拉的答案却令人大吃一惊:"孩子们,我知道你们一定都认为只有最后一个才是最能造福于人类的人。然而你们错了。这三个人大家都很熟悉,他们是第二次世界大战时期的著名人物。A是富兰克林·罗斯福,身残志坚连任四届美国总统。B是温斯顿·丘吉尔,英国历史上最著名的首相。C的名字大家也很熟悉,阿道夫·希特勒,一个夺去了几千万无辜生命的法西斯恶魔。"孩子们都呆呆地瞅着菲拉,他们简直不相信自己的耳朵。

"孩子们,"菲拉接着说,"你们的人生才刚刚开始,过去的荣誉和耻辱都只能代表过去,真正能代表一个人一生的是他的现在和将来的所作所为。从过去的阴影中走出来吧,从现在开始,努力做自己一生中想做的事情,你们都将成为了不起的人才……"

正是因为菲拉的这番话,改变了26个孩子一生的命运。如今这些孩子都已长大成人,其中的许多人在自己的岗位上有了骄人的成绩:有的做了心理医生,有的做了法官,有的做了飞机驾驶员。值得一提的是当年那个个子最矮也最爱捣乱的学生罗伯特·哈里森,后来成为华尔街上最年轻的基金经理人。

资料来源 节选自赵国忠编著:《班主任最关键的管理细节》,南京大学出版社2010年版,第38-39页,有改动。

复习思考题:

1. 名词解释:蒙台梭利。
2. 简述蒙台梭利的儿童发展观。
3. 简述蒙台梭利教学法。

第十六章 杜威的教育思想

约翰·杜威(John Dewey,1859—1952,见图16-1)是美国现代哲学家、心理学家、教育家,实用主义哲学的创始人之一,机能心理学的先驱,美国进步主义教育运动的代表。他是公认的20世纪影响最大的教育家,对现代教育的影响极为深远。在美国国内,他也是一位积极推动社会改革,倡言民主政治理想的所谓自由主义派人士,同时也是一位致力于民主主义教育思想的实践者。

图16-1 杜威

第一节 杜威的生平活动和著作

杜威于1859年10月20日出生于美国东北部佛蒙特州柏林顿城一个杂货商之家。杜威少年时在美国公立学校读书,对死记硬背的教学方法颇有不满,课余时间喜爱阅读和户外活动。16岁进入佛蒙特大学就读,开始对哲学感兴趣。20岁从大学毕业后,他担任过城市中学和乡村学校的教师。1882年秋,杜威进入刚刚成立不久的霍普金斯大学研究教育和哲学。1884年获博士学位后,他受聘为密歇根大学哲学和心理学讲师,开始对教育感兴趣,并萌发了在教育实验中把哲学、心理学和教育学结合起来研究的设想。除1888—1889年曾在明尼苏达大学任哲学教授以外,杜威在密歇根工作了10年。在此期间,他主要致力于黑格尔和英国新黑格尔主义哲学研究,对霍尔与詹姆斯在美国提出的新实验生理心理学进行了深入研究。

1894年,杜威担任芝加哥大学哲学、心理学和教育学系的系主任,并从事研究生教学工作。在此期间,他开始形成独具特色的教育哲学思想,并于1896年创办芝加哥大学实验学校(史称"杜威学校"),进行了为期8年的教育实验,补充、完善了其教育理论,引起了国内外的广泛关注。这一时期,杜威以实验学校的办学为基础,发表了不少重要的教育著作,如《我的教育信条》(1897)、《学校与社会》(1899)、《儿童与课程》(1902)等。

1904年,因为实验学校的取向与芝加哥大学不合,杜威辞职离去,并到哥伦比亚大学哲学系和师范学院任教,直至1930年退休。期间,他发表了自己最重要的著作——《民主主义与教育》(1916),从理论上对其教育思想进行了深入阐述。作为一名享有盛誉的哲学家和教育家，杜威还经常受邀到国内外的大学和学术团体进行演讲，吸引了国内外成千上万的学生，成为美国最闻名和最有影响的教师之一。

杜威还广泛参与了一些社会团体和学术团体的活动，例如：美国哲学学会、美国心理学会、美国科学发展协会、进步教育协会、全国教育协会等。其中，杜威于1905年担任美国哲学学会主席；1909年担任美国科学发展协会副主席；1932年被选为全国教育协会两位名誉主席之一；1938年被选为美国哲学学会名誉主席。[①] 1927年至1952年，杜威还一直担任美国进步教育协会的名誉主席。

在这一时期，杜威通过他的国外学生，特别是通过他自己亲自到国外访问演讲，使其教育思想的影响开始由美国传播到全世界。1918年，杜威受邀到日本帝国大学讲学。杜威的中国学生蒋梦麟及蔡元培等获悉杜威远东讲学计划后，遂邀请杜威于日本讲学完毕后来华讲学。1919—1921年将近两年间，杜威先后在北京、南京、杭州、上海、广州、武汉等地讲学，足迹遍及11省，杜威的学生胡适、陶行知等担任讲学的翻译。杜威的讲学将民主与科学及实用主义教育的思想直接播种在中国，产生很大影响。1928年，杜威去苏联访问，回国后著文对苏联的教育及文化不乏肯定评价。此外，杜威还到过土耳其(1924)、墨西哥(1926)等国家进行访问和演讲。

1952年6月1日，杜威因病在纽约去世。杜威平生著述众多，有论文815篇，专著44本(其中11本论教育)。除了上文提到的外，杜威其他重要教育著作有：《教育中的道德原理》(1909)、《我们怎样思维》(1910)、《教育中的兴趣与努力》(1913)、《明日之学校》(1915)、《经验与教育》(1938)等。

第二节　杜威的教育本质论

历史上关于教育是什么这一教育本质问题有过多种解释。杜威列举过比较典型的两种观点：一是以赫尔巴特为代表，认为教育即外部塑造；二是以福禄培尔为代表，主张教育即潜在能力展开。与前人不同的是，杜威用独特的用语对教育的本质给出了回答：教育即生长，教育即经验的改造，教育即生活。

一、教育即生长

“生长”原来是一个生物学或心理学的概念，历史上许多人使用过。杜威受前人的一定影响，并结合自己的观点，旗帜鲜明地宣称：教育即生长。他提出的这一命题本意不是要将教育与生长混同，而是代表了一种新的教育观和儿童发展观。

在杜威看来，生长是一个兼具连续性和阶段性的动态的心理发展过程。他声称：“这个朝着后来结果的行动的累积运动，就是生长的含义。”[②]人的心理方面的生长是永

① 单中惠：《现代教育的探索——杜威与实用主义教育思想》，人民教育出版社2001年版，第41页。

② 吕达、刘立德、邹海燕：《杜威教育文集》(第二卷)，人民教育出版社2008年版，第44页。

无止境的，但儿童的天性、能力的正常的生长有一定程序，甚至一天有一天的特殊式样。正如物的成熟要经过一定的时间、阶段一样，如果不重视儿童生长的需要及时机，急于要得到生长的结果，以致忽视了生长的程序，必然导致拔苗助长的不良后果。

杜威认为，生长的基本条件是未成熟的状态。换言之，生长必须以儿童的本能、能力为依据。他指出：生长的原始条件即起点，诚然是未成熟，但就幼儿而言，绝不意味着其心灵是一块空无所有，可任人涂抹的白板；未成熟也不应被视为缺点，实际标志或蕴藏着一种积极的内容、积极的能力。儿童与生俱来的四种本能（或称冲动、兴趣）：其一为表现在交谈、交际中的社交的本能，或称社会的冲动；其二表现为建造的冲动，或称为制造的本能；其三为探索和发现事物的兴趣，或称为调查研究的冲动；其四为表现的冲动，即艺术的本能。杜威说："这四方面的兴趣是天赋的资源，是未投入的资本，儿童的生动活泼的生长是依靠这些天赋资源的运用获得的。"[①]

杜威强调，儿童的生长应引导到习惯的形成。习惯有两种形式：一种是"有机体的活动和环境取得全面的、持久的平衡"；另一种是"主动地调整自己的活动，借以应付新的情况的能力"。杜威称这种习惯为"主动的习惯"，其中"包含思维、发明和使自己的能力应用于新的目的的首创精神"。[②]

基于生长论的主张，杜威强调正确的教育必须从研究儿童心理开始，应当提供机会让儿童生动地表现自己的生命力；要求教育不是单纯的灌输，而应根据受教育者的天赋能力，使之成为儿童自身的本能、兴趣和能力的生长过程；教育方法论的中心须从教师方面转移到儿童方面。杜威认为，是否帮助儿童生长是衡量学校教育是否有价值的标准。

二、教育即经验的改造

杜威称教育即"经验的继续不断的改组或改造"为教育过程中自始至终都具有的"当前的目的"。所谓经验的改组、改造，与杜威经验论里经验的连续性有密切的关系。在杜威的哲学术语里，经验表现为主体与客体、有机体与环境的一种相互作用。他将此称作经验的交互作用原则。在此基础上，杜威又提出了经验的连续性原则，即人最初的经验来源于先天的能力（如做事探究的本能）和环境的相互作用，但在人的一生中要不断经历、改变各种事物，在活动中获得的新经验增加到原有的经验中去以后，就会对原有经验进行改组、改造。

儿童经验的改组、改造具有两点意义。第一点意义是增加经验的意义，即使儿童认识到过去未曾感觉到的事物的联系。例如，一个儿童伸手去碰火光，烫痛了，从此以后，他知道某一接触活动和某一视觉活动联系起来（反过来，某一视觉活动和某一接触活动联系起来）就意味着烫和痛；或者，他开始知道光就是热的来源。[③]

---

① 赵祥麟、王承绪：《杜威教育论著选》，华东师大出版社 1981 年版，第 38 页。

② 赵祥麟、王承绪：《杜威教育论著选》，华东师大出版社 1981 年版，第 158 页。

③ 赵祥麟、王承绪：《杜威教育论著选》，华东师大出版社 1981 年版，第 159 页。

杜威认为,儿童通过活动所获得和增加的经验,既可能是个人的,也可能是社会的,但是总的来说,两者实不可以分离。他主张通过大量的社会活动,甚至可通过把学校办成雏形社会的方式,来使儿童获得社会经验、社会意识,把个人经验和社会经验结合起来。经验改造的第二点意义是:增加指导或控制后来经验的能力,就是指儿童在参加某种有意义的活动时,一定知道他在做什么,以及预料将会发生的结果,这样获得的经验就是一种有教育意义和足以提高能力的经验。[①]

总之,儿童通过经验的连续性——一系列行动与后果的关系,展现着他早先是盲目的和冲动的目的的意义和性质,还展现着他所生活的世界的有关事实和事物,使知识扩展到自我,也扩展到世界。在这个过程中,儿童的本能、兴趣、能力得到充分的尊重、利用和发展,社会意识、社会要求也在潜移默化中转化为儿童的信念。杜威这一思想的特点是将目的和过程,将主体与客体,将个性化与社会化通过主体的行动有机结合起来;将认知、获取经验与行动结合起来。杜威认为:"一切教育存在于这种经验之中"。[②]

三、教育即生活

杜威说:"生活就是发展,而不断发展,不断生长,就是生活。"[③]在他看来,儿童本能的生长、发展及经验改造过程表现为社会性的活动就是生活。杜威认为,教育不应当是生活的预备,而是儿童现在生活的过程,应把学校改造成简化、净化的雏形社会,学校中的课程不应着眼于文字科目,而应着眼于儿童现在的生活经验,教学应从学习者现有的直接经验开始,注重培养儿童对现实社会的适应能力。图 16-2 为杜威的实验学校。

图 16-2　杜威实验学校

① 赵祥麟、王承绪:《杜威教育论著选》,华东师大出版社 1981 年版,第 160 页。

② 赵祥麟、王承绪:《杜威教育论著选》,上华东师大出版社 1981 年版,第 161 页。

③ 吕达、刘立德、邹海燕:《杜威教育文集》(第二卷),人民教育出版社 2008 年版,第 52 页。

综上所述，教育即生长、教育即经验的改造、教育即生活三者是彼此联系，密不可分的。大致来说，"教育即生长"侧重从心理学的角度探讨教育的本质，以解决教育方法论问题，它从一个角度为儿童中心论提供了依据。"教育即经验改造"侧重从哲学（主要是认识论）的角度探讨教育的本质，以解决知识、经验如何得来，以及心理因素与社会因素的协调问题。二者在"教育即生活、学校即社会"的观点中得到集中的体现。

第三节　论　学　校

在杜威的实用主义教育思想体系中，与"教育即生活"这一观点密切联系的就是"学校即社会"。这是杜威对于学校与社会两者关系的基本观点。

一、"学校即社会"的含义

杜威充分肯定社会生活的教育作用。早在《我的教育信条》一文中，他就明确写道："儿童的社会生活是其一切训练或生长的集中或相互联系的基础。社会生活给予他一切努力和一切成就的无意识的统一性和背景。"[①]在他看来，儿童的训练与生长是离不开社会生活的，如果学校教育与社会生活相脱离，学校教育就失去了它的基础。在《学校与社会》一书中，杜威进一步指出，理想的学校应成为"一个小型的社会，一个雏形的社会"。[②]

杜威认为学校具有以下特点及特殊功能。第一，学校是简化的社会环境。杜威指出："我们现今社会生活的种种关系如此众多，错综复杂，就是把一个儿童放到最适宜的地位，并不能很快地参与到很多重要的关系中去。既然他不能参与到这些关系中去，它们的含义也就不会传达给他，也就不能变成他自己心智倾向的一部分。这就好像只见森林不见树木。商业、政治、艺术、科学和宗教，都要青少年注意，结果陷于混乱，无所适从。"[③]有鉴于此，因此需借助简化的社会环境——学校。在学校这个简化的社会生活环境里，可建立一种循序渐进的秩序，使儿童逐步地参与吸收，并进一步理解更为复杂的文化。第二，学校是净化的社会环境。杜威指出，社会环境鱼龙混杂，光怪陆离，让儿童贸然适应这样的环境，并不合适。学校的职责在于，尽量排除环境中无价值的特征，不要影响儿童的心理习惯；学校要建立一个纯化的活动环境。"学校的选择工作，其目的不仅在于简化，而且在于清除糟粕。每个社会都有一些无关紧要的东西，过去留下的废物，以及肯定是反常、阻碍社会进步的东西。学校有责任不使这些东西搀入它提供的环境，从而就力所能及，抵制它们在社会环

---

① 杜威：《学校与社会·明日之学校》，人民教育出版社 1994 年版，第 9 页。

② 赵祥麟、王承绪：《杜威教育论著选》，华东师大出版社 1981 年版，第 21 页。

③ 赵祥麟、王承绪：《杜威教育论著选》，华东师大出版社 1981 年版，第 152 页。

境中的影响。"[①]学校应选择社会生活中的精华,并极力加强其力量,以便"把有利于未来更好的社会的那部分加以传递和保存"。[②] 第三,学校是平衡的、可发挥协调同化作用的社会环境。20世纪前后,外国移民蜂拥进入美国,阶级矛盾、民族矛盾、种族矛盾空前尖锐。为了化解矛盾,实现其心目中的民主主义理想,杜威对美国的公立学校寄予厚望。他提出学校的职责在于"平衡社会环境中的各个部分,保证使每个人有机会避免他所在社会群体的限制,并和更广阔的环境建立充满生气的联系。为大家创造一个新的和更为广阔的环境"。与此同时,"每个人所加入的社会环境有种种不同,每个人的倾向受到种种不同势力的影响,学校发挥着协调作用"。[③]

对于体现了"学校即社会"的基本原则的学校来说,杜威提出了两个具体要求。其一是学校本身必须是一种社会生活,具有社会生活的全部含义。其二是校内学习必须与校外学习联结起来,两者之间应该具有自由的相互影响。他强调指出:"不能有两套伦理的原则,或两种方式的伦理的理论,一种是学校生活的,另一种是校外生活的。所有的行动是一致的,行动的原则也是一致的。"[④]

二、"学校即社会"的意义

杜威认为,确立"学校即社会"这个基本原则是非常重要的,既是为了社会,也是为了儿童。杜威从四个方面论述了确立这一原则的意义。

第一,有助于消除学校与社会生活的隔离。杜威认为,"一切教育改革的主要努力是引起现有的学校机构和方法的重新调整,使它能适应一般社会的和智力的条件的变化"。[⑤] 传统教育在学校与社会之间竖起一道高墙,培养出来的人不能适应社会的需要。而"学校即社会"的思想"彻底背离那种把学校看做仅仅是学习功课和获得某些技能的场所的见解。……这个思想,不仅影响学习和研究,而且影响儿童的组织……也影响教材的选择"[⑥],进而彻底改变了学校的性质。

第二,有助于更好和更生动地塑造儿童的心灵。杜威指出,如果我们从"学校即社会"出发,去设想教育目的和安排教育活动,"那么我们就会看到学校所施加于它的成员的影响将更为生动,更为持久,含有更多的文化意义"[⑦]。"我们可以在学校造成我们所要实现的一种社会的缩影,由此塑造青少年的心灵,逐步地改变成人社会的更加重大和更难控制的特征。"[⑧]

---

① 赵祥麟、王承绪:《杜威教育论著选》,华东师大出版社1981年版,第152页。
② 赵祥麟、王承绪:《杜威教育论著选》,华东师大出版社1981年版,第152页。
③ 杜威:《民主主义与教育》,人民教育出版社1990年版,第67页。
④ (美)梅休等著:《杜威学校》,华东师范大学出版社1991年版,第355页。
⑤ 杜威:《学校与社会·明日之学校》,人民教育出版社1994年版,第347页。
⑥ 赵祥麟、王承绪:《杜威教育论著选》,华东师大出版社1981年版,第321页。
⑦ 杜威:《学校与社会·明日之学校》,人民教育出版社1994年版,第40页。
⑧ 杜威:《民主主义与教育》,人民教育出版社1990年版,第333页。

第三，有助于儿童成为社会的有能力及有用的成员。杜威认为，学校是公民活动中的一个强有力的因素并成为培养儿童社会精神的动力。当学生能在学校这样一个雏形社会里收到良好的指导和训练，“用服务的精神熏陶他，并授予有效的自我指导的工具时，我们将拥有一个有价值的、可爱的、和谐的大社会的最强大的并且最好的保证”①。

第四，有助于社会的改革与进步。杜威认为：“学校是社会进步和改革的最基本的和最有效的工具。”②因为社会正是通过学校这个机构，将自己所取得的成就交给它的未来的成员去安排。

第四节　课程与教学论

一、课程与教材

杜威认为，儿童是未成熟的人，儿童已有的经验是教育过程的起点，包含在各门学科中的事实和真理是教育过程的终点。在起点和终点之间没有隔离的鸿沟：“把一方和另一方对立起来就是使同一成长中的生活的幼年期和成熟期生活对立起来；这是使同一过程的前进中的倾向和最后的结果互相对立，这是认为儿童的天性和达到的目的处于交战的状态。”③他说，事实上，“儿童和课程仅仅是构成一个单一的过程的两极。正如两点构成一条直线一样，儿童现在的观点以及构成各种科目的事实和真理，构成了教学”④。

杜威认为，在儿童自身的经验中，早已包含着可以组织到系统化的课程教材中去的事实和真理等因素，而编排得当的教材在介绍人类系统的经验、事实和真理时，必定也会联系到儿童已有的经验，并且和儿童的学习动机、兴趣相吻合。他主张教师在指导教学时，要努力使教材“心理化”，即“恢复到它所被抽象出来的原来的经验”⑤，使教材变成儿童经验的一部分，同时通过对儿童现有经验的不断地改造的过程，达到掌握有组织体系的真理的目的。在此基础上，杜威建立了以问题为中心的课程体系，并试图以“作业”这种儿童活动形式作为媒介，把儿童引入正式的课程中。

二、“从做中学”

杜威认为，教学法即是研究经验如何进行的问题。还指出：“人们最初的知识，

---

① 杜威：《学校与社会·明日之学校》，人民教育出版社 1994 年版，第 41 页。

② 赵祥麟、王承绪：《杜威教育论著选》，华东师大出版社 1981 年版，第 12 页。

③ 赵祥麟、王承绪：《杜威教育论著选》，华东师大出版社 1981 年版，第 81 页。

④ 赵祥麟、王承绪：《杜威教育论著选》，华东师大出版社 1981 年版，第 81 页。

⑤ 赵祥麟、王承绪：《杜威教育论著选》，华东师大出版社 1981 年版，第 89 页。

最根深蒂固的知识,是关于怎样做的知识。"[①]他指责传统的教学是填鸭式的灌输,"只让儿童静听",把师生关系搞成"像抽水筒和蓄水池一样的关系","忽视学生的个性、个人经验以及他的自由的、直接的和主动的活动"。[②] 与其针锋相对,他提出了一个名曰"从做中学"的教学方法论原则(亦可视作杜威教学理论的基本原则)。这种教学方式倡导通过各种"作业"、各种活动,即从做事情——而不是由读死书或听人解释——而获得各种知识和技能。

"从做中学"在杜威的哲学和心理学中可找到依据。按照杜威的经验论:"经验的'真资料'应该是动作、习惯、主动的机能,行为和遭受的结合等适应途径,感官运动的相互协调;"[③]"经验变成首先在于做的事情";知识、观念、经验都在行动的过程中得来。根据他的心理学,做事是人的主要本能,其他本能均可在做的过程中得到充分的体现、发展。因此杜威提出:要遵循儿童本能发展及获取经验这种自然的途径,在学校为儿童安排适当的环境,使学生由做事而学习。他认为通过"从做中学",通过大量实践性活动和运动性活动,可以培养、发展儿童的观察力、想象力、创造力、解决问题的能力及实际操作能力,甚至可培养儿童的道德观念;因为道德观念是通过各种社会活动得来的,非单纯说教所能奏效。杜威认为"从做中学"使学校与生活密切联系,其结果是学校得到新生,完全革除传统教育知行脱节、动脑不动手、儿童处处被动的弊病。

三、教学阶段

杜威十分重视儿童思维能力的培养,认为没有思维的因素,就不可能产生有意义的经验。他认为每一思维过程的开始是一个迷惑、困难或纷乱的情境,结果是一个澄清、统一或解决的情境,思维即在这二端之间进行。人的思维过程可分为五个步骤:①疑难情境;②确定疑难究竟在何处;③提出解决问题的种种假设;④推断哪一假设能解决问题;⑤通过实验验证与修改假设。

杜威认为,教学法的要素与思维的要素是相同的。与上述思维五步骤相应,教学法的要素(或称教学阶段)是:①学习者要有一种"真实的经验的情境",即令其产生兴趣的一些活动;②在这种情境里面产生促使学习者思考的"真实的问题";③学习者要占有知识资料,从事必要的观察,以对付这个问题;④学习者须具有解决问题的种种设想,并加以整理排列,使之有条不紊;⑤学习者将设想付诸实施,并检验其有效性。[④]

杜威的思维五步骤及教学法五要素说与"从做中学"理论显然是完全一致的。这一理论适合儿童从实践中手脑结合的探究学习,而不适用于被动的、静听的课堂

① 吕达、刘立德、邹海燕:《杜威教育文集》(第二卷),人民教育出版社 2008 年版,第 181 页。

② 杜威:《明日之学校》,商务印书馆 1993 年版,第 79 页。

③ 杜威:《哲学的改造》,商务印书馆 1989 年版,第 48 页。

④ 赵祥麟:《杜威教育论著选》,华东师大出版社 1981 年版,第 191 页。

教学。

杜威的实用主义教育理论是为了适应 20 世纪前后美国政治经济的需要而产生的,目的在于克服传统教育的弊病,加强教育与生活、与社会的联系,协调个性化与社会化的关系,改造旧学校,以培养能适应急剧变化的现实生活,能动脑动手,具有一技之长的人。但是实用主义教育只能在一定程度上满足这个要求。由于杜威过分强调儿童的当前的直接经验,提倡“从做中学”,忽视间接经验在课程和教材中的地位和作用(或者说未能处理好直接经验与间接经验的关系),从而不可避免地降低智力训练标准。因此,杜威的实用主义教育理论 20 世纪 50 年代后在美国遭到了严厉的批判。

杜威对学校教育中的种种形式主义的批评异常深刻;他的一些主张,如重视儿童自身的活动、需要和经验,强调培养儿童的首创精神和独立思维能力,以及个性化与社会化的协调等观点都具有长久的价值。

杜威教育思想的主要特征之一是协调个性化与社会化的关系,因此笔者不赞同把杜威笼统地称作儿童中心主义者。但是在杜威的教育理论问世之际,杜威与儿童中心主义者都面临着传统教育这个共同的、强大的敌人,二者在反对传统教育的大旗之下,成了盟友。加之杜威的声望及其理论中的许多部分是可以利用的,因此杜威被推崇为儿童中心主义者,成为人数众多的美国进步教育及新教育的旗手。杜威的一些新颖的、甚至不无偏激的观点,促使人们更加注重研究儿童的兴趣、需要和能力,注重发挥儿童的主动性、积极性,注重改革教育方法、教学内容,从而推动了教育、教学的理论与实践的发展。

杜威曾被视为新教育的旗手、进步教育之父及现代教育的代表,与传统教育形成了对立。二者之间的对立与斗争贯穿整个 20 世纪,使得教育领域波澜跌宕,推动了教育理论的发展。

教育启示录 9

斯捷帕碰断玫瑰花

苏霍姆林斯基刚参加工作,一个名叫斯捷帕的男孩,由于过分活泼、顽皮,在一次玩耍中无意把教室里放着的一盆全班十分珍爱的玫瑰花给碰断了。对此,苏霍姆林斯基大声斥责了这个学生,并竭力使这个闯祸的孩子意识到自己的错误,吸取教训。事后,班上孩子们又拿来了三盆这样的花,他让孩子们用心轮流看护,唯独斯捷帕没有获准参加这项集体活动的资格。不久这个学生变得话少了,也不那么淘气了。年轻的苏霍姆林斯基当时想,这倒也好,说明自己的斥责对这个学生起了作用。

可是,不愉快的事件在苏霍姆林斯基斥责这位学生的几周之后的一天发生了。这天放学后,苏霍姆林斯基因事未走,还留在教室里,斯捷帕也在这里,准备把作业做完后回家。当发现教室里只有老师和自己俩人时,斯捷帕便觉得很窘,急忙准备回家。苏霍姆林斯基没有注意到这种情况,无意中叫斯捷帕跟自己一起到草地上去采花。这时斯捷帕表情迅速变化,先苦笑了一下,接着眼泪直滚了下来,随后在苏霍姆林斯基面前跑着回家了。

这件事对苏霍姆林斯基触动很大。此时,他才明白了,这孩子对于责罚,心里是多么难受。他开始意识到自己以前的做法是不自觉地对孩子的一种疏远,使孩子感到了委屈。因为孩子弄断花枝是无意的,而且对他的行为感到后悔,愿意做些好事来补偿过失,而自己却粗暴地拒绝了他的这种意愿。对这种真诚的、儿童般的懊悔,报之于发泄怒气的教育影响,这无疑是对孩子的当头一棒。

此后,苏霍姆林斯基吸取了这一教训,在以后的工作中很少使用责罚。通常,他对由于无知而做出不良行为的儿童,采取宽恕态度。他认为,宽恕能触及学生自尊心最敏感的角落。

资料来源 节选自但武刚主编:《教育学案例教程》,华中师范大学出版社 2007 年版,第 136 页,有改动。

复习思考题:

1. 名词解释:杜威 从做中学。
2. 简述杜威的"学校即社会"的教育主张。
3. 试述杜威对教育本质的论述。

第十七章 现代欧美教育思潮

随着20世纪社会政治、经济、文化、科学的发展,尤其是20世纪中后期以来,社会政治格局的两极对峙和科学技术的突飞猛进,欧美国家在教育领域开始出现了各种新的教育思想。各个流派的教育家都力图为教育改革开出各自的济世良方。在这一发展过程中,各种教育思潮此起彼伏,异彩纷呈,相互激荡,汇成了一部教育思潮的交响曲。在这一时期,各种教育思潮都在一定时期传播较广,影响较大,不仅在欧美教育领域发挥作用,而且对世界教育产生深远影响。

第一节 改造主义教育思潮

改造主义教育是现代美国教育思想流派,是在20世纪30年代从进步主义及实用主义教育思想中逐渐分化出来,于20世纪50年代形成的一种教育思潮。其代表人物为美国教育家康茨、拉格和布拉梅尔德。

改造主义教育思潮的出现是时代的产物。20世纪30年代,欧美处于严重经济危机之中,社会矛盾尖锐化,以康茨为代表的一批进步主义教育家感到教育问题与社会问题紧密联系,教育改革受社会改革的制约,故提出进步主义需改变方向,主张教育应少强调儿童中心,多强调社会中心;少关心个人成长,多关心社会变革。教育的首要任务在于确立明确的目的,即以新的社会秩序为理想而改造社会,实现社会民主和世界民主,以造福全人类。

改造主义教育家宣称,当今是改造的时代,应该根据现代科学知识来重新解释西方文明的价值观点,并对以往的教育理论进行改造,强调通过学校教育来改造社会,为创造一种新的世界文明开辟道路。

改造主义教育思想的主要观点,可以概括为四个方面。

一、教育要以改造社会为目的

布拉梅尔德指出:“我们今天生活在一个人类历史上最大的危机时期的时代中。”[①]他认为,危机时代的教育担负着极其重要的任务。当人类文明处于危机状态时,教育必须给社会改造以指导,必须对发展未来起着创造性的作用。教育在保持传递文化、改造文化的职能时,更要突出改造文化的职能。因此,面对危机四伏的社会,教育的目的就是要改造社会。这种改造不意味着采取什么政治行动,而是人类

① 王承绪、赵祥麟:《西方现代教育论著选》,人民教育出版社2001年版,第75页。

心灵上的一种革命,“是通过教育使社会成员承担起为建设社会新秩序和实现人们共同生活的理想社会的义务”①。

二、教育要培养社会一致的精神

改造主义教育家强调,教育应该有一个清楚明白而又切合实际的教育目的,培养社会一致的精神。按照布拉梅尔德的观点,所谓社会一致,就是指不分阶级的人与人之间的合作关系,即通过共同协商来消除阶级分歧而达到一致,不仅在口头上而且在行动上的一致。布拉梅尔德强调指出,达到社会一致是一个学习过程,这个学习过程必须以相互作用和情感为基础。他认为,达到社会一致的学习过程必须注意三点:①学习应该从学生的经验开始;②应该强调一致的意见,并把它作为学习的知识;③利用学习过程培养民主精神。②

三、课程要以社会问题为中心

改造主义教育家以社会改造为出发点,提出必须制订一种以社会问题为中心的课程,并使其中的各门科目统一于理想社会这一目标。为此,布拉梅尔德设计了一种与理想社会相对应的内容广泛的课程,涉及经济、政治、科学、艺术、教育及人际关系等领域。至20世纪50年代,布拉梅尔德还完成了四年制学院轮状课程的设计。这种以社会问题为中心的课程的主要特点是:课程目标统一于未来的理想社会的总目标;各门学科的内容统一于社会改造;课时安排统一于解决问题的活动。

四、教师应以劝说教育为职责

改造主义教育家强调教师的主要职责应该是劝说学生去改造他们所生活的社会,让学生相信改造主义哲学的正确性,培养学生达成社会一致的精神。按照布拉梅尔德的意见,为了使大多数人相信并愿意去改造社会,劝说教育是一种能达到更好效果的简便方法。在他看来,在学校生活中,教师应该是指导者,不仅要对学生传授文化知识和技能,而且更要指导学生如何批判地和主动地应对整个生活环境。

改造主义教育思想的出现与流传引起了人们的注意,促使人们更加关心社会问题,对教育的观念和活动产生了一定的影响。但因为其一些提法难以自圆其说,加上美国教育关注的中心的变化,到了20世纪60年代,改造主义教育思潮便因势力减弱而受到了冷落。

第二节 新传统教育思潮

20世纪30年代开始,在进步主义教育和实用主义教育无限风光之际,欧美教育

---

① 吴式颖、任钟印:《外国教育思想通史》(第九卷),湖南教育出版社2002年版,第401页。

② 单中惠:《西方教育思想史》,山西人民出版社2000版,第716页。

领域悄然兴起了一股保守主义的教育思潮。这种教育思潮坚持欧美传统教育的理论，但又与时俱进地提出了一些新的教育主张，因而，可将这股由要素主义教育思想、永恒主义教育思想、新托马斯主义教育思想组成的教育思潮统称为新传统教育思潮。

一、要素主义教育思想

要素主义教育思想是新传统教育中势力最大、影响最广的一种教育思想。作为进步主义和实用主义教育的对立面，要素主义教育思想于20世纪30年代末在美国产生；20世纪50年代中期以后，要素主义教育进入巅峰时期，一度成为美国教育改革的主导性思潮，被视为美国教育中一种占统治地位的教育哲学[①]。随着20世纪五六十年代美国教育改革的失败，要素主义教育在美国一度式微，但在经历了恢复基础运动和20世纪80年代的教育改革后，要素主义教育思想开始复苏并再度受到青睐。

要素主义教育思想的代表人物主要有巴格莱、科南特、里科夫、贝斯特等。

综观不同时期要素主义教育家的言论可以发现，要素主义教育思想是一种将学校的职能视为保存和传递人类文化基本要素的教育理论。其基本主张可以概括为如下四个方面。

一是把人类文化的共同要素作为教育的核心。在巴格莱看来，教育的本质就是传授人类种族遗传下来的共同经验和文化精神。他指出："在最广泛的意义上讲，教育则是传递这些知识的过程，或者说教育是传递人类积累的知识中具有永久不朽价值的那部分的过程。"[②]

二是教学过程必须是一个训练智慧的过程。要素主义教育家认为，真正的教育就是智慧的训练，因此，学校要提高智力标准，让学生受到思维能力的严格训练，重视天才的发掘和培养。

三是主张开设学科中心课程。要素主义教育家强调，在教育内容上，学校应该开设以学科为中心的系统的学习科目。他们反对学校迎合儿童的即时兴趣和需要，强调学校应以基本技能和基础知识的学习为重心。

四是强调教师在教育过程中应居主导地位。在师生关系上，要素主义教育家强调教师是文化的代表者，在教育过程中属于支配、主导的地位，因此，教学过程中要突出教师地位，树立教师权威。

二、永恒主义教育思想

在新传统教育中，永恒主义教育思想提倡复古，它以强调古典自由教育，注重学

① (美)理查德·D.范斯科德等：《美国教育基础——社会展望》，北京师范大学外国教育研究所译，教育科学出版社1984年版，第52页。

② (美)巴格莱：《教育与新人》，袁桂林译，人民教育出版社1996年版，第48页。

习经典名著而闻名。此种教育思想兴起于20世纪30年代，在美国高等教育和成人教育中有着广泛影响。其代表人物有美国教育家赫钦斯和阿德勒、英国教育家利文斯通、法国教育家阿兰等。

永恒主义教育思想的主要观点可以概括为如下四点。

一是教育的性质永恒不变。永恒主义教育家认为，由于人性是不变的，因而立足于人性的教育的性质也应该是亘古不变、普遍适用的。每个时代和每个地方的教育在本质上都是建立在永恒不变的人性基础上。在赫钦斯看来，教育就是表现基本的人性，人性是共同的，不会改变的。

二是教育的目的就是理性的培养。永恒主义者认为，教育应该以发展人的理性和智慧为目标，通过了解人类文化遗产中的精华，使学生成为具有理性精神的公民。赫钦斯指出："教育就是理智的培养。理智的培养对一切社会里的一切人都是同样适合的。"①

三是普通教育以永恒课程为核心。赫钦斯指出："有一些永恒课程，凡自称受过教育的人应当予以掌握……那些课程应当成为普通教育的核心。"②所谓的永恒课程，就是指以历史上伟大思想家的著作尤其是经历许多世纪的古典名著为学习内容，使学生认识精神和物质世界中那些永恒的东西。

四是提倡学习和钻研古典名著。在永恒主义者看来，经典名著中蕴含所要学习的永恒真理，通过学习经典著作能够使人的心灵获得见解、领悟力和智慧。教学是主要的学习方式，阅读是主要的教育手段，学生应该背熟许多重要段落，深刻理解其内容和精神，并在各方面模仿伟大的思想家。

三、新托马斯主义教育思想

在新传统教育中，新托马斯主义教育思想是一种注重宗教教育的教育思想，其哲学基础是天主教新托马斯主义。③ 它产生于20世纪30年代的西欧国家，第二次世界大战后曾在美国流行，其主要代表人物为法国神学家、教育家马利坦。

新托马斯主义教育思想的主要观点可以概括为四个方面。一是教育应该以宗教为基础。新托马斯主义教育家认为，教育应以宗教为基础，以神性为最高原则。如果学校脱离了宗教，排除宗教教育，那就违背了教育的最高原则。二是教育目的在于培养真正的基督徒和有用的公民。新托马斯主义教育家把学校视为培养基督徒和公民的机构，认为二者并不矛盾，而是一致的。三是学校课程的核心是宗教教育。新托马斯主义教育家强调，为了对学生进行道德上的再教育和培养宗教信仰，

---

① 王承绪、赵祥麟:《西方现代教育论著选》，人民教育出版社2001年版，第199页。

② 王承绪、赵祥麟:《西方现代教育论著选》，人民教育出版社2001年版，第208页。

③ 新托马斯主义区别于托马斯主义的主要特征在于:它不再因提倡宗教而公开反对科学，而是调和宗教和科学;它不再因抬高信仰而公开否定理性，而是调和信仰和理性;它不再因宣扬神本主义而公开排斥人本主义，而是调和神本主义和人本主义，鼓吹神学的人本主义。

学校的课程应该贯穿宗教教育，以宗教原则为灵魂。四是教育应该属于教会。新托马斯主义教育家主张教育的使命主要属于教会，他们提出在教会的控制下，构建一个以宗教教育为核心的完整的教育体系。

作为一种强调宗教价值观的教育思想，尤其是试图突出宗教的绝对地位，新托马斯主义教育思想在欧美一些教会学校产生了一定的影响。但这种教育思想本身存在难以自圆其说的矛盾，以及与现代西方以科学和技术为特征的文化价值观念的尖锐冲突，则限制了其在现代教育中的应用。

第三节　新行为主义教育思潮

新行为主义教育是以新行为主义心理学为基础来阐述、解释和解决教育问题的一种教育思潮。它产生于20世纪30年代，在20世纪60年代盛行于欧美以及世界上其他国家。新行为主义教育家对教学目的、课程、教学方法的看法，都打上了新行为主义心理学的烙印。其代表人物是美国心理学家斯金纳和加涅。

综合新行为主义心理学家关于教育的主张，可以将新行为主义教育思想的主要观点归纳为如下三点。

一、倡导以积极强化来塑造人的行为

斯金纳认为，教育是改变和塑造人的行为的一种努力。在他看来，强化是塑造儿童行为的基础，在儿童的学习中是不可或缺的关键因素。离开了强化，学习是难以进行的。只要了解强化效应和操纵好强化技术，就能控制行为的反应，随意塑造出一种教育者所期望的儿童行为。为此，他提出以行为科学的原则和方法改造教育和教育学。换言之，学校教育中要重视通过强化来塑造儿童的行为。具体来说，首先要明确学校期望建立什么样的行为，教师必须对教什么、要学生形成什么样的行为心中有数；其次要善于安排和利用有效的强化物，让儿童的行为朝教育者期待的方向发展。

在斯金纳的强化理论中，积极强化是通过刺激来增加行为可能性的强化。例如，当学生学习努力取得进步时，教师用分数、奖品等作为积极的强化物，从而让学生更加努力地学习。斯金纳非常重视积极强化的作用，在他看来，儿童的运动技能、智力技巧、语言能力、态度、价值观等无不可以借此获得。与此同时，他也强调及时强化，认为强化不及时是不利于儿童行为发展的，主张教育者要及时强化希望在儿童身上看到的行为。除此以外，斯金纳还反对惩罚，主张以消退取而代之，作为矫正儿童不良行为的主要手段。

二、提倡程序教学和机器教学

斯金纳强调指出，在学校教育中必须重视操作性条件反射学习。而符合操作性条件反射学习条件的教学，在斯金纳看来就是程序教学和机器教学。他认为，教学

就是通过控制使学生形成正确的行为反应,“学生被‘教’,其意思就是诱导他从事新的行为形式,而且是在特殊场合下的特殊形式”[①]。他进一步指出,程序教学的基本过程是学习程序的呈现过程,表现为刺激—反应—强化—进展。通过教学机器,不仅可以使这个过程依次进行,而且可以使一个程序编制者和无数学生接触。

基于上述认识,斯金纳编制了直线式程序,提出了程序教学的基本原则:一是积极反应原则;二是小步子原则;三是及时强化原则;四是自定步调原则;五是低错误率原则。为此,斯金纳主张程序教学应通过教学机器来进行。他倡导使用教学机器,并发明和研制了包括算数教学机器在内的多种教学机器,为后来的计算机辅助教学指明了路向。

三、关注教学的过程与阶段

在长期研究人类学习的基础上,加涅认为,人类行为发展是学习的结果,而人类学习具有累积性质。在加涅看来,学习是一种获得能力和倾向的过程,这个过程依次可以分为八个阶段,即动机阶段、领会阶段、获得阶段、保持阶段、回忆阶段、概括阶段、操作阶段、反馈阶段。[②] 加涅强调指出,上述阶段正好形成一个圆环,学习的环节是由强化来联结的。凭借这种联结,学习从动机阶段所确立的期望到反馈阶段期望的证实构成了一个完整的学习过程。

加涅在学习理论的基础上形成了关于教学的认识。加涅认为,设计教学的最佳途径是根据所期望的目标来安排教学工作,因为教学是为了达到特定的教育目标。加涅根据学生在学习后所获得的能力对学习结果也就是教学目标进行了分类。加涅提出的五类学习结果是:言语信息、智力技能、认知策略、运动技能、态度。除此以外,加涅还将教学分为三个阶段:教学的准备阶段、教学的作业阶段、复演和迁移阶段。主张直线式地安排教学内容,要求在教学之前进行详细的规划和设计。

综合来看,新行为主义教育思想不仅有助于学习理论的发展,还为计算机辅助教学的发展开辟了道路,但是,由于忽视人类学习和动物学习的本质区别,以及程序教学和教学机器的机械刻板的特征,新行为主义教育思想也受到不少批评。

第四节　结构主义教育思潮

结构主义教育是以认知心理学为基础的一种教育思潮。它形成于 20 世纪五六十年代,其代表人物是瑞士心理学家皮亚杰和美国心理学家布鲁纳。

20 世纪二三十年代,皮亚杰就开展了对儿童认知结构的研究,创立发生认识论,形成儿童认知发展学说,为结构主义教育思想奠定了学说基础。第二次世界大战以后,皮亚杰的发生认识论传入美国,受到美国心理学界的高度评价。布鲁纳将皮亚

① (美)斯金纳等:《程序教学和教学机器》,人民教育出版社 1979 年版,第 85 页。

② 吴式颖、任钟印:《外国教育思想通史》(第十卷),湖南教育出版社 2002 年版,第 21-22 页。

杰的学说和他自己的认知结构发展理论应用于美国中小学课程改革之中，在美国进行全国性的规模浩大的课程改革，从而掀起了一股结构主义教育改革运动。

结构主义教育思想的主要观点可以概括为以下四点。

一、教育应符合儿童认知发展顺序

皮亚杰将儿童认知发展的路线分为四个阶段，即感知运动阶段（0～2岁）、前运算阶段（2～6岁）、具体运算阶段（6～12岁）和形式运算阶段（12～15岁）。按照皮亚杰的理论，儿童的认知具有上述阶段性，由某一阶段到另一阶段的顺序固定不变。反映在教育上，必然要求教育和教学要符合儿童的认知发展顺序，符合儿童的年龄特征。

二、教学要注重教授各门学科的基本结构

从结构主义的观点出发，布鲁纳强调，现代学校的课程设计和教材编写都必须以各门学科的基本结构为中心，“不论我们选教什么学科，务必使学生理解该学科的基本结构”[①]。所谓学科基本结构，是指某门学科的基本概念、定义、原理和原则。通过学习各门学科的基本结构，不仅能使学生容易地掌握整个学科，而且能够促进知识迁移的能力，对有关联的未知事物迅速地做出判断。

三、强调学科基础的早期学习

布鲁纳曾大胆宣称：“任何学科都能够用在智育上是诚实的方式，有效地教给任何发展阶段的任何儿童。”[②]在他看来，知识具有动作式、映像式、符号式三种表象，儿童的认知发展也大致经历这三个阶段，因此，只要将学科内容转换为符合儿童认知发展阶段的知识形式，任何一门学科的基础知识都能教给任何发展阶段的任何儿童。按照他的观点，学科的基础知识应尽可能早地教给学生，因为，“任何观念能够用学龄儿童的思想方式忠实地和有效地表现出来；这些初次的表现，由于这种早期学习，学起来比较容易，在日后也比较有效和精确”[③]。

四、倡导发现法

在教学方法上，布鲁纳倡导发现法。布鲁纳指出：“发现是教育儿童的主要手段。”[④]他建议在教授一个学科的基本结构时，“可以保留一些令人兴奋的部分，引导学生自己去发现它”[⑤]。在他看来，学校教育中重要的问题是训练儿童去发现问题，

---

① （美）布鲁纳：《布鲁纳教育论著选》，人民教育出版社1989年版，第27页。

② （美）布鲁纳：《布鲁纳教育论著选》，人民教育出版社1989年版，第42页。

③ 王承绪、赵祥麟：《西方现代教育论著选》，人民教育出版社2001年版，第447页。

④ （美）布鲁纳：《布鲁纳教育论著选》，人民教育出版社1989年版，第339页。

⑤ （美）布鲁纳：《布鲁纳教育论著选》，人民教育出版社1989年版，第33页。

去寻找问题。教师要引导学生去主动地理解一门学科的基础,鼓励学生亲自探索、发现新知并发展发现学习的能力。需要说明的是,布鲁纳在强调发现学习时,并不排斥讲授法、问答法、讨论法及各种形式的练习。

结构主义教育思想对现代西方教育理论和实践都产生过重大影响。然而,在20世纪70年代以后,由于以结构主义教育思想为指导的学科课程改革运动并没有取得应有的效果,加上结构主义教育思想的某些观点过于天真,带有片面性,结构主义教育思想不再具有鼎盛时期的辉煌,但其在教育上的影响仍然很大。

第五节 人本主义教育思潮

人本主义教育是20世纪五六十年代在美国兴起的一种教育思潮。它还在某些方面继承了西方人文主义教育传统,并以人本主义心理学为理论基础,是人本主义心理学在教育领域中的直接应用。美国心理学家马斯洛、罗杰斯、弗洛姆等人是人本主义教育思潮的代表人物。上述人本主义心理学家的思想体系虽然并不完全相同,论述的角度也各有侧重,但在如何培养完整的人以及促进人的潜能的发展等共同关心的教育问题上均有精辟论述。

人本主义教育思潮的主要观点可以概括为三个方面。

一、教育要培养完整的人

按照人本主义教育家的观点,教育的目的就是人的自我实现、丰满人性的形成以及人的潜能的充分发展。马斯洛指出,教育的目的即"人的目的",从根本上说就是人的"自我实现",并促进"丰满人性的形成",促使"个人能够达到的最高度的发展,说得浅显一些,就是帮助人达到他能够达到的最佳状态"。[①] 马斯洛认为,上述目的如果达成,人们会变得更坚强、更健康,并在很大程度上掌握自己的命运,对生活承担更大的责任,主动改造社会,从而使人类社会变得和谐美好。另一位人本主义教育家罗杰斯则明确提出:教育要培养完整的人。依据罗杰斯的说法,所谓完整的人,是指躯体、心智、情感、精神、心灵力量融为一体的人,他们既用情感的方式也用认知的方式行事。[②]

人本主义教育家认为,培养完整的人最终要求在于培养健康的人格,因此,他们都非常重视人格教育,强调培养具有整体性、动态性和创造性人格特征的自我实现的人。马斯洛认为:"自我实现的创造性首先强调的是人格,而不是其成就。"[③]他提出创造性教育的重心应是"人性转变,性格转变,整个人的充分发展",强调培养创造性地做任何事情的能力及培养创造性的人格和态度。罗杰斯指出,教育目标应是促

---

① (美)马斯洛:《人性能达的境界》,林方译,云南人民出版社1987年版,第169页。

② 吴式颖、任钟印:《外国教育思想通史》(第十卷),湖南教育出版社2002年版,第142页。

③ (美)马斯洛:《存在心理学探索》,李文恬译,云南人民出版社1987年版,第139页。

进整体的人的学习与变化，培养独特而完整的人格特征，使之能充分发挥作用。弗洛姆也认为，必须靠实现人的整个人格，靠积极地表现的情感与心智潜能，才能实现自我。

二、课程设置注重个性化

人本主义教育家认为，最基本的教育内容应该是与社会生活和个人发展密切相关的学科和知识。但人本主义教育把课程的重点从教材转向个人，他们批评以往由专家精心设计、注重教材思想结构的分解课程无视学习者的心理特征，致使知识支离破碎，让人难以把握。因此，人本主义教育家提出要对课程进行整合。他们建议课程要体现学习者心理发展与教材结构逻辑的吻合，体现情感领域与认知领域的整合，体现相关学科在经验指导下的综合。

人本主义教育家主张学校设置个性化的课程。罗杰斯提出以适应性为原则来组织课程。在他看来，课程内容一方面要适应全体学生的需要，与学习者的经验建立联系，另一方面还要与每个学生的生活经验和社会状况相联系，适应每个学生的个性差异。只有这样，才能使每一个人都能发挥潜能，成为知情意行全面和谐发展的自我实现的人。正如美国教育学者麦克尼尔所指出的："人本主义者认为，课程的功能是要为每一个学习者提供有助于个人自由发展的、有内在奖励的经验。……自我实现的人这一理想是人本主义课程的核心。"①

三、教学应以学生为中心

人本主义教育家在论述教育方法时，主张教学应当以学生为中心。罗杰斯认为，以学生为中心的教学，也可表述为以人为中心的教学、非指导性教学、自由学习、自我指导的学习等。他认为，学校教育必须贯彻人本主义精神，把学生放在教学的中心位置，让学生通过自由选择成长起来，鼓励学生自己去探索，在对经验的获得中得到成长。因此，他主张实行个别化的教学，必要时可采用小组讨论方式。在他看来，传统的标准划一的班级集体学习方式是与人的复杂性格格不入的，必须坚决摈弃。

为了使以学生为中心的教学获得成功，罗杰斯强调指出应注意以下几点：①教师必须是促进者，而不是权威；②学生自己制订计划，选择自己的学习方向，并承担选择的后果；③学校要创造自由的气氛，形成一种促进成长的教学氛围；④学校要为学生的成长提供日益增多的自我指导机会；⑤应该把学生的成长作为评价的标准，鼓励学生自我评价。

作为20世纪中叶以来对世界教育产生重要影响的一种教育思潮，人本主义教育以其标新立异的观点、理论和方法，为人们认识教育现象和规律带来了别开生面的

---

① (美)麦克尼尔：《课程导论》，施良方译，辽宁教育出版社1990年版，第4页。

新视角，对传统的学校教育实践和教育理论产生了巨大的冲击和影响。然而，由于过分强调自我和自我实现而忽视社会和学校对个体发展的决定性影响等缺陷，人本主义教育也受到不少批评。

第六节　终身教育思潮

在20世纪欧美教育思潮中，终身教育是被视作未来教育战略的一种教育理论。它产生于20世纪50年代的法国。自20世纪60年代起，在各国学者的积极倡导和联合国教科文组织的大力推行下，终身教育思想很快得到迅速发展，不仅在观念层面深刻影响人们对教育的认识，而且在操作层面上转化为各国的教育实践，从而成为一种在世界范围内具有深远影响的教育思潮。其主要代表人物是法国教育家朗格朗。

在终身教育思潮的发展过程中，朗格朗1970年发表的《终身教育引论》是一个里程碑。两年后，联合国教科文组织国际教育发展委员会编著的《学会生存——教育世界的今天和明天》使终身教育与创建学习型社会结合起来。20世纪90年代，国际21世纪教育委员会的报告——《教育——财富蕴藏其中》则从更广泛的视野论述了终身教育，提出了学会认知、学会做事、学会共同生活、学会生存等新的主张。

终身教育思想的主要观点可以概括为如下四个方面。

一、终身教育是现代社会发展的需要

朗格朗把现代社会中终身教育的必要性概括为现代人面临的挑战。他指出，这些挑战在某种程度上改变了个人和群体的命运，使人们的行为更为复杂而不可理解。在他看来，现代人面临的挑战性因素有9种：变革的加速、人口的增长、科学技术的发展、政治的挑战、信息传媒技术的发展、闲暇时间增多的挑战、生活方式和人际关系的危机、伦理道德危机、思想意识形态的危机。由于现代人面临着上述挑战，一个人凭借某种固定的知识和技能就能度过一生的观念也将成为过去，传统教育将不能满足人的一生发展的需要。因此，朗格朗指出："必须把教育看做是贯穿于人的整个一生与人的发展各个阶段的持续不断的全过程。"[①]换言之，教育必须是终身教育。

二、终身教育的最终目标是建设更美好的生活

按照朗格朗的观点，教育的意义主要体现在两个方面：第一，通过组织适当的教育结构和方法，帮助人们在一生中不断学习；第二，通过多种形式的自我教育，在真正的意义上和充分的程度上促进自我的发展。具体而言，终身教育的意义在于：可以满足人生各个阶段的需要；有利于人的个性的发展；赋予成人教育更加突出的地

---

① (法)保尔·朗格朗：《终身教育引论》，中国对外翻译出版公司1985年版，第138页。

位;影响学校教育的思想和实践。

基于此,朗格朗指出,终身教育的最终目标是使人们过上美好的生活,度过富有意义的人生,同时创建一个更加美好的世界。依其所言,终身教育的最终目标“就是达到一种对于人性和人的愿望更加尊重的更有效和更开放的社会”[①]。他还进一步阐释终身教育的具体目标为:促进个性的平衡发展;增强人的适应性;培养人的自控力;改善生活质量;促进世界和平。

三、终身教育的任务是使人学会学习

朗格朗认为,终身教育的任务是使人学会学习,即养成学习的习惯和获得继续学习所需要的各种能力,更好地应付新的挑战。他从终身教育的观点出发,提出教育的内容包括生命教育、情感教育、亲子关系教育、职业教育、闲暇教育、艺术教育、体育运动、选择信息能力的教育和公民教育等。在教育方法上,他主张运用适当的手段去训练和引导每一个人,使他在未来的学习型社会中为生存和发展做好准备。

朗格朗提出适合终身教育新方法的原则有:强调学生而不是课程;把教育看做一个过程而不是知识的传授;注重对儿童个人所作的质量上的评价;使每个人都能发挥其才能和运用其经验,并通过小组讨论共同学习;不把儿童当成人看待;尽可能少作鉴定;尽可能广泛地将教育和生活联系起来;采用适当的方法进行早期教育。在此原则的基础上,朗格朗建议采用小组学习、非指导性方法、课堂讲授法、大众媒介等具体方法。

四、终身教育是未来教育发展的战略

在朗格朗看来,教育的整个未来是与建立并实施终身教育制度联系在一起的,各个国家都应该把终身教育作为未来教育的发展战略。朗格朗指出,因为各个国家在教育体制、结构、传统、禁忌和条件等方面存在差异,要提出一种模式的终身教育是不可能的,各个国家应根据自己的国情制定终身教育的发展战略。

尽管各个国家面临的问题不同,朗格朗还是为终身教育战略提出了一般性的原则:要保证教育的连续性以防止知识过时;使教育计划和方法适应每个社会的具体要求和创新目标;在各个教育阶段都要努力培养新人,使之能适应充满进步、变化和改革的生活;大规模地调动和利用各种训练手段和信息,这种训练和信息超出了对教育的传统定义和组织形式上的限制;在各种形式的行动(技术的、政治的、工业的、商业的行动等)和教育的目标之间建立密切的联系。[②] 朗格朗认为,在上述原则的基础上,各个国家可以发展终身教育的不同模式。但是,建立终身教育的模式必须遵循一个基本原则:使教育成为生活的工具,成为使人成功地履行生活职责的工具。

作为一种国际性教育思潮,终身教育自兴起后在教育领域引起了一场广泛而深

---

① (法)保尔·朗格朗:《终身教育引论》,中国对外翻译出版公司1985年版,第74页。

② (法)保尔·朗格朗:《终身教育引论》,中国对外翻译出版公司1985年版,第65页。

刻的变革，使教育理论产生了一次新的飞跃。“可以与哥白尼学说带来的革命相媲美的终身教育概念的发展，是教育史上最惊人的事件之一。”[①]事实也证明，终身教育不是乌托邦的幻想，不仅影响了各国教育战略的规划，而且为教育理论和实践带来巨大冲击。

教育启示录10

富于弹性的学籍管理

美国柏克莱高中实行选课制。学生没有班级，每一门课都是学生自己选择老师，在入学一周内可以随便换课，当然要经过系主任签字，并申明理由。学生必须修满规定的学分，才能毕业。在高中的九至十二年级期间，学习成绩优秀，有剩余精力的学生可以在社区大学提前选修大学课程，以便今后在大学可以少修学分，缩短毕业时间。

在校期间，每学期选修的课程，家长要和学生顾问商谈先学哪门后修哪门。有些课是必修课，只有完成这些学分才能毕业；还有一些不算学分的课，可以陶冶情操，增加生活情趣。

柏克莱高中要求学生在校四年期间，必须修满220个学分。包括：英语，必须修满40个学分8个学期的课程；历史，必须修满30个学分7个学期的课程；科学课，修满20个学分4个学期的课程，即1年物理学，1年生物学；社会学，5个学分1个学期的课程；数学，20个学分4个学期的课程；体育，20个学分4个学期的课程；外语，10个学分2个学期的课程(或艺术，10个学分2个学期的课程)；民族学，5个学分1个学期的课程。

学校每天从早晨8点至下午3点有课，每节课45分钟，按要求学生每天要在学校学习6节课。当然有的学生学7节课，那是他选了一些不算学分的课，扩展自己的兴趣。这些课程设计和教师均不归学校管，大多是各种社会组织或政府机构的项目计划，他们为青少年提供这种学习和训练的机会。这一类的课程有好多种，如烹调课、领导能力(即训练学生做义工)、新闻记者、摇滚乐、交响乐、戏剧、大合唱、编舞等。这些非必修课程所需费用全都是社会集团投入，学校不用花一分钱，然而学生们的积极性很高，如果赚了钱，就再回馈社会。包括他们自办的报纸，自办的乐队，也都以这种方式运作。

根据加利福尼亚州教育部规定，每一门课相当于5个学分，每个学生每学期要修30～35个学分，至于修什么课可以自己选择，老师也可以自己选择。

在学生高中入学手册里，有一半篇幅用来介绍大学入学课程要求。由于美国高中升大学没有统考，各所大学、各科系对高中生修过哪些课程有不同要求，所以有一

---

① (瑞士)查尔斯·赫梅尔：《今日的教育为了明日的世界：为国际教育局写的研究报告》，王静等译，中国对外翻译出版公司1983年版，第22页。

个专门的办公室，展示各大学入学申请表，介绍各大学的师资、教学设备、校园概况，给学生提供这方面详尽的信息，让学生一入学就根据不同大学的需要来选学自己的高中课程。

资料来源　节选自魏嘉琪：《美国中学生报告》，作家出版社2002年版，第21-24页，有改动。

复习思考题：

1. 名词解释：改造主义教育思潮　要素主义教育思想。
2. 简述人本主义教育思潮。
3. 简述终身教育思潮。